政府卫生支出问题研究

许慧　著

中国财政经济出版社

图书在版编目（CIP）数据

政府卫生支出问题研究/许慧著. —北京：中国财政经济出版社，2010.6

ISBN 978-7-5095-2291-2

Ⅰ.①政… Ⅱ.①许… Ⅲ.①医疗保健事业—财政支出—研究—中国 Ⅳ.①F812.45②R199.2

中国版本图书馆 CIP 数据核字（2010）第 110453 号

责任编辑：王　乐　　　　责任校对：王　英
封面设计：孙俪铭　　　　版式设计：汤广才

中国财政经济出版社出版

URL：http：//www.cfeph.cn

E-mail：cfeph@cfeph.cn

社址：北京市海淀区阜成路甲 28 号　邮政编码：100142

发行处电话：88190406　财经书店电话：64033436

北京富生印刷厂印刷　各地新华书店经销

880×1230 毫米　32 开　8.625 印张　222 000 字

2010 年 6 月第 1 版　2010 年 6 月北京第 1 次印刷

定价：20.00 元

ISBN 978—7—5095—2291—2/F·1834

（图书出现印装问题，本社负责调换）

本社质量投诉电话：010—88190744

前　　言

我国经济和社会的发展正处于转型的历史新时期，转型期社会的卫生医疗服务领域也正处在一个特殊的历史变革时期，卫生医疗服务领域所出现的问题亟待解决。首先，从政府卫生支出的规模看，虽然政府投入已经初具规模并且保持逐年增长的趋势，但政府卫生支出的规模仍然不足，影响卫生事业的发展和国民健康水平的提高，难以体现政府的社会福利责任承担，难以保障为全体公民提供基本医疗卫生服务，导致很多问题突现出来。其次，从政府卫生支出的结构看，无论是卫生经费的使用结构还是卫生支出责任在中央政府和地方政府之间的分配结构都存在问题，导致卫生资源配置上的不合理。第三，从政府卫生支出的公平效应看，在不同区域之间、在城市和农村之间都存在着卫生资源投入上的差异和卫生服务利用可及性的差距，健康不公平的问题比较明显。最后，从政府卫生支出的绩效看，在总体绩效上我国政府卫生支出的状况都处于偏低的水平，而经济不发达地区的绩效水平又基本上都低于经济发达地区，对经济和社会生活产生不良影响。

针对我国政府卫生支出领域中存在的问题，本书试图运用定量分析与定性分析相结合、规范分析与实证分析相结合、静态分析与动态分析相结合以及纵向比较与横向比较相结合的多种分析方法，对我国的政府卫生支出进行深入分析，从而得出相应结论和政策建议。首先，运用经济学理论构建政府卫生体系的理论分析框架，通过对健康经济学和公共产品等相关理论的论述，明确政府介入卫生医疗领域的必要性和范畴；其次，通过选取相关有代表性的数据对我国政府卫生支出进行规模分析、结构分析、公平性分析，探寻目前我国政府卫生支出中存在的问题及其根源。最后，展开发展卫生事业的财政视角分析，合理设计政府介入卫生领域的投入机制，提出完善政府卫生支出，促进我国卫生事业发展的政策建议。本书对政府卫生支出的研究分为九章，主要研究思路如下：

第一章导论部分，介绍本书选题的背景和研究意义，回顾国内外关于政府卫生支出方面的相关理论及观点，说明本书的研究思路以及研究框架、研究方法等。

第二章是政府间介入卫生医疗领域的理论分析。本章首先介绍了有关健康经济学的相关理论，解释了健康的经济学含义，即健康是一种有严格寿命限定的，能提供服务的特殊商品或资本形式，其提供服务可以在人的一生中持续不断地被消费。健康作为一种“耐用消费品”，它通过提供健康服务流量带给人们效用。不能享受基本卫生服务，不享有医疗保障，不具备基本卫生条件或有利于健康的生活环境，不能养成健康的生活方式，缺乏基本卫生保健知识等健康危险因素会导致健康不良。然后通过对公共产品理论的分析，解释了医疗卫生产品的基本属性，并分析了医疗卫生市场的特点，即存在信息不对称、供给者具有垄断势力、进入存在障碍、大量产品存在外部性以及价格信号无法正常发挥作用，所有这些原因使得医疗卫生服务市场不是一个完全竞争的市场，市场机制不能自动地实现经济有效性，也就是说会出现市场失灵。因此有必要针对市场失灵的原因，校正市场失灵，利用非市场的体制安排来改进医疗卫生服务市场的效率，发挥政府的作用，控制垄断势力，提供公共产品，纠正外部型，发展卫生事业，促进健康公平。

第三章探讨我国政府卫生支出的历史演变。首先回顾了我国城镇医疗卫生事业的制度演变，分析了计划经济时期，公共卫生机构体系和医疗保障服务提供体制的发展以及改革开放后公共卫生体系和医疗保障服务提供体制的发展历程。然后回顾了我国农村医疗卫生事业的制度演变，分析了不同时期农村公共卫生体系和医疗保障制度的变迁过程。最后论述了我国政府卫生支出制度的政策演变。医疗卫生保障的财政支持是指国家各级政府为发展本国的医疗卫生事业，对其所需的卫生资源进行的筹集、分配、管理和监督等一系列有秩序的活动。我国财政管理体制建立于1949年，从中国成立至今，财政体制的变化轨迹可描述为：中央集权型“统收统支”体制——行政性分权型“财政包干”体制——与国际惯例接轨分权型“分税制”——公共财政体制。医疗卫生财政体制作为国家财政制度的一个组成部分，一定时期内医疗卫生财政体制的安排受制于其赖以存在的制度环境，即国家财政制度的约束。伴随着国家整体财政制度的演变，期间财政支持医疗卫生保障的制度也进行了多次的调整和变革，但变迁的过程服从于国家整体财政体制的变革。

第四章着重分析我国政府卫生支出的规模。本章首先介绍了衡量政府卫生支出的基本方法和常用的指标，之后分别对我国政府卫生支出的绝对规模、相对规模以及支出的弹性进行了分析。我国政府卫生支出总额不断上升，但增长速度波动较大且低于财政支出的增长速度，政府卫生支出与GDP的比重以及政府卫生支出在卫生总费用中的比重不断下降。政府卫生支出方面的政策、财政收入的规模、转移支付制度的不完善以及政府支出结构的变化都成为影响我国政府卫生支出规模的重要因素。

第五章是关于我国政府卫生支出结构的分析。本章分别对我国政府卫生支出的使用结构、我国政府卫生支出的各级政府负担结构、我国政府卫生支出结构存在的问题及原因进行了阐述。合理的政府卫生支出结构是实现卫生资源合理配置的前提，也是衡量和评价卫生服务公平性和社会满意度等目标是否实现的重要指标。财政对不同项目、机构的卫生资金投入将直接影响到相应项目、机构的卫生医疗服务水平。如果公共卫生支出结构比例适中，项目之间、部门之间能够协调配置，将有效地促进整个公共卫生事业的发展；反之，则可能导致公共卫生服务系统公平性的缺失和绩效的降低。我国政府卫生支出在使用结构及各级政府的负担结构上表现出诸多不合理，财政体制、地区经济发展水平及财力差异、转移支付制度上的问题都是其影响因素。

第六章侧重于分析政府卫生支出的公平性问题。本章首先对政府卫生支出公平性的相关概念和评价方法进行了阐述，之后分别对我国地区之间、城乡之间的政府卫生支出的公平性进行了比较分析。追求卫生服务的公平性，是各国卫生政策的主要目标之一。在千差万别的经济体系、社会结构和文化环境中，就实现卫生服务的公平性来说，有可以借鉴的国际经验，却没有各国通用的解决方案。我国在卫生资源分配、卫生费用的使用及分配、居民健康状况等方面都存在着不公平，导致不同人群在卫生服务的利用上存在较大差异，这些都与我国经济发展格局的多层次性、长期以来形成的城乡二元结构都有着密切的关系。

第七章是政府卫生支出的绩效评价体系。本章首先介绍了财政支出绩效评价的基本概念和进行绩效评价的主要原则。之后阐述了政府卫生支出绩效评价体系设计的基本思路和主要的原则。最后对我国政府卫生支出绩效评价进行了实证分析。建立我国政府卫生支出的绩效评价制度和体系，是提高政府执政能力的必然要求，是深化财政支出改革和完善财政支出监督机制的重要途径和有效的手段，也是实现绩效预算的基础和前提，对于提高我国政府利用和配置卫生资源的效率，促进卫生医疗服务的水平和公平性的提高有着非常重要的意义。

第八章是结论与政策建议。本章首先对前述各章进行了总结，得出了相应的结论，之后针对我国政府卫生支出在规模、结构以及公平性方面存在的问题提出了完善我国政府卫生支出的相应对策，即在进行政府卫生支出改革时，要本着以人为本原则、公平与效率兼顾原则、基本公共卫生服务均等化原则、低收入人口优先受益原则以及政府宏观调控与市场调节结合原则，从而合理界定政府职责及其卫生支出范围，完善转移支付制度，实现政府间卫生支出事权与财权的匹配，适当扩大政府卫生支出规模，积极引导其他主体对卫生医疗事业进行投入，实行区域卫生规划，合理配置卫生资源。提高政府卫生支出在城乡之间分配的公平性，提高我国政府卫生支出绩效，建立专业化制衡的现代财税管理体制，完善政府卫生服务的质量保障机制，强化政府卫生支出的法律约束机制，在政府干预克服“市场失灵”的同时预防“政府失灵”，并逐步探索卫生服务提供的创新机制。

Abstract

China's economic and social development is at a new historical period of transition, which is characterized by both structure change and system transition in the same phase. The field of health and medical services in social transition is also in a critical historical period of reform, the problems emerged from health care services are in great need to be sorted out and dealt with. First of all, as to the scale of government health spending, although the government investment has begun to take shape and maintained growth year after year, the size of government expenditure on health is yet inadequate and consequently has an impact on the development of healthcare and the improvement of national health and well - being, and thus is difficult to reflect the government's social responsibility for welfare and to provide basic medical and health services for all citizens, which ultimately result in a lot of problems and conflicts. Secondly, in terms of the government health expenditure structure, there are no doubt existing problems either with the use of structural funds for health or with health expenditure responsibilities between the central and local governments allocation structure. This leads to the unreasonable allocation of healthcare resources. Thirdly, on the fair effect of government health expenditure, there are differences of health resources investment and gaps of the health services accessibility between different regions, and between urban and rural areas. The health problems of inequality seem to be more obvious. Finally, from the perspective of the government health expenditure performance, the overall performance of China's government on health expenditures is kept on a relatively low level, and the performance of the less economically developed regions is below the level of economically well - developed regions, which as a result has an a negative impact on economic and social life.

In view of the existing problems with government health expenditure, the article attempts to adopt quantitative analysis and qualitative analysis, specification analysis and empirical analysis, static analysis and dynamic analysis, as well as vertical and horizontal comparison. With the combination of a variety of analysis approaches, an in - depth analysis of China's government health expenditure is carried out in order to arrive at appropriate conclusions and policy recommendations.

First of all, the economic theory is used to build the Government's health system analysis framework, and health economics and public goods related theory is adopted to clarify the necessity and scope of government intervention in specific health and medical areas; Second, by choosing the relevant representative data on China's Government health expenditures for the scale analysis, structural analysis, equity analysis, to explore problems China's government health expenditure and find out root causes for them. Finally, from the public finance perspective on the development of the financial health cause, a rational design of government intervention in the health field into the mechanism is proposed and a suggestion on improving Government health expenditures is put forward to promote China's health developments. This dissertation is divided into nine chapters, and a brief account on the main structure is as follows:

In Chapter I, background and significance of the research in this dissertation are introduced, related theories on government health spending both at home and abroad are reviewed, and research ideas, research framework, and research methods etc are illustrated.

Chapter II is involved in the theoretical analysis of health care under intergovernmental intervention. First of all, this chapter introduces the health - related economics theories to explain the definition of health in the economics field, that health is a strictly limited life span, providing services in the form of special goods or capital, whose services can be consumed constantly throughout human life. Health, as a type of "durable goods", benefits people by the provision flow of health services. Those who can not enjoy basic health services, are not entitled to health care, do not have basic sanitation or healthy living environment, can not develop a healthy lifestyle, or lack basic health care knowledge, or under other health haphazard cases can all lead to poor health. This chapter follows up to explain the basic nature of medical and health products through the analysis of public goods theory, and analyzes the health care market characteristics, namely, the existence of asymmetric information, monopoly power of the provider, the barriers of access, externality of a large number of products, as well as malfunction of price signals. All of these above reasons combined cause medical and health services market not a fully competitive market. When the market mechanism can not automatically achieve economic effectiveness, that is to say, there will be market failures. It is therefore necessary to correct market failures in view of these causes. By use of non - market institutional arrangements, we need to improve the efficiency of medical and health services market, to fulfill the role played by the government, to control monopoly power, to provide public goods, to correct externality, to develop health cause, and promote health equality.

Chapter III is to explore the historical evolution of the Chinese Government health expenditures. Firstly, China's urban health care system evolution is reviewed, followed by the analysis of the public health care institutions and system, service providers in the planned economy period, as well as the development of safeguarding the provision of the service of public health systems and health care institutions after China's reform and opening - up. It continues to review China's rural health care system evolution, analyzes evolution of rural public health system and medical security system in different periods. Finally, it discusses policy evolution of the system of government expenditure on health. The fiscal support of the medical security means that the mobilization, distribution, management and supervision of the needed medical resources are organized by national governments at all levels to develop the country's health care cause. China's fiscal management system was established in 1949, and since then the track of changes of financial system can be described as: the centralized power oriented "Unification Commission Control" system to the executive separate power - oriented "public financial contract" system and to the international practice of separate power-oriented "tax sharing system", that is the public finance system. As an integral part of the national financial system, the arrangements of medical and health finance system are constrained by the existing system environment in a certain period of time, namely limited by public finance system of the nation as a whole. With the evolution of the financial system, fiscal support for medical and health security systems have gone through a number of adjustments and changes, but the course of change subjects to the overall fiscal system reform of the country.

Chapter IV focuses on the size of government health spending in our country. First of all, this chapter introduces the basic methods and commonly used indicator for measuring government expenditure on health, and afterwards analyzes our government's absolute size of the expenditure on health, as well as the relative size, and spending flexibility respectively. China's total government health expenditures continue to rise, but the growth rate is relatively volatile and lower than the growth rate of fiscal spending, and meanwhile, government health expenditure and as well as the proportion of GDP, and government health spending in total health expenditure is in the declining share. Policies of government expenditure on health, the size of the fiscal revenue, transfer payment system is far from perfect, besides changes in the structure of government spending are the important factors affecting the size of government health spending in our country.

Chapter V deals with the analysis into the structure of our government health expenditure. This chapter expands on China's use structure of government health expenditure and burden structure of health expenditure in our government at all levels and the reasons for the problems with government health expenditure structure. Rational structure of government health expenditure is not only the prerequisite to achieve rational distribution of health resources, but also an important indicator to measure and evaluate the achievement of the health services fairness and social satisfaction. The health investment channeled by public finance system into different projects and different sectors will have a direct impact on their service level. If the proportion of public health expenditure structure is proper, project between the departments can coordinate well in configuration, it will be effective in promoting the development of public health as a whole; It may lead to lack of fairness of public health services system and performance reduction the other way around. China's government expenditure on health in the use of the structure at all levels of government and the structure of the burden of show a lot of irrationalities, which result from some factors, such as the differences in financial institutions, differences in regional economic development levels as well as the problems with of financial transfer payment institution.

Chapter VI focuses on the analysis of government expenditure on health equity issues. First of all, this chapter addresses some concepts related to the fairness and evaluation methods of government health expenditures, and then conducts a comparative analysis of the fairness of government health expenditure between regions, between urban and rural areas. The pursuit of fairness in health service is one of the main goals desired by national and international health policy. In polar different economy systems, social structures and cultural environments, international experience can be learned as to how to achieve fairness in health services; however, there is no universal solution for all countries. There is inequality in such areas, like the allocation of health resources, the use and the distribution of health costs and the health conditions of residents in our country, which lead to greater differences between different groups of people in the use of health services. They are closely related to China's the multilevel nature of economic development pattern, as well as the long - standing urban - rural dual structure.

Chapter VII is concerned with the government health expenditure performance evaluation system. First of all, this chapter introduces the basic concepts and the main principles of the fiscal expenditure performance evaluation. Then the basic design and main principles on the government on health expenditure performance evaluation system are introduced. Finally, empirical analysis of our government health expenditure performance evaluation is carried out. China's establishment of government health expenditure performance evaluation institution and the system is an inevitable requirement to enhance the government executive power and as important and effective means to deepen the reform of financial expenditure and improve the supervision mechanism for financial expenditure, and also is a prerequisite as well as the foundation to achieve the performance of the budget. It is of great significance for China's government to improve the efficiency of the use and allocation of health resources, the promotion of health and medical services level and equality.

Chapter VIII is focused on conclusions and policy recommendations. First of all, the preceding chapters are wrapped up in this chapter, and respective conclusions of each chapter have been drawn respectively. Then relevant policies and corresponding countermeasures have been put forward to perfect our government's health expenditure addressing the existing problems in the aspect of its size, structure and equality, that is, in the reform of the health expenditure, sticking to the spirit of people – oriented principle, to the principle of balance between fairness and efficiency, and to the basic principle of equality among public health services, and to the principle of priority given to low – income population, as well as sticking to the principle of the combining between government's macroeconomic regulation and market regulation can reasonably define the responsibilities of government health expenditure and its scope, and improve the system of transfer payments, achieve the match between the power and authority of government health expenditures, appropriately expand the scale of government expenditure on health, and actively guide the other main organizations inputs into the health and medical cause for the implementation of regional health planning and rational distribution of health resources. It is also suggested we should increase the equality of the distribution of government health spending between urban and rural areas, improve the performance of health expenditures, establish specialized modern financial regulation system and perfect quality assurance mechanism in government health services, strengthen the legal restriction mechanism of government's expenditure on health, as well as overcome "market failure" by government intervention and in the meantime prevent "government failure" and gradually explore innovative mechanisms to provide medical services.

目　录

第一章　导　　论

第一节　选题背景及研究意义

一、选题背景

我国正处在经济和社会发展转型的历史新时期，像我国这样人口规模巨大的国家，在这么短暂的时间内经历了如此之快的经济发展和社会变迁，这在人类的历史上实属罕见。在这场深刻的社会变革中，结构转型与体制转轨的同步启动，原有的社会格局和经济格局都发生了剧烈的变化。从乡村社会向城市社会转型，从计划经济向市场经济转型，从农业社会向工业社会、知识经济社会转型，从封闭社会向开放社会转型，从产业追随向产业创新转型，从线性经济到循环经济转型，这些变化使得我国的社会矛盾和各种利益关系呈现出多元交织、错综复杂的局面。这些关系和矛盾相互渗透、相互交织，使我国的社会转型显得异常复杂，凸显了社会发展过程中的不平衡性。

卫生医疗服务领域作为我国经济社会整体的重要组成部分，在这场巨变中也经历着深刻的变革，各种矛盾日益尖锐。卫生医疗是整个社会体系的重要组成部分，它与社会经济发展呈现多角度、多层次的非线性交叉组合型联系。社会、经济发展的实践证明，卫生保健发展对整个经济发展的促进功能，体现为前导型和综合性作用，并非是一种投入直接导致产出的线性关系。人们健康水平的提高，是卫生医疗体系与社会、经济、环境等多种因素相互协调作用的结果。随着生产力的提高和经济社会的发展，人们不断追求健康的、有品质的生活，医疗卫生在人们日常的生活中越来越具有重要的意义。在长期计划经济下形成的各产业之间的关系和畸形的经济结构，把我国体制性矛盾和结构性矛盾交织在一起，成为当前我国经济社会中包括医疗卫生在内的一切矛盾和问题的总根源。经济发展是社会各种因素综合作用的结果，与社会进步有着密切的联系。经济发展依赖于经济基础设施的改善、发展，卫生医疗是维系人类社会生存、发展的重要基础，它的状况也直接影响、制约着经济发展。在这样一个特殊的社会转型时期，加之卫生医疗服务体制与模式的形成有着特定的复杂性及其历史原因，使得卫生医疗服务体制的改革涉及更多深层次的问题，成为一项复杂的工程。社会经济与财政状况发展的不平衡，导致居民健康状况、卫生医疗服务的可得性、医疗资源配置水平在各地区的差距也呈现日益扩大的趋势。

2000 年 6 月 19 日，WHO（世界卫生组织，World Health Organization）在第 53 届卫生大会发表《2000：Health Systems：Improving Performance》。WHO 首次根据三个指标及其五个方面对全球 191 个成员国的国家卫生医疗服务系统的对全球 191 个成员国国家卫生医疗服务系统的业绩做出量化评估。这三项指标是：①居民健康状况与分布；②卫生医疗服务系统的反应性；③卫生筹资负担的公平性。在对这些成员国的国家卫生医疗服务系统的绩效评价排名中，我国在政府卫生系统综合效益评级排在第 144 位。在卫生筹资和分配的公平性方面，位居尼泊尔、越南之后，排名倒数第四，位居 188 位，与巴西、缅甸和塞拉利昂等国一起排在最后，被列为卫生筹资负担最不公平的国家之一。而人口大国印度排名第 43 位，饱受经济制裁的伊拉克排在第 56 位。其他发展中人口大国如巴基斯坦、印度尼西亚、埃及、墨西哥都排在中国前面。而在 20 年前，世界卫生组织对中国的公共卫生体系曾经给予过高度的评价。毋庸置疑，我们的卫生医疗领域的确出了问题，而我国卫生医疗领域中积聚的矛盾和问题也带来了很多不良的社会经济后果，并成为制约我国社会和经济发展的不稳定、不和谐的因素之一。国内统计数据在很大程度上也印证了世界卫生组织对我国的国家卫生医疗服务系统绩效的评估结果。总体来说，目前我国在卫生医疗服务以及政府对卫生事业的投入方面存在以下问题：

（一）卫生医疗服务的发展滞后于社会经济的发展

人们在享受改革开放所带来的利益和逐步提高总体健康水平的同时，居民健康与医疗保健服务等问题依然严峻。新中国建立以后，我国在经济发展水平较低的情况下，用有限的卫生医疗资源建立了比较有效的卫生医疗服务体系，这在当时对提高我国人口寿命，降低人口死亡率以及改善人民健康水平起到了非常巨大的作用。改革开放后，伴随着从计划经济体制向市场经济体制转变步伐的加快，人们的生活水平得到了显著提高，整体经济水平呈现出飞跃式的发展。从 1979 年到 2008 年的 30 年间，GDP 增长速度平均达到 9.8%，从 1978 年的 3645.2 亿元人民币增长到 2008 年的 300670.0 亿元人民币。[①] 但是在一系列喜人的经济指标背后却隐藏着种种令人担忧的社会问题。和快速的经济发展水平相比较，改革开放前曾取得辉煌成绩的医疗卫生领域在改革开放之后的发展却出现各种问题和矛盾，我国国民的总体健康状况没有得到明显改善，居民健康指数的增长率滞后于人均收入指数的增长率，影响了社会整体福利水平的提高。

（二）政府对卫生医疗领域的投入不充足

从 1978 ~2007 年卫生总费用构成结构的变化上来看，政府预算中卫生支出呈现出缓慢增长后逐年下降的趋势，在 1978 ~ 1986

① 数据来源：《2009 年中国统计年鉴》，中国统计出版社。

年间，政府预算卫生支出的比重缓慢增长，1978 年政府预算卫生支出占卫生总费用的比重为 32.2%，1986 年增加到 38.7%；而从 1987 年开始，政府预算卫生支出占卫生总费用的比重就开始出现明显的下滑趋势，1987 年为 33.5%，到了 2002 年则下降到 15.7%，虽然从 2003 年开始这个比重有所回升，但相当缓慢，到 2006 年，政府预算卫生支出占卫生总费用的比重为 18.1%，2007 年为 20.4%。与政府预算卫生支出的变化表现出相反变化趋势的则是个人现金卫生支出，其在卫生总费用的比重逐年上升，从 1978 年的 20.4% 增加到 2001 年的 60%，之后几年有所下降，但所占比重仍然很高，2007 年为 45.2%。虽然政府卫生支出的绝对规模也保持了逐年增长的态势，但政府卫生支出相对于 GDP 和财政支出的比重的增长则表现出逐年下降的趋势。总体上看，政府预算中卫生支出占 GDP 的比重从 1985 年的 1.19% 逐年下降到 1997 年的 0.66%，从 1998 年开始，这个比重有缓慢的增长，但增加的幅度有限，2007 年为 0.92%。政府卫生支出占财政支出的比例在 1985 年为 5.37%，1997 年以后的数年间都保持下滑的趋势，2002 年为 4.12%，直到 2003 年开始才有所增长，比重提高到 4.57%，但到 2006 年又下降为 4.40%，2007 年回升到 4.61%。①

（三）卫生医疗服务的公平性差

社会经济发展的不平衡体现在城乡之间以及不同区域间发展的不平衡，经济发展方面的不平衡直接导致了卫生医疗服务的可及性、可得性以及卫生服务的水平和质量在不同地区之间、在城乡之间、在不同阶层之间存在差异。而卫生医疗服务的不公平将直接引发居民健康水平方面的不公平。从地区间的差异来看，东部经济发达地区，如北京、上海、天津、浙江等省份的人均政府卫生支出较高，其中北京 728.43 元，上海 478.1 元，分别是全国平均水平

---

①　数据来源：根据《2009 年中国卫生年鉴》、《2008 年中国财政年鉴》计算整理。

199.16元的3.66倍和2.40倍。另外，从拥有卫生资源的情况来看，每千人口拥有卫生技术人员数量最多的是北京，每千人口卫生技术人员12.21人；其次是上海、天津，每千人口卫生技术人员数分别为9.16人和6.69人。每千人口拥有医疗机构床位数最高的地区是上海，每千人拥有医疗机构床位数7.00张；其次是北京，每千人口拥有医疗机构床位数6.99张。而每千人口拥有卫生技术人员数和每千人口拥有医疗机构床位数最低的省份是贵州，每千人口拥有医疗机构床位只有2.06张，每千人口拥有卫生技术人员数只有2.21人，和指标数最高的北京和上海相差极为悬殊。从城乡间的差异来看，从1990年到2007年，城市和农村的卫生费用以及人均卫生费用都呈现出不断增长的趋势，但从增长的速度上看，农村卫生费用增长的速度远远低于城市，尤其是在人均卫生费用上，农村和城市之间显示出了巨大的差距。2007年，城市卫生费用是农村卫生费用的3.45倍，城市人均卫生费用是农村人均卫生费用的4.25倍。农民的疾病死亡率明显高于城市居民，城乡之间在婴儿死亡率和孕产妇死亡率方面也有较大差异。尽管近年来农村婴儿死亡率和孕产妇死亡率的降幅均高于城市相关指标，但绝对值仍然很高。2008年，我国城乡婴儿死亡率分别为6.5‰和18.4‰，农村婴儿死亡率是城市的2.83倍。城乡孕产妇死亡率分别为29.2/10万和36.1/10万，农村孕产妇死亡率是城市的1.23倍。城乡新生儿死亡率分别为5.0‰和12.3‰，农村新生儿死亡率是城市的2.46倍。城乡5岁以下儿童死亡率分别为7.9‰和22.7‰，农村5岁以下儿童死亡率是城市的2.87倍。①

随着我国经济、社会与体制环境的深刻变化，卫生医疗服务的发展与社会经济的发展越来越不相适应，和人们的生命、生存的质

---

① 数据来源：根据卫生部网站公布的《2009年中国卫生统计年鉴》的相关数据整理计算。

量、健康的水准息息相关的卫生医疗领域存在的问题已经不仅仅是这一个领域的问题，而是变成影响我国社会经济长期稳定发展的不和谐因素，成为一项亟待解决的社会问题。

二、研究意义

在我国社会经济转型的特殊历史时期，面对我国卫生医疗领域出现的极易引发社会不和谐的种种问题，我们必须认真研究和思考怎样推进我国在卫生医疗服务方面的改革。如何利用有限的医疗资源才能更有效率？有限的医疗资源如何在不同社会成员及其不同需求之间进行分配？如何通过合理的路径提高居民健康水平从而真正地提高全体国民的整体福利水平？面对这些亟待解决的问题，需要我们从最基本的问题入手，逐渐触及最深层次的矛盾，设计出合理有效的改革措施，从而真正实现我国卫生医疗事业的健康发展，对整个社会经济的发展起到良好的促进作用。在这场变革中，政府必须承载起不可推卸的重大责任。卫生医疗产品以及医疗卫生市场的特殊性决定了政府在卫生医疗诸多领域发挥着不可替代的作用。由于卫生医疗市场当中存在着大量具有外部性的产品和服务，致使价格信号无法正常地发挥作用，因此政府要承担起组织提供公共卫生产品，矫正外部效应的责任。另外由于信息不对称、垄断等因素所造成的市场失灵在卫生医疗市场普遍存在，政府必须担负起监管者的责任，对这些市场失灵和市场缺陷进行干预，规范医疗服务市场和医疗行为，实施必要的监督，制定相关的政策加以引导，实现卫生医疗市场的规范化。同时，对于贫困人口给予适当的支持，减少贫困人口的疾病负担，实现健康公平和社会公平。

保证本国人民的健康权益是现代政府的一项重大职责，建立完善的卫生医疗体制是我国实现和谐社会目标的重要环节之一。我国社会经济正处在繁荣发展的新时期，综合国力不断提高，GDP 不断增长，财政收入水平节节攀升，各项社会改革同步进行，以人为本、关注民生的理念得到社会各阶层的高度认同，一些突发性的公共卫生事件使得人们更加重视卫生医疗领域存在的问题，这些都为中国政府进行卫生医疗体制的改革提供了千载难逢的好机遇。因此，从关注国民健康，实现卫生医疗服务和国民经济协调发展的理念出发，考察和研究政府卫生支出的规模与结构是否合理、医疗卫生服务的公平程度以及政府卫生支出绩效情况等一系列问题，以此系统剖析我国政府卫生支出如何保持一个合理的规模与结构，政府对于医疗卫生服务资源如何进行合理的配置，怎样通过改革政府卫生支出水平和方式提高卫生医疗领域的效率并同时保障国民获得卫生医疗服务的公平，如何有效地改善国民的健康水平和满足国民的健康需求，为我国医疗卫生服务体制的改革提供科学的决策依据，并以此促进社会经济与居民健康的和谐发展，这既是一个有着重要现实意义，同时又具有理论价值的研究课题。

第二节　文献综述

一、国外文献综述

（一）健康经济学的相关研究

健康经济学是20世纪60年代发展起来的一个经济学分支学科，Arrow在1963年发表了论文《不确定性与卫生保健的福利经济学》，标志着健康经济学这一应用经济学分支的建立。Arrow指出医疗卫生市场存在着信息不对称，医疗市场的产出也存在着不确定性，作为患者代理人的医生是追求利益最大化的行为主体。由于医疗市场的特殊性，以及健康状况和治疗结构的不确定性都导致了医疗卫生市场与完全竞争市场的偏离。

Mushkin（1962）、Becker（1964）和Fuchs（1966）指出健康

是人力资本存量的组成部分，对健康经济学的研究产生了重大影响。此后，Michael Grossman（1972）完善了健康经济学的分析框架，提出医疗保健需求是一种派生需求（induced demand），构建了健康商品的需求模型，把健康作为模型的内生变量。当个人获得初始的健康存量之后，健康存量会随着时间的流逝呈现递减的趋势。当健康存量下降到维持生命所需的最低值时，个人的生命将结束。而在健康存量高于维持生存的最低点时，通过对健康的投资可以改善健康存量的水平。健康的生产函数决定了健康存量，通过医疗卫生服务的提供、遗传、生活方式、环境等因素影响健康水平。家庭生产产出决定了一生的收入或财富。健康兼备两种属性，一是健康作为消费品，直接进入效用函数，健康存量大，则效用大，反之，获得的效用水平降低。二是健康作为投资品，直接进入生产函数，决定个人在市场部门和非市场的家庭部门的可用时间。Phelps（1973）指出医生在提供医疗服务的过程中，既是医疗服务的提供者，又为代理病人作出选择何种医疗服务的决策，厂商理论不能完全解释医生行为，他在 Grossman 模型的基础上，建立了不确定性条件下的医疗保健需求函数与医疗保险需求函数。

J. G. Gullis（1979）对医院决策集团的研究发现，医生在选择用于最终产品的生产投入方面有着极大的个人决定权。Newhouse（1970）利用非营利性医疗机构边际成本的缺失，重点分析了非营利性医院的质量和数量生产可能性边界。M. V. Pauly（1987）利用时间序列数据，对于医疗卫生服务供给者的信息及激励机制加以分析，得出医院目标的不一致主要是由于所有者结构的不一致造成的结论。K. Bolin（2001）等人将家庭内部的博弈机制引入了家庭健康生产函数的分析。J. Cruber（1996）对成本效益分析方法的拓展都极大地提高了健康经济学对于主流经济学的理论贡献。McGuire（2000）指出医患之间的合约当医疗服务方和保险提供方开始通过合并、契约的方式合作向消费者出售健康时，会产生新的变化和特点，推导出患者最优保险和医生最优支付模型。

从 20 世纪 90 年代开始，健康经济学发展了使用时间序列数据控制个体的作用、工具变量法和结构模型三种统计方法。另外，在健康的测度方面广泛应用了路径分析、MIMIC 模型等工具对“潜变量”加以度量。在传统健康评价负向指标的基础上提出了 DALY（Disability – Adjusted Life Year，由伤残调整的生命年）和 QALY（Quality – Adjusted Life Year，由质量调整的生命年）等新的评价指标体系，P. Dolan（2000）在福利经济学的基础上提出的 HRQoL 指标（Health – Related Quality of Life，与健康有关的生命质量）。

（二）医疗卫生市场及政府介入的相关理论发展

1. 公共产品理论

大卫·休莫（David Hume，1739）在《人性论》一书里提到，某些任务的完成对单个人来讲并无什么好处，但对于整个社会却是有好处的，因而只能通过集体行动来执行。对于赞同任何同样行动的一千个人来说，判定他们是否作出同样的努力将是非常困难的，实际上也是不可能的。对他们来说，执行如此复杂的设计并采取一致行动将是非常困难的，因为每个人都会寻找托词以使自己免得承担由此带来的麻烦和花费，而使其他人承担整个负担。这可以看成是对公共产品研究的起源。亚当·斯密（Adam Smith，1776）在《国富论》论述政府职能时认为政府应提供最低限度的公共服务。

林达尔（Lindahl，1919）提出了公共产品的自愿交换理论，在假设收入分配状况既定的情况下，确定公共产品的最优水平。在两个消费者分担公共产品成本的模型中，每个消费者需要支付的税收价格和其从消费该种公共产品中获得的收益相等。鲍温（Bowen，1943）研究了在公共产品的消费者会表露其对公共产品偏好的条件下，公共产品的最优均衡产量如何实现。

保罗·萨缪尔森（P. A. Samuelson，1954，1955）在《经济学与统计学评论》发表的两篇文章——《公共支出的纯理论》和

《公共支出理论图解》中，对公共产品和私人产品作出了明确的定义。他认为，“纯粹的公共产品是指这样的物品，即每个人消费的这种物品不会导致别人对该物品消费的减少”，私人物品是指“如果一种物品能够加以分割，因而每一部分能够分别按照竞争价格卖给不同的人，而且对其他人没有产生外部效果”。萨缪尔森创立了一个精确且得到广泛接受的公共产品有效配置理论，阐明了公共产品与私人产品配置的基本差异，澄清了经济物品是联合消费和等量消费的情况下，公共产品的有效配置的必要条件不适宜通过市场手段来实现，并在假定社会成员的效用函数、社会福利函数和生产可能性函数已知的前提下，寻求符合帕累托最优和社会福利最大化双重目标的资源配置与产品分配方案。

布坎南（Buchanan，1965）提出了公共产品的俱乐部理论，提出俱乐部要实现均衡，使俱乐部成员欲获取最大效用，必须满足两个条件，一是俱乐部物品与私人物品间的边际替代率与边际转换率相等，二是俱乐部成员数与私人物品间的边际替代率与边际转换率相等。查尔斯·蒂布特（Charles Tiebout，1956）运用“以足投票”（Voting with Feet）理论，对地方公共产品的有效供给问题进行了较为系统的研究。他在研究地方公共产品需求与供给之间的关系时指出，社会成员之间消费偏好的不同和人口的流动性，制约着地方政府生产和提供公共产品的种类、数量和质量。加勒特·哈丁（Garrett Hadin，1968）研究了公共产品供给中的“公地的悲剧”问题，英国曾经有这样一种土地制度——封建主在自己的领地中划出一片尚未耕种的土地作为牧场，即“公地”，无偿向牧民开放。但由于是无偿放牧，每个牧民都养尽可能多的牛羊，随着牛羊数量无节制地增加，“公地”牧场最终因“超载”而成为不毛之地，牧民的牛羊最终全部饿死。对于这样的公共财产的使用由于没有协议或法律制度的限制，在达到某一点之后，增加的使用就会因为公共资源的退化和耗竭而增加成本。多纳尔森（Donaldson，1990）和约翰森

(Johanneson el al, 1993) 采用或有评价方法对公共医疗卫生等公共产品进行了评价研究。约翰森 (Johanneson el al, 1995) 以及克拉克 (Clark, 1998) 对公共医疗服务的价值进行了研究。

2. 外部性理论

外部性 (Externalities) 又被称为外部效应 (External Effects), 是指一项经济活动的行为主体给其他主体造成了影响，但并没有付出相应的成本或获得相应的补偿。

马歇尔在 1890 年出版的经典著作《经济学原理》中首次提出并论述了外部经济概念，庇古则在 1920 年发表的《福利经济学》一书中，从福利经济学的角度对外部性问题进行了系统分析，从而形成了较为完整的外部性理论。庇古指出，"社会净边际产品是任何用途或地方的资源边际增量带来的有形物品或客观服务的净产品总和，而不管这种产品的每一部分被谁获得"，"私人净边际产品是任何用途或地方的资源边际增量带来的有形物品或客观服务的净产品总和中的这样一部分，这部分首先——即在出售以前——由资源的投资人所获得。这有时等于，有时大于，有时小于社会净边际产品"。"如果私人和社会净产品在各个地方一致，则自私心的自由发挥作用，只要不被无知所阻碍，就往往会在不同用途和地方之间有效地配置资源，从而增加国民所得，同时增加经济福利的总和，使其达到最大值"，"当然，实际生活中，私人净边际产品和社会净边际产品市场不一致"①，而造成这种不一致的原因就是外部性的存在。庇古分析了社会净边际产品和私人净边际产品发生背离的各种情形。当社会净边际产品大于私人净边际产品时，行为主体给其他主体带来了正面的影响，社会边际福利大于私人边际福利，出现外部经济；当社会净边际产品小于私人净边际产品时，行为主体使其他主体受到损害但没有支付相应的成本，社会边际福利小于私人边

---

① 参见 A. C. 庇古:《福利经济学》，商务印书馆，2003 年版。

际福利，出现外部不经济。庇古认为，当存在外部性时，必须依靠政府的力量进行干预，例如采取征税的方式增加私人边际成本，减少供给数量，或者采取补贴的方式减少私人边际成本，增加供给数量。在庇古之后，很多著名经济学家都对外部性问题做出了精辟的分析。

1952 年，英国经济学家鲍莫尔（W. J. Baumol，1952）出版了《福利经济及国家理论》一书，对他以前的外部性理论进行了综述性研究，对垄断条件下的外部性问题、帕累托效率与外部性、社会福利与外部性等问题作了较深入考察，并认为外部性理论还有很多问题没有得到解决。鲍默尔认为，如果某个经济主体的福利（效用或利润）中包含的某些真实变量的值是由他人决定，而这些人不会特别注意到其行为对于其他主体的福利所产生的影响，此时就出现了外部性；对于某种商品，如果没有足够的激励形成一个潜在的市场，而这种市场的不存在会导致非帕雷托最优的均衡，此时就出现了外部性。米德（Meade，1952）认为一种外部经济（或外部不经济）是指，某一项市场交易的当事人在做出交易决策时，对未参与该决策的旁观者的利益带来了可察觉的影响。① 米德还强调了上述外部性定义中的另一个关节点，即利益或损失是“可以被察觉”的。布坎南（Buchanan，1962）在《外部因素》一文中联系帕累托最优原则来考察了外部影响问题，认为补偿也应当用这个原则来考察其福利后果。他和斯塔布尔宾（Stubblebine，1962）用函数关系式表达了对外部性问题的认识。

科斯（Coase，1960）在他的经典论文《社会成本问题》中提出了“交易成本”这一重要范畴，为外部性的解决提出了从产权和交易成本的角度入手的新思路。科斯认为，在交易成本为零时，通

---

① 参见詹姆斯·E. 米德：《效率、公平与产权》，北京经济学院出版社，1992 年版。

过明确产权可以使外部效应内部化。德姆赛茨（Demsetz，1967）吸收了科斯的部分观点，他认为，外部性是一个模糊的概念，无论是外部成本还是外部收益，放到世界范围来看就都不是外部性了。只要注重产权，并且让各个权利方拥有谈判的自由，那么就会降低交易成本，交易成本的降低导致外部性内在化的收益大于成本，最终外部性得以内部化。

有关医疗卫生领域中外部性的研究，Mark Gersovitz 和 Jeffrey S. Hammer（2004）提出了两种与传染病相关的外部性：传染外部性和预防外部性。传染外部性是指得了传染病的病人会传染他人，而后者又会传染其他人，并反复下去。在控制自身感染时，人们并不考虑其感染的社会后果。预防外部性是指一个人的预防性为可以直接减少他人被感染的可能性，无论该预防行为对采取行动的个人是否有效。基于上述观点，Gersovita 和 Hammer 提出了一个一般框架，用来讨论这些外部性和政府抵消这些外部性的干预作用。由于存在预防外部性和传染外部性两种外部性，政府必须运用补贴或税收等手段纠正外部效应。

3. 信息不对称理论

阿罗（Arrow，1963）在《不确定性和医疗保健经济学》中讨论了风险厌恶、道德风险、信息不对称等问题，按照信息不对称的内容把信息不对称区分为隐藏行动（hidden action）和隐藏信息（hidden information），将信息不对称因素纳入经济分析的模型中，开拓了这个领域的研究。他指出医疗保健市场具有许多不确定性，患者极度缺乏对医疗保健服务应该需求多少的相关信息，信息上的劣势导致了较弱的判断力。威廉姆森将事先的信息不对称与事后的信息不对称合并为更一般的信息阻塞的范畴（Williamson，1985），他最重要的机会主义（Opportunism）假设就是建立在该范畴的基础上。信息不对称过去被广泛运用于旧货市场，阿克尔洛夫（Akerlof，1970）在哈佛大学经济学期刊上发表了著名的《次品问题》一文，首次提出了“信息市场”概念。他研究了二手车市场中买主和卖主之间由于掌握信息数量的不同而导致的交易矛盾。他在分析医疗保险市场供给时认为导致医疗保险市场供给不足的重要原因之一是逆向选择，逆向选择的结果是高风险的人隐瞒其真实风险状况，购买保险的人很有可能都是那些更加需要保险的人。Rosen（1985）运用信息不对称理论分析了劳动市场，Rothschild 和 Stiglitz（1976）把信息不对称运用于保险领域，建立了保险政策的筛选模型。Evans（1974）强调在医疗服务中在医患双方信息不对称的情况下医生可以影响患者的需求，产生由医疗服务供给方道德风险带来的引致需求，从而出现过度提供医疗服务的问题。Pauly（1986）提出应建立和完善评估体系，防止过度消费，改革支付制度，有效控制成本，将公共医疗保险中信息失灵的后果最小化。

4. 政府对医疗卫生市场的干预

Feldstein（1988）认为基本医疗保障尤其是公共卫生具有公共品性质，医疗市场的信息不对称导致严重的市场失灵，必须依靠政府的供给。政府应该通过强化信息披露、建立合理的医疗市场进入退出机制等手段，努力消除医疗市场的信息不对称问题，从而逐步减小医患双方由于信息不对称而造成的不同市场地位，并建立控制医疗费用上涨的有效机制，切实减轻居民的医疗风险。Sanjay 和 Pradhan（1996）的研究表明盈利型医疗保险市场缺陷可能把风险高但迫切需要治疗的病人排除在被保险人群体之外，政府的参与可以帮助低收入者以及急需医疗保障的高风险人群满足医疗卫生服务的需求。Sen（1995）通过对印度克拉拉邦的分析发现在适当的政府扶持下，贫困地区的医疗保健水平能得到改善，人们的生活质量会不断提高，对经济的增长具有重大的作用。Jeffery Sachs（2003）也认为，健康和卫生的投入对落后地区经济发展具有非常重要的作用，而政府在健康和卫生方面的投入过低意味着贫困人口不能获得足够的医疗卫生服务，政府在健康和卫生方面的投入应当起到保证贫困人口获得足够的医疗保障、防止城乡居民因为一些疾病导致贫困的作用。Gersovitz（2000）、Hammer（2004）认为以政府为主要代表的社会组织进行干预介入个人预防，是突破个体预防困境的一个解决方案。

二、国内文献综述

（一）对健康经济学的相关研究

在我国，健康经济学方面的研究起步较晚。第一部《卫生经济学》的专著诞生于1982年；第一部高等医科大学《卫生经济学》的教材也是在随后不久问世。自20世纪80年代末、90年代初以来，随着我国医疗改革的推进，我国许多学者开始从健康经济学原理出发进行有关研究。樊明（2002）所著《健康经济学——健康对劳动市场表现的影响》研究了健康不良对劳动力参与、就业、工资和工作时间的影响，具有较高的理论参考价值。毛正中、胡德伟（2004）编著的《卫生经济学》，系统地介绍了健康经济学的相关理论。

（二）对政府卫生支出理论基础的研究

国内学者对政府卫生支出理论的研究主要是从公共产品这一角度入手，认为卫生产品具有公共产品的特征，是市场失灵的领域，需要政府进行干预。王俊（2007）在《公共卫生：政府的角色与选择》中指出，公共卫生具有非排他性和非竞争性，市场机制无法对它的供给和消费施加影响。在市场经济条件下，没有任何医疗单位和个人愿意提供卫生监督监测、传热病控制和预防、地方病监测和报告以及健康教育等服务，因此需要政府对这些领域实施干预和管理，这些项目应该是财政资助的项目。对于计划免疫、妇幼保健以及从业人员健康检查等服务不仅给家庭和个人带来好处，也给其他人和社会带来极大的利益，关系到国家和社会的长远发展，这种服务也需要政府来给予支持。但是公共卫生主要由政府来负责并不意味着政府在公共卫生中承担无限责任。

刘军民（2005）在文章《公共财政下政府卫生支出及管理机制研究》中认为政府在医疗卫生领域的作用应体现在以下方面：一是组织提供卫生公共产品，矫正外部效应；二是对贫困和弱势人群进行健康投资，减少贫困和弱势人群疾病负担，促进社会和健康公平，促使公共卫生和基本医疗服务的均等化，实现全民基本医疗保障；三是对医疗卫生服务市场进行干预，干预医疗服务中的市场失灵和缺陷，规范医疗服务市场和医疗行为，实施医疗卫生监督，促进服务的多样化和规范竞争；四是对完全市场化的卫生服务产品也可通过政策引导来鼓励有利于促进健康和人力资本形成的医疗卫生产品的供给。政府在医疗卫生领域的干预要根据卫生服务产品的具体属性，处理好市场与政府的科学分工，注重效率和公平目标的实现。

刘明慧（2005）在文章《公共财政医疗卫生投入问题分析》中分析了公共财政介入医疗卫生领域的理论依据。完全竞争市场的条件是有许多卖者、单一或同质商品、买者有充分的信息、消费者直接付款。相比之下，在医疗卫生市场上，商品或劳务的提供者——医院数目有限，尤其在农村这一问题更加突出；医疗卫生劳务具有典型的非同质性；买卖双方信息严重不对称，买者信息不灵。具体表现在供求不能形成相互制约关系，产品具有间接公共物品的特征，市场上存在严重的信息障碍。

梁鸿、褚亮（2005）在文章《试论政府在医疗卫生市场中的作用》中分析了政府不对医疗卫生市场进行干预的不良后果，即政府如果不考虑公共物品的非排他性、非竞争性及正外部性对服务供给方的影响，会导致公共卫生和基本医疗供给不足；政府如果不解决信息不对称问题，医生会诱导需求，最终导致医疗费用高涨；行业垄断如果没有政府抑制，会导致医疗服务价格高、供给少，与“提供优质合理价格服务”的行业宗旨相违背。

刘典恩、李东升和张增国（2006）在《市场、价值取向、政府之于医疗卫生》中认为政府的主导是医疗卫生改革与发展的关键。发展能够促进社会和谐的医疗卫生事业，需要从多方面入手，但强势的政府主导作用是必不可少的关键。

代英姿（2005）在文章《医疗卫生需求与公共卫生支出》中，认为有些医疗保健项目，主要是涉及到人群健康的公共卫生项目，具有很强的外部效应。这些决定了医疗卫生的需求不仅仅是私人需求，还具有公共需求的性质。而对公共卫生需求的满足，市场是无法实现的，必须由政府来提供。卫生领域中的私人供给存在着广泛的市场缺陷，为政府介入这一领域进行干预提供了理论依据。但政府应具体介入哪些项目、干预程度的大小应具体分析。

（三）关于卫生支出规模和结构的研究

赵郁馨、万泉、应亚珍、张毓辉（2007）在《2005年中国卫生总费用测算结果与基本卫生服务筹资》中描述2005年中国卫生费用筹资水平、卫生总费用的筹资构成，对卫生总费用进行了国际比较，探讨了我国基本卫生服务筹资机制与筹资模式，认为我国卫生筹资制度不够完善，缺乏综合性的卫生筹资战略和公平的卫生筹资机制，以及相应的监管和评价体系，严重地制约了卫生改革和发展。

刘继同（2008）在《卫生财政体系建设与健康照顾服务均等化》中指出，现有政府财政体系中"政府预算卫生支出"、"卫生事业费"和"财政补助收入"的开支数量规模太小，而且"卫生事业费"和"财政补助收入"范围内容和结构不合理，政府预算财政开支中由于医疗卫生服务的公共支出比例日趋降低，难以体现政府的社会福利责任承担，难以保障为全体公民提供基本医疗卫生服务，导致"看病难"、"看病贵"问题突出。同时现有数量稀少的"政府预算卫生支出"、"卫生事业费"和"财政补助收入"的支出结构严重不合理。

代英姿（2005）在文章《医疗卫生需求与公共卫生支出》中分析了形成中国公共卫生支出项目结构不合理的主要原因，一是因为在市场化改革转轨的过程中，我们没有按照公共财政的要求，具体设计政府介入卫生保健项目的菜单，一刀切地将所有的医疗机构实行差额的预算拨款，这种公共卫生资金的配置，必然使一些主要的公共卫生项目因为资金匮乏而供给不足；二是改革前城乡公共卫生支出就存在有很大差异，改革后这种差异又进一步扩大了；三是地方财力不同也使得各地区公共卫生支出规模具有较大的差异，从而造成了地区之间公共卫生配置的非均衡。

王俊（2007）在《政府卫生支出有效机制的研究——系统模型与经验分析》中系统全面地对我国政府卫生支出的规模进行了研究。运用比较静态分析和时间序列分析对我国各项卫生支出指标进行了比较，得出两个结论，一是从国家水平看，中国政府卫生支出已初具规模，且保持一定的增长态势，卫生医疗问题已经不能被单纯的看做是“投入不足”的结果，需要把研究的重点转向“投入的有效”。二是从地区水平上看，中国政府卫生支出的规模表现出显著的地区差异，政策目标需要因地制宜。

郭军强、王林松（2007）在《完善我国公共财政卫生投入体制的研究》中分析了我国卫生公共投入的现状，列举了存在的问题，即财政卫生投入规模相对不足，财政卫生投入结构在城乡之间、医疗与公共卫生之间、地区之间以及大医院与基层社区医院之间存在着不合理，并提出了完善政府卫生投入改革的政策建议。

（四）关于公共卫生支出公平性的研究

胡苏云（2005）在《健康与发展：中国医疗卫生制度的理论分析》中系统分析了健康与医疗公平与权利问题，认为健康与人的基本权利、人的自由和幸福有密切联系，要求在健康的提供中具有公平性和公正性，而在最近发展的精神资本分配、以自由看待发展、幸福与发展分析中给出了新的分析方法。我们的健康和卫生制度不仅要符合卫生经济学的规律，而且不能仅仅局限于经济层面，而是要着重于从人的权利、发展的人本主义目标进行修订。只有这样，目前我们所面临的困境和难题才能找到正确的、符合国际理念的解决方案。

郭清、王小合、李晓惠、马海燕、汪胜、许亮文、李宇阳（2006）在《Lorenz 曲线和 Gini 系数在社区卫生服务资源配置公平性评价中的应用》中探讨了洛伦茨曲线和基尼系数对社区卫生服务资源配置公平性评价的效果，为社区卫生资源合理配置评价方法提供实践依据。采用分层整群随机抽样的方法，对 5 城市 7 城区社区卫生服务主管机构采取入户访谈和专题讨论的方式进行调查。政府对社区卫生服务投入经费 Gini 系数接近高度不公平的危险状态。

杨红燕（2007）在文章《我国城乡居民健康公平性研究》中对我国不同时期的城乡居民健康公平性进行了测算，指出在计划经济时期，虽然整个社会结构二元性特征明显，但城乡卫生服务筹资与卫生服务供给公平性都很好。公平的改善还促进了效率的提高，极大地改善了人民的健康状况。1980 年以后，社会结构依然呈现二元特征，而城乡居民健康不公平的问题凸显。1993 与 1998 年城乡医疗卫生服务筹资的基尼系数分别达到了 0.518596 和 0.523624。这表明 20 世纪末我国医疗保障制度已经到了非常不公平的地步。筹资和供给的不公平不可避免地体现在了城乡健康水平上，导致了城乡健康和疾病模式的不公平。要改善这一状况，必须强化政府对医疗保障和卫生领域的干预，建立覆盖全民的医疗保障制度，并坚持卫生领域的政府主导，将农村作为全国卫生事业的重点。

杨宜勇、刘永涛（2008）在《中国省际公共卫生和基本医疗服务均等化研究中》，采用政府卫生支出占 GDP 的比重，以及人均政府卫生支出的变异系数，来考察对各地区政府卫生支出的均等化随时间变化的情况。通过计算1997年、2001年和2005年各地区政府卫生支出占GDP和人均政府卫生支出的变异系数，指出各地区有较为明显的差异，各地区卫生经费占GDP的比重差异呈现扩大的趋势。

（五）对政府卫生支出绩效评价的研究

支出绩效评价工作在我国起步较晚，目前还处于探索阶段。朱志刚（2003）在《财政支出绩效评价研究》一书中论述了财政支出绩效评价的基本理论，对财政支出绩效评价进行了比较研究，提出了建立我国财政支出绩效评价体系的基本思路，设计了财政支出绩效评价的指标体系、标准体系，分析了财政支出绩效评价的计分方法、组织实施以及结果应用。马国贤（2005）在《政府绩效管理》中系统地提出了政府绩效管理原理，区分了经济效率、行政效率和财政效率，提出了绩效评价的“一观三论”。“一观”指“花钱买服务”的预算观。政府预算的目的是购买公共服务，而不是养人、养机构。为此，需要根据政府花什么钱和多少钱以及取得了何种效果来建设绩效指标体系，将绩效指标应分为投入、结果、能力和满意率四个维度并以此建立框架，效果指标能否诠释投入目的是评价绩效指标优劣的基本标准。“三论”指结果导向管理、公共委托代理和为“顾客”服务。结果导向管理是指，绩效评价如果以过程为导向，易落入“就事论事”陷阱，且过程具有连续性和不可恢复性，因而评价过程是困难的。而且评价结果也因人而异，且易掺杂“人情”等因素。为此，我们要客观、公正地评价公共支出业绩，就必须跳出过程，聚集于对结果的评价上。同时结果是已存在的事实，通过对结果的评价，有利于我们弄清现状，引导政府工作。公共委托代理是说，无论过程多复杂，都可借助于公共委托代理关系和“谁拨款，谁问效，谁用款，谁对效果承担责任”原则找出绩效评价的责任关系。为“顾客”服务，是把公共服务的受益人当作顾客对待，通过“顾客”评价，改进政府管理，提高效率。

上海财经大学公共支出评价课题组的李永友（2006）对我国公共卫生支出进行了绩效评价。介绍了公共支出后评价的基本思路和逻辑顺序，构建了公共支出后评价的指标体系，对我国公共卫生支出后评价进行了实证分析，并针对公共卫生支出绩效评价中揭露的问题，提出增强政府在公共卫生事业中的支出责任，合理配置公共卫生资源，保证全体公民同享社会进步的结果，促进全社会整体健康水平的提高，强化政府在公共卫生领域的执法监督责任，大力培养卫生技术人才，提高卫生服务的能力水平，加强科研机构间协调的政策建议。

陈共、王俊（2007）在《论财政与公共卫生》中采用“3E”绩效评价体系，运用层次分析法，分别选取从属于经济性、效果性、有效性的可量化的二级指标，将各指标标准化到百分制的区间中，设计转接征询表，综合专家意见构造判断矩阵，并计算各指标所占的权重。最后用各指标的得分乘以其权重并加总，得出财政公共卫生支出的综合得分，对各地区的公共卫生支出进行了绩效评价。

程晋烽（2008）在《中国公共卫生支出的绩效管理研究》中系统地论述了公共卫生支出绩效管理的相关理论，对公共卫生支出绩效评估指标及权重进行了研究。通过对比分析我国改革开放前后公共卫生领域绩效的变化，指出公共卫生领域里的问题不仅仅是财政问题，即投入问题，当前卫生支出管理中存在的制度缺陷，如政绩观、体制和机制等是影响公共卫生支出绩效的关键问题，所以现行的制度不适合当前的公共卫生发展，必须进行制度创新。对于绩效预算拨款，程晋烽在定量分析的基础上给出了一般意义上的模型，同时指出，虽然公共卫生是国家的责任，但是在国家财力有限的情况下，国家不应盲目增加投入，投入尤其应该注重实效，这就要求对公共卫生支出进行绩效评估。在全面介绍逻辑模型的类别、作用和其在西方公共卫生支出管理中运用的基础上，提出了公共支出绩效管理的逻辑模型，并对河南省和江苏省无锡市公共卫生支出绩效管理进行了实证分析。

第三节 研究思路与研究框架

一、对政府卫生支出的界定

卫生总费用反映一个国家或地区在一定时期内（通常指一年）全社会用于医疗卫生服务所消耗的资金总额。卫生总费用是反映了一国或地区医疗卫生资源配置基本状况的重要指标，卫生总费用在规模和结构方面的变化体现着一个国家社会成员医疗卫生服务需求、卫生政策、卫生资源配置以及社会经济发展之间的相互关系。1996 年开始，我国卫生总费用的测算指标由原来的六分法转变为三分法，即目前我国在卫生总费用核算时从筹资来源的角度将卫生总费用分为三个部分，即政府预算卫生支出、社会卫生支出和居民个人卫生支出。其中，政府预算卫生支出是指各级政府用于卫生事业的财政预算拨款，包括上级财政拨款和本级财政拨款。按政府预算卫生支出的投入方向划分，政府预算卫生支出具体用于公共卫生和公费医疗，公共卫生经费又包括卫生事业费、中医事业费、食品和药品监督管理费、计划生育事业费、预算内基本建设经费、医学科研经费、卫生行政管理和医疗保险管理费、基本医疗保险基金补助经费和其他部门卫生支出。卫生事业费包括医院经费、卫生院补助、防治防疫事业费、妇幼保健费、药品检验机构经费、卫生部办中专学校经费、干部培训费、合作医疗补助费、托儿所经费、处理群众医疗欠费基金和其他卫生事业费。公费医疗经费主要用于行政事业单位医疗经费。社会卫生支出指政府预算外社会各界对卫生事业的资金投入，主要表现为社会医疗保险。包括行政事业单位负担的职工公费医疗超支部分，企业职工医疗卫生费，企事业单位对本单位举办的卫生机构的设施和建设费，乡村集体经济单位用于乡村卫生机构建设、防保补助和合作医疗经费补助，私人办医院新增值，国际组织、社会团体和个人捐赠等。居民个人卫生支出是指城乡居民自己可支配的经济收入在接受各类医疗卫生服务时支付的各项医疗卫生费用和各种医疗保险费用，包括城镇居民个人卫生支出和农村居民个人卫生支出。

世界卫生组织（WHO）、世界银行和OECD组织对卫生总费用的划分方法和我国对卫生总费用的划分有所不同。世界卫生组织（WHO）、世界银行和OECD组织将卫生总费用分为两个部分，包括一般政府卫生支出（OECD组织称为公共卫生支出）和私人卫生支出。一般政府卫生支出包括狭义政府卫生支出和社会医疗保障支出，WHO对一般政府卫生支出的统计口径中还包括外援卫生支出，其中狭义政府卫生支出也称为“税收为基础的卫生支出”，是指中央政府、省级政府以及其他地方政府对卫生的支出，但不包括政府对社会保障的财政投入。私人卫生支出是指商业健康保险和家庭现金付费等非公共性质的卫生支出。因此，WHO、世界银行、OECD组织卫生总费用分类中“一般政府卫生支出”与中国国家卫生账目分类中的“政府预算卫生支出”是两个不同的账目。本书在研究我国政府卫生支出时依据的是我国的国家卫生账目分类标准。

二、研究思路

本书对政府卫生支出的研究分为八章，主要研究思路如下：

第一章导论部分，介绍本书选题的背景和研究意义，回顾国内外关于政府卫生支出方面的相关理论及观点，说明文章的研究思路以及研究框架、研究方法等。

第二章是政府间介入卫生医疗领域的理论分析。本章首先介绍了有关健康经济学的相关理论，解释了健康的经济学含义，即健康是一种有严格寿命限定的，能提供服务的特殊商品或资本形式，其提供服务可以在人的一生中持续不断地被消费。健康作为一种“耐用消费品”，它通过提供健康服务流量带给人们效用。不能享受基本卫生服务，不享有医疗保障，不具备基本卫生条件或有利于健康的生活环境，不能养成健康的生活方式，缺乏基本卫生保健知识等健康危险因素会导致健康不良。然后通过对公共产品理论的分析，解释了医疗卫生产品的基本属性，并分析了医疗卫生市场的特点，即存在信息不对称、供给者具有垄断势力、进入存在障碍、大量产品存在外部型以及价格信号无法正常发挥作用，所有这些原因使得医疗卫生服务市场不是一个完全竞争的市场，市场机制不能自动地实现经济有效性，也就是说会出现市场失灵。因此有必要针对市场失灵的原因，校正市场失灵，利用非市场的体制安排来改进医疗卫生服务市场的效率，发挥政府的作用，控制垄断势力，提供公共产品，纠正外部性，发展卫生事业，促进健康公平。

第三章探讨我国政府卫生支出的历史演变。首先回顾了我国城镇医疗卫生事业的制度演变，分析了计划经济时期公共卫生机构体系和医疗保障和服务提供体制的发展以及改革开放后公共卫生体系和医疗保障服务提供体制的发展历程。然后回顾了我国农村医疗卫生事业的制度演变，分析了不同时期农村公共卫生体系和医疗保障制度的变迁过程。最后论述了我国政府卫生支出制度的政策演变。医疗卫生保障的财政支持是指国家各级政府为发展本国的医疗卫生事业，对其所需的卫生资源进行的筹集、分配、管理和监督等一系列有秩序的活动。我国财政管理体制建立于 1949 年，从新中国成立至今，财政体制经历了“统收统支”、“财政包干”、“分税制”的变化。医疗卫生财政体制作为国家财政制度的一个组成部分，一定时期内医疗卫生财政体制的安排受制于其赖以存在的制度环境，即国家财政制度的约束。伴随着国家整体财政制度的演变，期间财政支持医疗卫生保障的制度也进行了多次的调整和变革。

第四章着重分析我国政府卫生支出的规模。本章首先介绍了衡量政府卫生支出的基本方法和常用的指标，之后分别对我国政府卫生支出的绝对规模、相对规模以及支出的弹性进行了分析。我国政府卫生支出总额不断上升，但增长速度波动较大且低于财政支出的增长速度，政府卫生支出与 GDP 的比重以及政府卫生支出在卫生总费用中的比重不断下降。政府卫生支出方面的政策、财政收入的规模、转移支付制度的不完善以及政府支出结构的变化都成为影响我国政府卫生支出规模的重要因素。

第五章是关于我国政府卫生支出结构的分析。本章分别对我国政府卫生支出的使用结构、我国政府卫生支出的各级政府负担结构、我国政府卫生支出结构存在的问题及原因进行了阐述。合理的政府卫生支出结构是实现卫生资源合理配置的前提，也是衡量和评价卫生服务公平性和社会满意度等目标是否实现的重要指标。财政对不同项目、机构的卫生资金投入将直接影响到相应项目、机构的卫生医疗服务水平。如果公共卫生支出结构比例适中，项目之间、部门之间能够协调配置，将有效地促进整个公共卫生事业的发展；反之，则可能导致公共卫生服务系统公平性的缺失和绩效的降低。我国政府卫生支出在使用结构及负担结构上表现出诸多不合理，财政体制、地区经济发展水平及财力差异以及转移支付制度上的问题都是其影响因素。

第六章侧重于分析政府卫生支出的公平性问题。本章首先对政府卫生支出公平性的相关概念和评价方法进行了阐述，之后分别对我国地区之间、城乡之间的政府卫生支出的公平性进行了比较分析。追求卫生服务的公平性，是各国卫生政策的主要目标之一。在千差万别的经济体系、社会结构和文化环境中，就实现卫生服务的公平性来说，有可以借鉴的国际经验，却没有各国通用的解决方案。我国在卫生资源分配、医疗保障制度覆盖、卫生费用的使用及分配等方面都存在着不公平，导致不同人群在卫生服务的利用上存在较大差异，这些都与我国经济发展格局的多层次性、长期以来形成的城乡二元结构都有着密切的关系。

第七章是政府卫生支出的绩效评价体系。本章首先介绍了财政支出绩效评价的基本概念和进行绩效评价的主要原则。之后阐述了政府卫生支出绩效评价体系设计的基本思路和主要的原则。最后对我国政府卫生支出绩效评价进行了实证分析。建立我国政府卫生支出的绩效评价制度和体系，是提高政府执政能力的必然要求，是深化财政支出改革和完善财政支出监督机制的重要途径和有效的手段，也是实现绩效预算的基础和前提，对于提高我国政府利用和配置卫生资源的效率，促进卫生医疗服务的水平和公平性的提高有着非常重要的意义。

第八章是结论与政策建议。本章首先对前述各章作出了总结，得出了相应的结论，之后针对我国政府卫生支出在规模、结构以及公平性方面存在的问题提出了完善我国政府卫生支出的总体构想、具体政策以及相关配套改革措施。

三、研究框架

本书的研究框架如图 1－1 所示。本书试图逐步通过规范分析、实证分析，得出相应结论和政策建议。首先运用经济学理论构建政府卫生体系的理论分析框架，通过对健康经济学和公共产品等相关理论的论述，明确政府介入卫生医疗领域的必要性和范畴；其次，通过选取相关有代表性的数据对我国政府卫生支出进行规模分析、结构分析、公平性分析，探寻目前我国政府卫生支出中存在的问题及其根源。最后，展开发展卫生事业的财政视角分析，合理设计政府介入卫生领域的投入机制，提出完善政府卫生支出，促进我国卫生事业发展的政策建议。

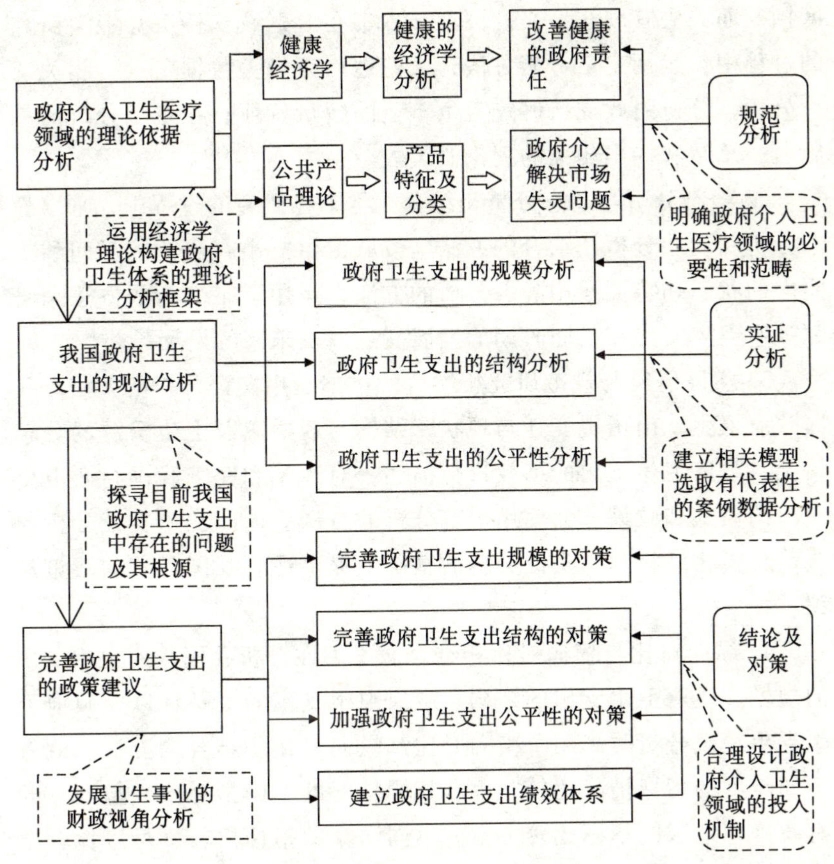

图 1－1 研究框架逻辑图

第四节 研究方法、创新与不足

一、研究方法

1. 定性分析与定量分析相结合。定性分析与定量分析相结合，既可以防止定性分析的主观随意性，也可以避免由于数学模型的高度抽象而失去其现实意义。因此，本书在对财政支持医疗卫生研究的过程中，运用定量分析方法，大量地引证相关数据，进行相关统计分析，分析财政支持医疗卫生事业的数量特征；在定量分析的基础上，总结和提出相关的理论假设。

2. 静态分析与动态分析相结合。本书在研究的过程中，采取静态分析和动态分析相结合的方法。政府卫生支出在当前的时间和空间内的状态和特征运用静态分析的方法，运用动态分析的方法来研究政府卫生支出在不同时期的发展变迁以及未来的发展趋势。

3. 实证研究与规范研究相结合。本书运用实证分析的方法对我国政府卫生支出历史变迁与现状、结构与规模以及卫生资源的分布情况、政府卫生支出的绩效进行描述，对改革和完善我国财政卫生支出的模式和政策方面使用规范分析的方法。同时注重实证分析与规范分析相结合，在实证分析的基础上提出适合我国现状的政策建议。

4. 纵向对比与横向对比相结合。本书在分析我国政府卫生支出的规模、政府卫生支出的结构、政府卫生支出的公平性以及政府卫生支出绩效分析时采用了横向对比和纵向对比相结合的方法。既有不同年度的指标情况比较，也有相同年度的不同指标比较情况，既有我国各地区的指标比较，也有不同国家的指标比较，可以比较全面地反映出政府卫生支出的发展变化趋势。

二、创新与不足

（一）本书的主要创新

1. 以医疗卫生市场的特殊性引起的市场失灵和政府介入医疗卫生市场活动产生的政府失灵作为研究的切入点，从理论研究和实证分析相结合的角度构建了财政支持卫生事业发展的基本框架。

2. 研究了不同时期不同条件下的财政体制和经济社会体制对卫生支出规模、结构的影响，为政府卫生支出政策的制定提供了制度经济学的分析视角。

3. 从绩效管理的角度强调加强对政府卫生支出的投入、产出、产效和影响的评价。通过对近年相关绩效指标的计算和考核，最终以量化的结果说明我国政府卫生支出在经济性、效率性和效果性方面的进展程度，体现以结果为导向、提高支出效益的卫生支出管理的目标。

（二）本书的不足之处

1. 本书在对我国政府卫生支出作定量分析和实证分析，未深入的运用计量经济学中更多的方法进行建模和检验，这些都是需要在以后研究中进一步深入探讨的问题，对政府卫生支出绩效评价的设计也有待于进一步系统地研究。

2. 本书在研究政府卫生支出在规模、结构以及公平性方面存在的不足时，仅考虑了财政方面的因素对我国卫生支出现状造成的影响，尚缺乏对复杂的卫生支出问题从多角度多方位的系统研究。

第二章 政府介入医疗卫生领域的理论基础

随着经济的发展，人们对健康的重视程度越来越高，各国政府也把提高国民的健康水平作为重要的政策目标以及促进经济发展的重要推动力，并通过各种形式和手段介入到医疗卫生领域的活动中来。《2000 年世界卫生报告》指出，人民健康始终是国家的一个重点，政府应持续地、永久地对其负责，因为这是推进人类健康和社会可持续发展的基础保证。世界银行进一步指出，基于某些卫生产品的公共产品特征以及公共卫生、基本医疗保健对减轻贫困的重要性，政府应在医疗卫生领域发挥重要作用。[①] 本章将从健康的经济学分析入手，利用公共产品理论，对卫生产品的属性进行分析，进而讨论医疗卫生市场的特殊性，试图阐释政府介入医疗卫生领域的理论依据。

第一节 健康的经济学分析

健康经济学家通常用健康生产函数衡量政府卫生支出与健康的关系，因此，对健康做出一个相对准确地界定，并进行相应的经济

① 参见吕卓鸿：《政府承担公共医疗卫生的理论基础和范围界定》，《中国卫生事业管理》，2005 年第 2 期。

学解释，对于理解健康这种特殊的产品以及如何获得更多的健康存量从而提供更多的效用有着比较重要的意义。

一、健康的定义

健康是指人体各器官系统发育良好、功能正常、体质强壮、精力充沛并具良好劳动效能的状态，可通过人体测量、体格检查和各种生理指标来进行衡量。关于健康的定义，世界卫生组织对健康的定义中认为，健康不仅仅是身体没有疾病，而且还要具备心理健康、社会适应良好和道德健康。具体有以下几点：（1）有足够充沛的精力，能从容不迫地应付日常生活和工作压力，而不感到过分紧张；（2）态度积极，乐于承担责任，无论事情大小都不挑剔；（3）善于休息，睡眠良好；（4）能适应外界环境的各种变化，应变能力强；（5）能抵抗一般性的感冒和传染病；（6）体重得当，身体匀称，站立时头肩臂的位置要协调；（7）反应敏锐，眼睛明亮，眼睑不发炎；（8）牙齿清洁，无空洞，无病感，无出血现象，齿龈颜色正常；（9）头发有光泽，无头屑；（10）肌肉和皮肤富于弹性，走路轻松协调；（11）道德高尚，有良好的公德，有道德修养；（12）对自己、对他人的健康负责任，工作、生活、娱乐等以不影响、不损害别人的利益和健康为前提；（13）不侵占、偷窃他人物品和作品、研究成果；（14）不吸毒、不淫乱。这是世界卫生组织 1948 年宣布成立时在该组织宪章中对健康做出的界定，是迄今为止最权威、最具影响力的关于健康的定义。

中国学者傅连璋认为健康的含义应包括如下的因素：（1）身体各部位发育正常，功能健康，没有疾病；（2）体质坚强，对疾病有高度的抵抗力；（3）精力充沛，能经常保持清醒的头脑，精神贯注，思想集中；（4）意志坚定，情绪正常，精神愉快。

美国社会学家沃林斯基结合生理模式、社会文化模式、心理模式确定了健康状况的三维观念，提出了八种特定的健康类型。①

表 2－1　　八种健康状况在三维向度中的组成

项目	标志	心理方面	生理方面	社会方面
1	正常健康	健康	健康	健康
2	悲观	不健康	健康	健康
3	社会方面不健康	健康	健康	不健康
4	患疑病症	不健康	健康	不健康
5	生理不健康	健康	不健康	健康
6	长期受病痛折磨	不健康	不健康	健康
7	乐观	健康	不健康	不健康
8	严重疾病	不健康	不健康	不健康

二、健康的经济学解释

（一）健康的经济学定义

如果从经济学的角度来解释健康，那么健康可以被理解为一种耐用消费品。健康经济学家米切尔·格罗斯曼（Michael. Grossman，1972）在他的论文《对健康的需求：一个理论和实证的探索》（The demand for health：A Theoretical and Empirical Investigation）中首次提出了健康存量的概念。一个人最初的健康存量来自于母亲，但由于存在生物遗传等因素的存在，会导致每个人初始的健康存量会有所不同，而初始健康存量水平的差异对人们今后的健康水平会产生一定影响。随着时间的流逝，一个人的健康存量也会逐渐消耗，这就是我们通常所说的衰老过程。当一个人的健康存量下降到无法维持正常的生理功能时，人的生命也将结束。但是在生命周期的不同阶段中，人们可以通过某种措施改变当时的健康存量，即通

① 参见沃林斯基：《健康社会学》，社会科学文献出版社，1999 年版。

过对健康的投资来维持健康的存量、恢复健康的存量，从而产生积极的作用，即对未来的健康状况产生良好的影响。因此从这个意义上说，健康可以被理解成一种耐用消费品（durable good），并以一定的速率进行折旧。我们可以用图 2－1 来描述个体一生健康存量的时间轨迹，其中，H 代表健康存量，H_{min} 代表最低健康存量，低于此存量个体就会死亡。①

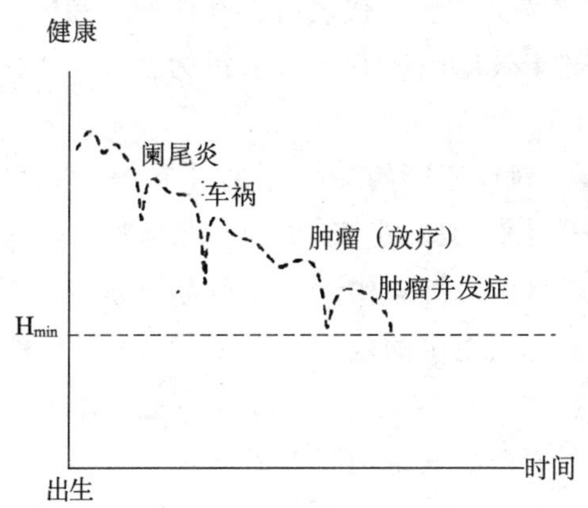

图 2－1　健康存量的时间轨迹

其他学者在健康存量的基础上进行了进一步的深入研究，形成了健康的经济学定义，即健康是一种有严格寿命限定的，能提供服务的特殊商品或资本形式，其提供服务可以在人的一生中持续不断地被消费。②

（二）健康的效用函数

人们可以从健康这种特殊的产品中获得满足，或者说健康可以带给人们一定的效用。一个拥有健康的人不仅可以得到更长的寿

① 参见樊明：《健康经济学：健康对劳动市场表现的影响》，社会科学文献出版社，2001 年版。

② Rexford E. Santerre, Stenphen P. Neun："Health Economics: Theories, Insights, and Industry Studies", p. 59.

命，还可以不必为疾病浪费时间，从而获得更多的工作时间和闲暇的时间，以更高效率地从事工作，取得更丰厚的收入，享受更愉悦的生活。在经济学中，效用常被用来衡量消费者从一组商品和服务之中获得的幸福或者满足的程度，而健康带给人们的这些满足或好处，就可以被称为健康的效用。

健康经济学家把健康带给消费者的效用用函数的形式表示出来。如果用 H 代表健康，X 代表所有其他产品和服务，我们可以将一个消费者的健康效用函数 U 可以表示为：

U = U(X,H)

图 2－2 表示对应不同的 U 水平的 X 和 H 之间的关系，可以看出，效用函数 U（X，H）是 X 和 H 的增函数，健康与效用之间是正相关的关系。显然，健康作为一种产品（goods），越多越好，或较多的健康存量提供更多的效用。图 2－3 表示 X 和 H 构成的无差异曲线 U，由 X 和 H 构成的无差异曲线是连续和凸向原点的，这表明健康这种耐用消费品满足边际效用递减规律。①

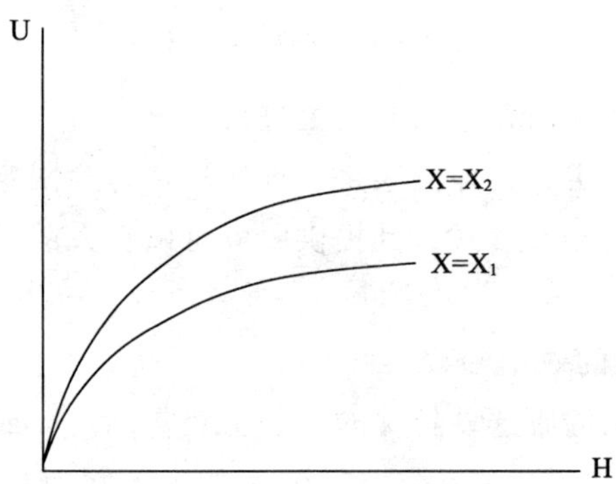

图 2－2　给定其他产品消费、效用和健康的函数关系

① 参见樊明：《健康经济学：健康对劳动市场表现的影响》，社会科学文献出版社，2001 年版。

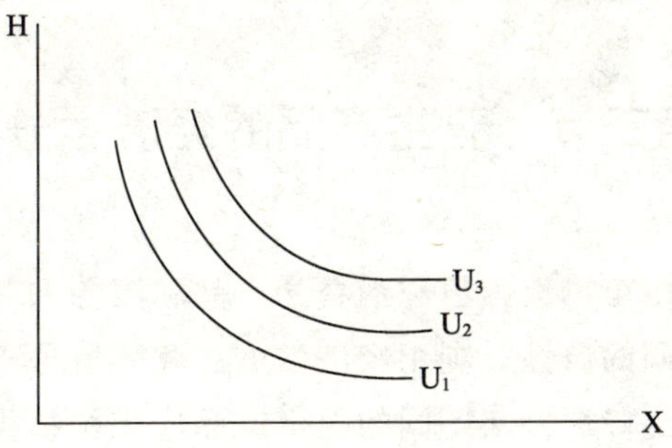

图 2-3 健康和其他产品的无差异曲线

（三）健康不安全

所谓健康不安全主要指健康危险因素得不到有效控制或基本健康权利受到剥夺的情况，例如，不能享受基本卫生服务，不享有医疗保障，不具备基本卫生条件或有利于健康的生活环境，不能养成健康的生活方式，缺乏基本卫生保健知识，等等。① （参见图 2-4）

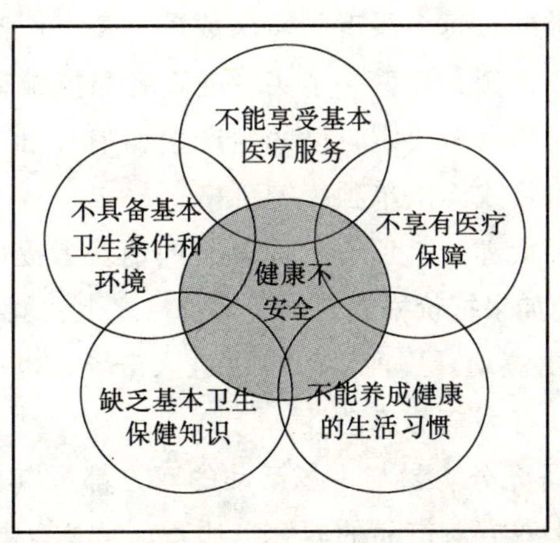

图 2-4 健康不安全的多元构成示意图

---

① 参见胡鞍钢：《中国：民生与发展》，中国经济出版社，2008 年版。

第二节 卫生产品的经济学分析

在医疗卫生市场上出售和消费的产品和服务和其他市场上的产品一样具有不同的属性，利用经济学方法和手段分析卫生产品的特点和属性可以更好地判断不同的卫生产品应怎样提供、由谁提供更有效率。

一、市场与“市场失灵”

（一）完全竞争市场

完全竞争市场是指一种竞争不受任何阻碍和干扰的市场结构，在市场中，每一个人不论是消费者还是生产者，都谋求自身利益的最大化。完全竞争市场需要具备的基本条件有：

1. 有大量的卖者和买者。市场上有大量的买者和卖者，因此，经济权力是分散的，每个买者的需求数量和每个厂商的供给数量都只占很小的市场份额，任何一个买者或卖者只能被动地接受市场价格，依据市场价格分析决定自己的生产量和消费量，而不能以任何手段操纵市场价格或无法单独影响价格。

2. 产品同质无差异。所有厂商都只向消费者提供一种标准化的产品，任何厂商如果把价格提高到市场价格之上，就必然丧失市场。

3. 要素自由流动。厂商可以自由进入市场，也可以无障碍地退出市场，要素具有完全的流动性。

4. 信息完备充分。参与市场活动的双方都可以毫无障碍地获得相关信息，买卖双方对产品的内容、质量、成本、技术和衡量标准有完全充分的了解和对称的信息，买方和卖方都不能凭借信息优势欺骗对方获利。

5. 生产者和消费者的行为是理性的。在完全竞争市场中，消费者和生产者都一致地追求效用的最大化，生产者追求利润的最大化，消费者追求商品带来满足程度的最大化，所有的经济行为主体都是理性的。只有这样，才会达到每个人的福利最大化，资源配置达到帕累托最优状态。

6. 经济利益可分，所有权确定。生产和消费都不存在外部效应，也不存在公共物品，因此产品可以分为许多能够购买的单位，物品的所有权具有确定性，从而保证产品的经济利益和成本能以价格来计算。①

（二）完全竞争市场下的效率实现

由于完全竞争市场具备了上述条件，我们可以通过对完全竞争市场进行一般均衡分析和局部均衡分析，以考察资源配置效率是否达到了帕累托最优。局部均衡一般是指单个市场或部分市场的供求与价格之间的关系或均衡状态。其特点是假设一个市场价格变动对其他市场价格没有显著影响的条件下，分析供求和价格之间的关系或者均衡状态。从局部均衡的角度考察，实现总的社会净收益最大化条件是每种产品的边际社会收益等于边际社会成本。在完全竞争市场条件下，当供给曲线和需求曲线相交时市场达到均衡，这时供给量等于需求量，消费者所愿付出的价格和生产者所要求的价格一致，由于不存在外部化现象，私人的边际效用就是社会边际收益，私人的边际成本就是社会边际成本，所以边际社会收益等于边际社会成本，即社会从某种产品消费中得到的边际收益与产出这种产品所付出的边际成本相等，因此满足了帕累托最优实现的条件。一般均衡是指在承认各个市场上不同商品的价格和供求关系存在相互影响的条件下，所有市场上各种商品的价格与供求之间的关系或均衡状态。在一般均衡的分析中，单个市场不是孤立的，而是相互影响的。利用埃其沃斯箱形图可以分析要实现效率所需具备的交换的帕

① 参见寇铁军：《财政学教程》，东北财经大学出版社，2006 年版。

累托最优条件、生产的帕累托最优条件和产品组合的帕累托最优条件，我们可以发现，完全竞争市场体系可以实现这些条件，即满足产品生产和资源配置的生产效率、交换效率和产品组合效率，也就是说这种市场体系符合帕累托效率的标准。

由此可见，完全竞争市场是一种理想的市场，在这个体系中，市场机制这只“看不见的手”可以发挥出完美的作用。

（三）市场失灵的含义与一般表现

市场调节是一种有效率的运行机制，但现实的市场经济运行中存在着本身固有的缺陷和不足，经济学上称之为“市场失灵”。在西方经济学中，引发资源无效率配置的因素（包括市场过少以及非完全竞争）被概括进 Market failure 一词当中，这可以说是与假想的市场成功概念相对立的范畴。我国对 Market failure 一词并无统一的译法，常见的有市场失灵、市场失败、市场缺陷等，但在使用时，往往用这个词概括市场的资源配置失效、分配不公以及宏观经济不稳定的三种现象。在这个意义上说，所谓市场失灵指的是在市场充分发挥其资源配置基础性作用的基础上，市场所天然无法有效配置资源，而引起的收入分配不公平及经济社会不稳定的态势。市场失灵的主要表现可以概括为：

1. 资源配置失效

（1）信息不充分也不对称。完全竞争市场要求消费者和厂商享有充分的信息，但是现实生活中信息不对称现象在产品市场、劳动市场以及资本市场中普遍存在。在信息稀缺的情况下，投机的冲动使信息垄断者不会按竞争规则行事，市场参与者也不可能做出符合实际的最大化决策，因此资源不能被最有效地利用。为了保证竞争规则不被违反，政府也只能根据事后的判断，利用法律措施对违反规则者进行惩罚，规范信息市场，以信息公开来增大其来源，但也不可能完全消除这个市场的不完全性。因此，信息问题是阻碍现实经济生活中实现资源最优配置的根本性原因之一。

(2) 竞争失灵。现实的市场中的每一种商品都是有差异的，所以每一个厂商都具有某些垄断因素。在规模报酬递增而扩大生产经营规模受到障碍的条件下，市场竞争者减少。如果市场上无论卖者或买者只有一家，则就产生卖方或买方的完全垄断；如果市场上仍然存在有多家卖者或买者，这种市场被称为垄断竞争市场。在现实生活中，多数市场是接近于这种类型，即市场竞争是不充分的，市场是不完全竞争的市场。

垄断与不完全竞争存在以下几方面的效率损失：①产量受到限制，产品的消费使用者的福利受到额外损失；②垄断行业由于存在垄断利润，缺乏尽可能降低成本的竞争压力；③垄断者可能不那么积极地推动技术进步；④垄断者追求超额收入的寻租活动本身会造成资源浪费。

(3) 外部性。外部性是指某一个体的经济行为影响了其他个体，却没有为之承担应有的成本或没有获得应有的报酬的现象。换言之，外部性是指某一个体的经济行为以市场价格以外的方式影响他人的福利的情形。外部性的存在，使得人们进行经济决策时所依据的价格，无法准确反映经济交易的全部的边际社会收益或边际社会成本，由此将导致价格信号失真。依据失真的价格信号所作出的经济决策，将使资源配置无法达到有效状态。

外部性有正外部性和负外部性之分。产生正外部性的经济活动给他人产生积极的影响，无偿给他人带来利益。比如，对某种传染病的免疫接种产生了正外部性。那些接受免疫接种的人由于降低了感染传染病的几率。但他们也为那些没有接收免疫的人群带来了收益，减少了后者感染疾病的可能性。相反，产生负外部性的经济活动则给他人带来消极的影响，对他人施加了成本，但并不是因此而付出代价。例如，化工厂释放的污染物给附近居民的生活带来了负面的影响，但这些居民却未获得任何补偿。

如何纠正外部性问题，一般来说有三种设想：①通过重新分配产权由私人交易自行解决，其根据是科斯定理：只要财产权的交易费用为零，那么不论财产权开始时分配格局是怎样的，市场机制所导致的均衡会最终符合最有效率的状态。但这一过程受到两方面的局限，一方面交易费用为零的假设不大符合现实，财产权的重新分配会大大增加交易费用；另一方面，即使是交易费用为零，由于制度、心理以及信息方面的原因，也并不一定会产生竞争性均衡。②合并与外部性影响有关的企业，由这个大企业来规划总产出，使外部效应内部化。③使用税收和补贴计划，对造成外部负效应的企业，国家对其征税，其数额等于该企业所造成的损害，以便使私人成本等于社会成本。不难看出上述设想的后面，都有政府行为以及计划调节的色彩。

（4）偏好不合理。个人偏好的合理性是保证市场竞争结果合理的前提。但在现实的市场中，人们的各种愿望和要求并非在任何场合都是合理的。即使是在信息完全的情况下，人们也会由于疏忽或缺乏远见等原因作出不明智的选择。某种东西能给人带来较大的利益，但消费者本人却没有意识到这一点，只给予它较低的评价，例如教育、高雅的艺术等；而某些东西给人们带来的好处并不大，甚至是有害无益，但消费者却给予较高的评价，例如香烟、毒品等。我们把消费者的评价低于合理评价的产品称为优值品，把消费者的评价高于合理评价的产品称为劣值品。显然，“优值”或“劣值”都不是对产品本身自然属性的评价，它只是表明消费者偏好存在问题，需要加以纠正。[①]

2. 收入分配不公平

在完全竞争的市场经济中，厂商应用各种生产要素，必须使其边际产品价值在所有用途上都相等，才能使资源达到最优配置，此时的要素收入由最优状态下的要素价格决定。因此个人的收入分配则

---

① 参见寇铁军：《财政学教程》，东北财经大学出版社，2006 年版。

取决于初始的要素禀赋分配，而这种初始禀赋的分配状况并不公平，长期累积的结果则更不公平。而且在现实经济中，由于不完全竞争和垄断的存在，以及家庭关系、社会地位、性别种族差异等等，因素，使得个人收入并不完全取决于完全竞争条件下的要素价格。因此，政府必须担当起收入再分配的重任，从一定的合理的社会公平准则出发，通过较大规模的收入与支出途径来实现再分配政策。

3. 市场经济的宏观不稳定性

20 世纪 30 年代的大萧条以前，主流经济学家相信完全竞争相当完善地描述了经济运行状态。因此古典经济学家的政策处方可以归结为"Laissez Faire"，这句法文的意思是"自由放任"，即政府干预应尽量予以避免，市场力量会引导经济正常运行。

然而，经济周期的变化是不以人们意志为转移的，大萧条的深度、广度及时间上的长度，动摇了人们对古典经济理论观点的信心。事实说明市场不是万能的。在边际消费倾向递减、资本的边际效率递减和流动性陷阱的共同作用下，将产生有效需求不足，使总需求小于充分就业状态下的总供给，导致存货积压，价格下降，产出减少。

通过对市场失灵的三个主要表现的分析可以看出，在理论上承认市场经济有效性的同时，也必须承认市场缺陷普遍存在，所以政府的经济职能仅仅是市场缺陷的逻辑延伸。从一定意义上说，为了弥补市场缺陷和纠正市场失灵，现代市场经济国家的政府在社会经济生活中扮演着公共产品的提供者、负的外在效应的消除者、收入和财富的再分配者、市场秩序的维护者和宏观经济的调控者等角色。

二、公共产品理论与卫生产品属性研究

公共产品理论试图通过公共事务产品化，并运用微观分析方法，将传统的属于非经济领域的公共事务纳入经济分析范围，借以客观地评估政府支出。公共产品理论是公共部门经济学的重要理论

之一，其主要内容包括公共产品的概念、特征与分类，公共产品的有效供给以及准公共产品的提供。这一理论的应用，为政府的财政政策提供了定性和定量分析的依据。

（一）私人产品及其特征

私人产品是具有竞争性和排他性的产品，生活中的大多数产品都属于私人产品，例如食品、服装，等等。

竞争性是指消费者消费某种产品时会影响其他消费者同时从该产品中获得利益，也就是说，私人产品在消费过程中存在着利益上的冲突。竞争性源自于私人产品的可分割性，因而产品的利益可以通过分割产品，严格的限定在消费该产品的某一个消费者范围内，即产品的利益可以完全内在化。

排他性是指在产品消费过程中，能够通过某种方式将某些消费者排斥在产品的消费利益之外，消费者消费这种具有排他性的产品往往要为之付出代价或受到某些条件的限制。如果消费者不愿付出代价或不符合限制性的条件，那么，这些消费者将不能获得产品的消费权。对于私人产品而言，其总消费量等于所有人的消费量之和：

$$X_j = \sum_{n}^{i=1} X_j^i (j = 0,1,2,\cdots,J) \qquad \text{（式 2-1）}$$

也就是说：社会消费的商品总量等于每一个消费者对该商品消费量之和，式 2-1 中，对商品 j 的消费总量等于每一消费者 i 消费商品 j 消费量之和（j 表示第 j 个商品，i 表示第 i 个消费者，j 的范围从 0 到 J，i 的范围从 1 到 n）。

（二）公共产品及其特征

在市场经济中，人们活动的对象并不仅限于私人产品。在私人产品之外，还存在另一类型的产品，即公共产品。所谓公共产品，是指具有社会共同需要性质的产品和服务；和私人产品具有排他性和竞争性的特征相对应，公共产品具有非排他性和非竞争性的特征。

（1）非排他性。非排他性是指在产品消费中，很难将其他消费者排斥在该产品的消费利益之外。公共产品具有非排他性，即无法排除他人从公共产品获得利益。公共产品的非排他性主要是由两个方面的原因决定的：一是公共产品大都是在技术上不易排斥众多受益者的产品，即意味着所有的消费者都可以不费任何代价、不受任何限制地获得该产品的消费权。例如国防、防洪堤坝等；二是某些公共产品虽然在技术上可以排他，但排他的成本十分昂贵，以致在经济上不可行。

（2）非竞争性。非竞争性是指消费者消费某产品时并不影响其他消费者从该产品中获得利益。每一个消费者均可以从该产品中获得利益，在自己获得利益的同时，并不妨碍他人从中获得利益，消费者之间不存在利益上的冲突。也就是说，消费者的增加不引起生产成本的增加，即多一个消费者引起的社会边际成本为零，或者说，一定量的公共产品按零边际成本为消费者提供利益或服务。公共产品的非竞争性主要这种性质源自于产品的不可分割性。

对于公共产品而言，其消费量可以表示为：

$$X_k = X_k^i (i = 1, 2, \cdots, I, K = J + 1, \cdots, J + K) \quad \text{（式 2-2）}$$

这就是说：第一，任何一个消费者所消费的都是整个公共产品，个人消费等于全体消费；第二，公共产品在个人之间是不可分的，要消费就消费一个公共产品的全部，而不能像私人产品那样消费其中的一部分。由于公共产品具有一个人消费时并不排除其他人同时消费的特点，因而，人们也称之为“非排他性”特点。

（三）混合产品及其特征

按照社会产品是否具有竞争性和排他性的特征，我们把产品划分为私人产品和公共产品，但是，现实生活中的许多产品既非公共产品，又非私人产品，而是两种性质兼而有之。我们把这种介于私人产品与公共产品之间的产品称为混合产品，它构成了纯公共产品与私人产品之间的广阔中间地带。

根据上述定义，可以将混合产品的特征归结为不充分的非排他性和非竞争性、外部性、消费数量非均等性。首先，混合产品兼有纯公共产品和私人产品的性质，而且两者都不充分，也可以概括为拥挤性和局部排他性。其次，混合产品普遍具有外部性。混合产品的外部性有两种表现形式：一是生产的正外部性，即生产的社会成本小于私人成本；二是消费的正外部性，即消费的社会收益大于私人收益。最后，混合产品具有消费数量的非均等性。由于消费者对混合产品的需求数量有区别（这种区别可能源自收入水平和消费习惯的不同），另外混合产品在消费数量上是可计量的，便产生了混合产品消费数量上的非均等性，即消费者对混合产品使用数量上存在差异。

（四）公共产品的提供

一般地说，私人产品主要由市场来提供，而公共产品主要由政府来提供，这是由市场运行机制和政府运行机制的不同决定的。

市场是通过买卖提供产品和服务的，在市场上，谁有钱就可以购买商品或享用服务，钱多多买，钱少少买，无钱就不能买，即市场买卖要求利益边界的精确性。而私人产品具有竞争性和排他性的特点，这意味着私人产品可以通过出价竞争的方式来排斥一部分的消费者，也就是说私人产品具备了市场提供的条件。

公共产品是具有非竞争性和非排他性的产品。非竞争性意味着消费者在消费产品时并不影响其他消费者同时从该产品中获得利益，这表明增加一个消费者并不会因此而增加社会的成本；换言之，增加一个人消费的边际成本为零。于是，按照市场有效配置资源的要求（价格取决于边际成本与边际效益的等量关系），不应该向消费者收费。但是，这些产品的生产是有代价的。在这种情况下，理性的生产者将不愿意为市场提供这些产品。非排斥性则意味着消费者无论付费与否，都可以消费产品；消费者并不会因为付了费而比他人获得更多的利益，也不会因为没付费而比他人获得更少的利益。在这种情况下，消费者就会产生一种期望他人承担成本，而自己坐享其成的心理。我们把这种心理称为"免费搭车"（Free Rider）。在这种"免费搭车"心理的驱动下，理性的消费者将不愿在市场上购买，于是，市场无法提供这种产品。即使有人愿意提供这种产品，其数量也极其有限，根本无法满足社会经济发展的需要。因而，公共产品的非竞争性和非排他性决定了市场不能有效地提供这些产品。鉴于市场不能有效率的提供公共产品，因此应由政府来提供这种产品，保证社会经济的正常运行和发展。

而对于介于私人产品和公共产品之间的混合产品，因为非竞争性和非竞争性的不完全而导致了采用市场提供的方式也会存在一定的效率损失。因此，混合产品也应该成为财政支出的一个组成部分。当然，与公共产品不同，混合产品由于具有排斥性或具有较大的内部效益，我们可考虑采用市场提供与公共提供相结合的方式（即部分公共提供的方式）。其中，公共提供的份额应该建立在成本——效益分析的基础之上，从而既能较好地避免市场提供可能造成的消费不足的效率损失，又能有效地防止公共提供可能造成的消费过度的效率损失。①

（五）卫生产品的属性分析

在医疗卫生市场上出售和消费的产品和服务和其他市场上的产品一样具有不同的属性，即可以分为私人产品、公共产品和混合产品。

1. 属于纯公共产品的卫生产品

公共卫生服务属于典型的纯公共产品。公共卫生服务通过评价、政策发展和保障措施来预防疾病、延长人的寿命和促进人的身心健康，和普通意义上的医疗服务有一定的差异。公共卫生服务涉及全社会的卫生安全，主要包括卫生检验检疫、计划免疫、流行病防治研究、传染病控制、职业卫生、环境卫生、营养干预和健康教育等。这类医疗卫生物品公共性程度较高，具有非排他性和非竞争

① 参见寇铁军：《财政学教程》，东北财经大学出版社，2006 年版。

性特点，因而属于典型的纯公共产品。对于这类具有纯公共产品属性的卫生产品，由于存在搭便车问题，它是私人部门不愿意介入或无力提供的，但是其供应状况对社会生产和居民福利的影响极大，因此，政府必须承担起供给的任务，否则将带来极大的经济效率损失和社会福利损失。

2. 属于准公共产品的卫生产品

准公共产品是介于纯公共产品与私人产品之间的产品，具有较强外部性，非竞争性和非排他性的属性不明显或同时具备。如预防接种、妇幼保健等应当属于准公共产品。此类产品也具有社会效益高、经济效益低的特点，也是容易出现市场失灵的领域，所以也需要国家的介入与积极作为。但是准公共产品的混合属性决定了这部分物品既具有鲜明的正外部性，又具备一定的盈利空间，私人部门完全能够通过经营这部分准公共产品获得成本补偿并实现部分利润，因此，这类医疗卫生产品的供给，可以在政府主导下引入市场机制发挥私人部门的效率优势，同时也可以动员社会的力量进行提供。对此，一方面政府要充分发挥公共性医疗机构的作用，提高公众对此类产品的可及性，确保其公益性质；另一方面，又需要引入私人部门的竞争，并通过政府的监管进行有效的资源配置。

3. 属于私人产品的卫生产品

私人产品只是同时具备竞争性和排他性的产品，其收益和成本可以完全的内在化。多数临床医疗服务，既有竞争性又有排他性，所以属于私人产品的范畴。

由于卫生产品中存在着为数众多的纯公共产品和准公共产品，公共产品的属性决定了在这类具有纯公共产品或准公共产品特质的卫生产品在提供中会面临着市场失灵的问题，市场失灵会导致产品提供的低效率或无效率，这也为政府职能的发挥提供了必要性。而无论纯公共产品，还是准公共产品，都不宜由市场提供。因而，比较适宜的方式是针对各种卫生产品特点，分别采用公共提供和混合提供两种方式。

第三节　医疗卫生服务市场的特殊性

“市场”是一种机制，或者说是一种安排，经由这种机制或安排，买者和卖者相互作用来决定产品或服务的价格和数量。进行医疗卫生服务的生产和消费的医疗卫生服务市场鉴于医疗卫生产品的特殊性也有着自己的特征，成为一个特殊的市场范畴。①

一、医疗卫生服务市场中的信息不对称

信息不对称是指在市场经济活动中，参与经济活动的个体对有关信息的了解是有差异的，掌握信息比较充分的一方往往处于比较有利的地位，而信息贫乏的一方则处于比较不利的地位。由于信息不对称，很容易引发逆向选择和道德风险。在医疗卫生服务市场上，信息不对称的问题比较明显，因为参与交易活动的双方即医疗卫生服务的提供者和消费者对于医疗服务的内容、效果、价格等信息的了解程度有很大的差别，消费者在决定购买那些临床服务和物品时，其消费者主权是非常弱小的。由于缺乏足够的医疗知识，消费者在获得医疗卫生服务时比较被动，只得在医生的指导下做出相应的消费决策。在这样的关系中，拥有充足信息的医生就有可能出于自身的利益诱导病人接受价格高昂的医疗服务，创造不必要的需求。

二、医疗卫生服务市场存在进入屏障，供给者具有垄断势力

医院和医生进入医疗卫生市场是有条件的，只有满足了这些条件才有资格提供服务，即这是一个存在进入屏障的市场。并且，医

① 参见毛正中、胡德伟：《卫生经济学》，中国统计出版社，2004 年版。

院常常有地方垄断性，医院可以利用这种垄断的市场支配力量来获取超额利润。医疗卫生服务市场上的产品都是不同质的，消费者的偏好也是各不相同，这两者结合在一起就赋予了供给者以市场支配力。病人总是要选择那些最能适合他们偏好的供给者，这便给了供给者市场力量，因为，若他们转向其他供给者，就会减少效用。

三、大量医疗卫生产品和服务存在外部性

在医疗卫生领域，许多产品和服务都是公共产品或准公共产品，较强的外部性是具有纯公共产品和准公共产品属性的卫生产品都体现的一个特点。而通常情况下，有正外部性的产品和服务往往生产不足，有负外部性的产品和服务往往生产和消费过多。外部性的存在导致医疗卫生市场会出现“市场失灵”，进而导致卫生资源配置的无效率和社会福利的损失。

四、价格信号难以正常发挥作用

由于疾病发生及治疗结果的不确定性，医生和医院（供给者）不能事前向病人（消费者）告知价格。因而市场的价格信号就不会像自由市场那样发挥作用了。

所有这些原因使得医疗卫生服务市场不是一个完全竞争的市场，而是一个垄断竞争的市场结构，市场机制不能自动地实现经济有效性，也就是说会出现市场失灵。事实上，许多实证研究结果也支持这一点，从而可以得到一个基本的结论：自由竞争市场体系将导致医疗卫生资源的无效配置。因此有必要针对市场失灵的原因，校正市场失灵，利用非市场的体制安排来改进医疗卫生服务市场的效率，适当地发挥政府的作用。

第四节 政府介入医疗卫生领域的经济学依据

由于医疗卫生市场存在着区别于其他市场的特殊性，市场机制难以自动地实现资源的有效配置，因此，需要政府介入，以控制供给者的垄断势力，提供公共产品，纠正外部性，发展卫生事业，促进健康公平。

一、控制供给者的垄断势力

在市场中，供给者具有垄断势力（monopoly power）是导致市场失灵的重要原因。追求利润最大化的厂商按边际收益（marginal revenue，MR）等于边际成本（marginal cost，MC）的原则提供医疗卫生服务。因边际收益曲线位于需求曲线下方，所以垄断厂商的索价会大于生产的边际成本。正是价格与边际成本的这种差异，导致了社会的福利损失。图 2－5 描述了垄断厂商引起的福利损失。

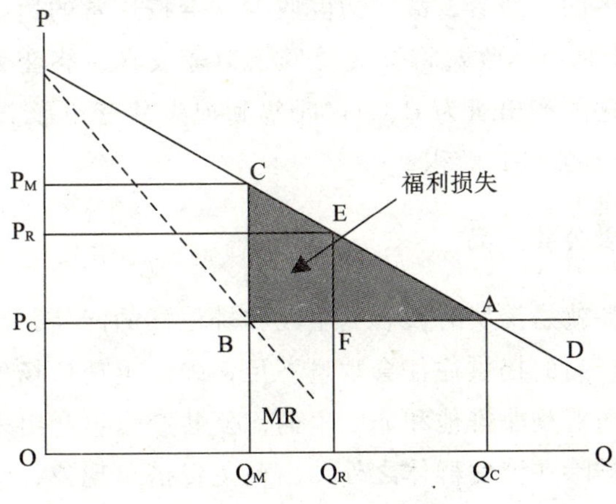

图 2－5 垄断的福利损失

在一个竞争的产业中，竞争价格和产量分别是 P_C 和 Q_C；从长期的角度看，这个竞争价格 P_C 也是这个产业的平均成本（AC）和边际成本（MC）。当这个产业形成了垄断后，需求和成本没有变化，厂商利益最大的产出水平就为 Q_M，因为这时的边际成本 MC 等于边际收益 MR。而这时的垄断价格 P_M 高于竞争均衡价格 P_C，福利损失为三角形 ABC 的面积。

在医疗卫生服务市场中，产品的差异带来了供给者的垄断力量，垄断的存在使得医疗卫生服务市场不能满足完全竞争市场的条件，也就是在医疗卫生市场上如果单纯依靠市场的力量来进行资源配置，价格不能发挥正常的杠杆作用，会造成市场失灵，从而带来福利损失。因此，需要政府介入，纠正资源配置的低效率。在政府行为不存在失效的情况下，从理论上讲，政府的价格管制可以减少由垄断引起的福利损失。若政府将价格的最高限额定为 P_R，一直到产出量 Q_R 垄断厂商的边际收益都是一个常数，即等于 P_R。但一直到产出量 Q_R，此厂商的边际收益都大于其边际成本，故它至少会提供数量为 Q_R 的产品。若产量超过 Q_R，因垄断厂商必须降低价格来吸引更多的消费者，故其边际收益就会按通常的边际收益曲线 MR 变化，于是边际收益将会变得低于边际成本最终变为负值。厂商利润最大化的产出量为 Q_R。这时福利损失从三角形 ABC 的面积减少为三角形的 AEF 面积①。

二、提供公共产品

公共产品就是消费时没有竞争性和排他性的产品，没有政府的干预，公共产品的提供往往会数量不足，因而出现市场失灵。既然公共产品的消费是非排他和非竞争的，公共产品生产出来后就难以将不付费者排除在消费群体之外，出现免费搭车现象，消费者不为

① 参见毛正中、胡德伟：《卫生经济学》，中国统计出版社，2004 年版。

消费公共产品而付费，如果免费搭车者的数量达到一定规模，这种产品的提供将出现困难。因此，可以预期在私人市场上，公共产品肯定会存在供给不足的问题，政府必须承担提供公共产品的责任。医疗卫生市场中除了提供私人产品之外，还存在大量的公共产品和混合产品，因此政府有必要介入医疗卫生领域，参与公共卫生产品的提供，以保证供给数量的充足。

三、纠正外部性

外部性是某个经济主体在生产或消费一种产品或服务时对他人产生了负面的或正面影响，但却没有为这种影响付出相应的成本或获得相应的补偿。当存在外部性时，社会边际成本（marginal social cost，MSC）和私人边际成本（marginal private cost，MPC）、社会边际收益（marginal social benefit，MSB）和私人边际收益（marginal private benefit，MPB）会出现差异，实际生产数量和社会需求数量不符。

当存在负外部性时，边际社会成本等于所有边际私人成本之和并加上负外部性引起的边际外部成本（marginal external cost，MEC)，即 MSC = MPC + MEC，如果单纯依靠市场配置资源，这种带有负外部性的产品的生产数量会超过社会需求的数量；当存在正外部性时，边际社会收益等于所有边际私人收益之和并加上正外部性所带来的边际外部收益（marginal external benefit，MEB)，即 MSB = MPB + MEB，在自由竞争的情况下，这种有正外部性的产品的生产数量会出现不足。

医疗卫生市场上提供的带有公共产品属性的卫生产品和带有混合产品属性的卫生产品都具备一个重要的特征，就是都具有较强的正外部性。这就意味着，这种产品的社会边际收益大于私人边际收益，即存在边际外部收益，单纯依靠市场提供时会出现产量不足的问题。一个最典型的例子就是疫苗接种。购买并接受疫苗的消费者不仅自己减少患病的可能性，同时也使社区其他成员减少了受传染而患病的机会。但是对于购买并接种疫苗的消费者来说，往往主要考虑个人从疫苗接种中获得的好处，而忽略对社区带来的外部收益。接种疫苗的社会总收益应该等于个人的收益加上外部收益。因为需求只反映了个人的收益，所以它会低估社会的收益，从而会对市场发出错误的或不恰当的信号，市场的产出就会低于使社会净收益最大化的那一产出水平，这种经济上的无效性便是市场失灵。图2－6给出了疫苗接种外部性的直观分析。图中的D是自由竞争市场中的需求曲线，等于个人的边际收益（MPB），市场供给曲线S等于边际社会成本。这时的均衡点在K点，供给量为Q_1。显然这并不是最适接种量。只有考虑到外部性，即从全社会的角度考虑边际社会收益（MSB）——它等于边际个人收益（MPB）与边际外部收益（MEB）之和——接种量为Q_2，才能使社会的总收益达到最大。这是社会可获得等于三角形KVZ的面积的净收益。许多医疗卫生服务都有明显的正外部性，政府应该提供或激励提供有正外部性的医疗卫生服务。

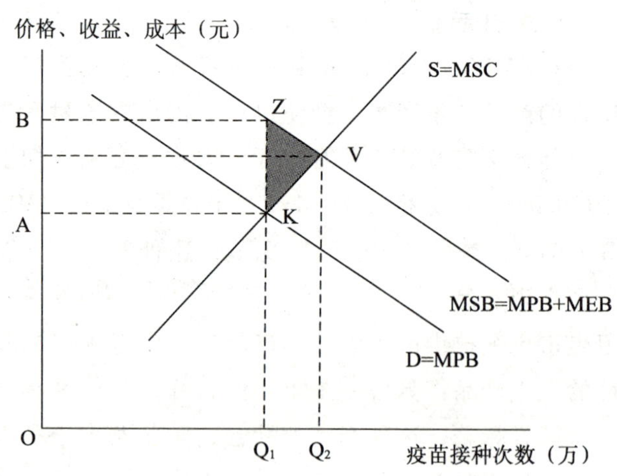

图2－6　疫苗接种的外部分析

四、政府干预医疗卫生市场的其他依据

（一）发展卫生事业是促进社会经济发展的基础性工程

健康权是宪法赋予公民的基本权利，也是人权的重要内容。健康状况的改善是一个国家、社会发展进步的直接体现。健康是提高社会福利水平的重要影响因素，而医疗卫生服务的供给又是促进健康水平提高的重要手段，因此，提高医疗卫生服务的水平是提高整个社会福利水平的重要保障，发展卫生事业对一个国家经济社会的协调发展以及国民生活水平和生活质量的提高都是重要的基础性工程。政府在发展卫生事业中起到关键作用和主导作用，担负着确定国家卫生事业发展目标和制定国家卫生事业发展规划的重要职责，同时要为国民提供公共卫生产品，建立医疗保障体系，调节医疗卫生市场运行，参与医疗卫生资源配置。

（二）提高健康公平性，政府责无旁贷

健康公平就是要保证不同人群的健康状况达到基本相同的水平，是卫生服务公平性的直接体现。由于不同地区在经济发展水平上存在的差异，以及不同人群在收入水平、教育程度、家庭条件、地理和环境因素等方面存在差异，在获得卫生服务的水平上会存在差距，这会直接影响不同人群的健康公平性，而健康水平的不公平会直接影响个人获得收入的能力、社会地位、财富水平以及福利状况，从而容易形成恶性循环，导致社会不公平现象的加剧。因此，政府有责任通过各种努力来调节城乡之间、区域之间、不同收入水平之间的健康公平性，消灭各种影响健康公平的不利因素，保障社会成员都能在同等的健康水平下参与社会经济活动。

第五节 医疗卫生产品提供中的政府失效

虽然市场经济对于资源配置是有效率的，但对于公共卫生产品而言，存在着“市场失灵”。而市场失灵意味着通过市场方式来配置公共卫生资源，将会是无效率和低效率的。为了提高资源配置的效率，就需要政府干预卫生资源配置，然而，政府提供公共卫生产品并不总是有效的，如果管理不当，它就会产生低效率和无效率问题。

一、政府失效

当市场出现“市场失灵”时，人们把目光转向另一种机制，希望借助政府的力量解决市场失灵带来的一系列问题。但当政府参与到经济活动中时，能否以最高的效率和最低的成本进行资源的配置，实现社会福利的最大化？事实上，政府和市场一样并不是完全有效率的，也会产生政府失效的问题。

（一）政府失效的一般分析

对于市场失灵的分析表明了“看不见的手”在现实经济生活中会受到许多限制，因而产生了政府参与或干预经济活动的要求。但是，政府的这种参与并不是保证经济有效运行的充分条件。市场有缺陷，政府行为也同样可能有缺陷。正如布坎南所指出的：20 世纪中叶出现的理论福利经济学是“市场失效理论”，而在 20 世纪下半叶出现的公共选择理论则是与之相对应的“政府失效理论”。政府失效是指用政府活动的最终结果判断的政府活动过程的低效性和活动结果的非理想性。简言之，政府的经济行为失效或对市场产生负作用。政府失效是一种客观存在，发达国家与发展中国家都不同程度地存在着政府失效。

（二）政府失效的主要表现

1. 宏观经济政策的失效

从政策制定和实施的成本来看，当政策运行的直接成本和政策运行的机会成本大于政策实施所带来的收益时，该项政策对于社会福利的影响为负值，形成政策失效。从政策的实施过程来看，政策执行、实施中各种时滞的存在，导致政策极易在不适当的时候发挥不适当的作用。此外，政策的制定、实施和发生效果的过程，实际上是一个博弈或互动的过程。市场运行中的经济主体会对政策出台进行理性预期，并对可能损害本身利益的政策采取防范措施；在政策出台后，各经济主体仍会从维护自身利益出发采取相应的对策。这样政策实施的效果就会有很大的不确定性，难免出现政策失效。

2. 政府行为失效

政府行为失效有两个方面的原因：一是政府活动的成本和收入分离，缺乏降低成本的激励。由于维持政府活动的收入和生产这种收入的成本无关，那么在维持一个给定的政府干预或调控行为时，就会使用较多的资源而非必要的资源，即支出较多的实施成本，或者是为了弥补一定的市场失灵而相对实施了更多的干预、调控行为；二是政府活动、行为缺乏提高效率的激励。此外，政府某些部门和工作人员所提供的服务也具有垄断性，只要符合程序，就没有必要去努力追求高效率。

3. 政府职能失效

政府职能失效可从两个方面考察：一是政府任意扩大自己的职能范围，滥用政府权力，从而损害了市场正常运行的机理，甚至非但没有弥补市场失灵的缺陷，反而致使市场运行混乱，加剧资源配置的失衡和失效；二是由于政府机构缺乏市场组织那样的直接约束，必然产生出一些脱离履行公共职能的组织目标，如追求政府工作人员的非货币工资收入最大化、追求机构规模的最大化及追求预算支出的最大化。

4. 政府作用失效

政府作用失效至少有三种情况：一是政府干预市场、弥补市场缺陷的措施可能产生无法预料的副作用；二是政府干预市场的一些政策手段之间存在相互牵制、作用相向的关系，难以有效实现预期效果；三是政府在纠正市场分配不平等时，其自身的活动有意或无意地发挥着产生新的分配不平等的作用，这一方面表现在财富或收入的再分配上，另一方面表现在政府权力和特权的行使上。

由于以上原因，政府行为的缺陷也不可避免。市场不是万能的，政府在市场经济中的作用因为公共选择的困难、宏观政策的失效，政府弥补市场缺陷的效果将受到削弱。20 世纪 70 年代的理论准备使西方国家在 80 年代的经济实践中又倾向于减少政府干预，实行私有化等强调市场机制作用的政策。这种偏向反映了经济学思想的演进，但并不完全否定政府的作用。研究政府失效实质上是从反面进一步认识和论证政府职能。其目的是为了正确处理市场经济中市场调节和政府调节的关系，从而更好地把握政府干预的范围、方式和力度，以减少或减轻政府失效的程度，提高政府效率。

二、我国医疗卫生产品提供中的政府失效现象

在我国医疗卫生产品的提供过程中也存在着政府失效的问题。首先，纵观我国医疗卫生服务的发展历程，在政府介入医疗卫生领域，履行提供医疗卫生服务的职能时存在失效问题，有些应该体现政府责任的领域存在“缺位”现象，而个别应该交给市场进行资源配置的领域中政府又存在“越位”现象，这些都会加剧资源配置的失衡，带来更大的效率损失。其次，在发挥政府调节作用时，政策实施过程中缺乏有效约束，政府卫生支出的效率低，不能实现发展卫生事业、促进国民健康水平有效提高的政策目标。另外，政府卫生支出的调整过程中伴随着各个利益集团的博弈，寻租现象时有发生，这些无形中都增加了政府提供卫生服务的成本。

医疗卫生领域里的政府失效的存在，使政府干预卫生服务的效率降低，加剧了卫生服务不公平的程度，影响了政府卫生支出的效果。因此，不能忽视卫生支出领域中的政府失效问题，要通过完善社会经济体制和财政体制，提高政府决策的准确性，加强对政府行为的约束，避免政府失效对资源配置带来的再度扭曲。

第六节　本章小结

本章主要分析了政府介入医疗卫生领域的理论依据。首先，从经济学的角度入手，对健康进行了定义，即健康是一种有严格寿命限定的，能提供服务的特殊商品或资本形式，其提供服务可以在人的一生中持续不断地被消费，同时分析了健康的效用以及健康不安全的多元因素。其次，利用公共产品理论，对卫生产品的属性进行了分析。说明了在医疗卫生市场上出售和消费的产品和服务和其他市场上的产品一样具有不同的属性，即可以分为私人产品、公共产品和混合产品，因此，在卫生产品的提供上，由于外部性、信息不对称和个人偏好不合理等原因的影响，会存在市场失灵，从而损害卫生资源配置的效率。之后，本章又对医疗卫生市场进行了简要分析。“市场”是一种机制，或者说是一种安排，经由这种机制或安排，买者和卖者相互作用来决定产品或服务的价格和数量。进行医疗卫生服务的生产和消费的医疗卫生服务市场鉴于医疗卫生产品的特殊性也有着自己的特征，成为一个特殊的市场范畴。正是由于医疗卫生市场存在信息不对称、供给者具有垄断势力、进入存在屏障、大量产品存在外部性、价格信号无法正常发挥作用等特殊性，有必要针对市场失灵的原因，校正市场失灵，利用非市场的体制安排来改进医疗卫生服务市场的效率，适当地发挥政府的作用，控制供给者的垄断势力、提供公共卫生产品、纠正外部性，从而实现发展卫生事业和提高健康公平性的目标。但是，在政府参与医疗卫生市场的活动时，由于公共卫生效果的不确定性造成的投入不足以及管理上的缺陷造成的公共卫生支出效率不高等都会导致政府行为的失效，因此应尽量合理的选择政府干预的领域并规范政府的行为，提高管理效率，从而更好地引导卫生医疗领域的资源配置。

第三章　新中国政府卫生支出的历史变迁

医疗卫生的财政投入体制是国家财政制度的一个组成部分，一定时期内国家关于医疗卫生投入的财政体制安排依赖于特定时期的经济经济体制和财政体制，伴随着国家整体经济体制和财政制度的演变，我国财政支持医疗卫生保障的支出政策和制度也进行了多次的调整和变革。本章将我国医疗卫生事业的制度变迁和财政支持卫生事业政策的变迁过程，分析不同时期不同条件下的财政政策和经济体制对卫生支出规模、结构的影响，为政府卫生支出政策的制定提供整体思路。

第一节　我国城镇医疗卫生事业的制度演变

我国城镇卫生医疗事业的制度变迁在计划经济时期和改革开放后这两个时期分别表现出不同的特点。下文将分别从城镇公共卫生体系建设和医疗保障体系建设两方面来论述我国城镇卫生事业在计划经济时期和改革开放后的制度演变。

一、计划经济时期

（一）逐步建立公共卫生机构体系

1949 年 11 月 1 日，中央人民政府卫生部正式成立，根据新中国成立前夕制定的具有国家临时宪法作用的《中国人民政治协商会议共同纲领》中推广卫生医药事业的规定，结合中国卫生工作的实际，为制定卫生工作方针做了大量的工作。1950 年 8 月 7 日至 19 日，卫生部与中央人民政府革命军事委员会卫生部联合召开了第一届全国卫生会议。会议针对当时中国的卫生情况以及人民对卫生保健的要求，确定了“面向工农兵”、“预防为主”、“团结中西医”为卫生工作的三大原则，作为新中国卫生工作的三大方针。三大方针指明了中国卫生建设的方向。这些方针的贯彻实行，对推动卫生事业的健康发展，保障广大人民群众的健康，服务于国家的经济建设和文化建设起到了重要的指导作用。1952 年 12 月 8 日至 13 日，中央卫生部与军委卫生部联合召开了第二届全国卫生会议。会议总结了卫生工作三大方针的成就和经验，决议在卫生工作三大方针之外，增加“卫生工作与群众运动相结合”的方针。至此，中央政府确立了指导新中国卫生工作的四大方针，即面向工农兵、预防为主、团结中西医和卫生工作与群众运动相结合。在国民经济恢复时期，卫生工作的主要任务是：医治旧社会遗留给人民健康上的创伤，防治危害最大的急性传染病，提高人民的健康水平。由于在计划经济时期中央政府有很强的调配卫生资源的能力，强大的政治、社会动员能力保证了公共卫生的全民参与①，为组织进行各项业务工作，卫生部设置了保健防疫、医政、妇幼卫生、计划检查、卫生宣传等局、处，以及全国卫生科学研究委员会等机构。使得我国逐步建立起公共卫生机构体系。

我国的公共卫生组织工作在 20 世纪 50 年代初，主要是参照前苏联的模式和经验开展的。1953 年，卫生部成立了卫生监督室，保健防疫局改称卫生防疫司。同年，经政务院 167 次政务会议决定，

① 参见高培勇：《中国财政政策报告 2007/2008：财政与民生》，中国财政经济出版社，2008 年版。

在全国建立各级卫生防疫站，按照国家行政区划和产业系统进行设置，并分省、市、县三级。1954年，卫生部颁发了《卫生防疫站暂行办法和各级卫生防疫站组织编制规定》，这是我国卫生防疫体系建设中的重要文件，明确规定卫生防疫站的任务是：预防性、经常性卫生监督和传染病管理。到1956年年底，全国除有些少数民族和边远地区外都建立了卫生防疫站。铁路系统和大型厂矿企业也建立了卫生防疫站。根据周恩来总理关于“扩大预防，以医院为中心指导地方和工矿的卫生预防工作”的指示精神，要求医疗机构也要把预防疾病作为重要任务之一，壮大卫生防疫体系。三年自然灾害期间，由于当时的政治、经济、政策环境影响，使大批防疫机构工作停顿，人员流失，造成一些传染病回升，给人民健康和工农业生产带来不利的影响。直至1962年党中央提出“调整、巩固、充实、提高”的方针后，卫生部于1964年颁发了《卫生防疫站工作试行条例》并在全国贯彻实施，卫生防疫体系才又恢复到正常的发展轨道。《卫生防疫站工作试行条例》的实施，明确了卫生防疫站作为体系的主体机构的性质、任务和工作内容，并规定了卫生防疫站的组织机构设置人员编制，这对卫生防疫站的发展起到了积极推进作用。到1965年底，全国共有各级各类卫生防疫站2499个，专业防治机构822个，人员合计77179人，其中卫生技术人员63879人。相比1952年机构增长了16倍，人员增加3倍多，卫生防疫机构得到了长足的发展。文革期间，卫生防疫体系及其工作再次遭受严重的破坏，卫生防疫工作处于全面停顿状态，曾一度被控制的传染病、寄生虫病又开始流行，尽管国务院于1972年发出了《健全卫生防疫工作的通知》，但由于当时的政治、经济、社会环境条件限制，全国卫生防疫体系及其工作虽有一定的恢复，但仍处于全面低迷状态。

计划经济时期的公共卫生职能由专职机构和非专职机构共同承担，专职的公共卫生机构包括卫生防疫机构、妇幼保健机构、地方病防治机构等；非专职公共卫生机构（即同时承担公共卫生职能和医疗职能的机构）可以分为两类：一类是各级医院的预防保健科、传染病科，为医院的正式编制，负责医院周围地区的免疫接种、传染病防治、健康教育等。二是基层卫生组织（包括厂矿企业医务室等），多由城乡集体经济组织设立，为基层群众提供基本的公共卫生服务。这种组织模式在最大程度上利用了有限的医疗卫生资源，公共卫生经费来自于国家拨款和集体经济补贴，保证了专职公共卫生机构和非专职公共卫生机构的正常运转，同时也保证了公共卫生机构可以免费向全体公民提供基本公共卫生服务。①

我国在计划经济时期建立起的公共卫生体系使得国民身体素质不断提高，国民健康水平有了巨大进步，迅速消灭和控制了严重危害人民健康的流行病、传染病、地方病和职业病。

（二）医疗保障和服务提供体制的发展

新中国成立后，为了解决城市人口医疗保健问题，国家除接管了旧政权的官办医院和教会医院加以改造、扩建外，又新建和改建了一大批大、中、小型医院，并将众多的个体医院和联合诊所组成街道卫生院。城市各级各类医疗机构逐步建立、健全起来，组成了三级医疗服务及卫生防疫体系，形成了城市医疗预防保健网。三级医疗保健网具体包括：街道医院（卫生院）和国家机关、企事业单位内部的保健机构，承担地段内居民群众的初级保健任务；区级综合医院、部企事业单位的医院构成的二级医疗保健机构，主要协助基层医疗单位解决医疗预防中的一些难题；省市级综合医院组成的三级医疗保健机构，主要面向本省或所在市的患者，其主要任务是处理本省市内的疑难重症病人，全面做好医疗、教学、科研工作。初级医疗保健机构的组织管理责任主要由其所隶属的城市企事业单

① 参见高培勇：《中国财政政策报告 2007/2008：财政与民生》，中国财政经济出版社，2008 年版。

位承担。机构的设立及投入主要依靠其所属机构或经济集体，因此，在所有制结构上，均按照其所属机构或组织的性质分别属于国有或集体所有。城市相关机构医务人员按照国家政策标准从所在单位领取工资。虽然基层医疗服务机构在具体管理方面更多依靠所属机构，但也要同时接受政府部门的监督管理，执行政府统一规定的服务标准和服务价格，必要时承担政府统一规定的任务。二级和三级医疗保健机构一般为国有性质，机构的设置由政府部门确定，接受政府的统一人事管理。三级医疗预防保健网的服务内容、服务对象都有比较明确的限定，服务标准及药品和诊疗服务价格则受到严格控制。具体工作内容既包括门、急诊医疗任务，同时还负担分管区域居民的健康普查、预防接种、家庭访视、流行病调查、传染病报告、疫情统计、疫区处理等工作，承担计划生育宣传，妇幼保健卫生宣传与技术指导，职业病与多发病的防治，学校青少年儿童保健，群众卫生队伍培训，指导群众开展爱国卫生运动和指导饮食服务行业的卫生管理等各项工作。

新中国成立之初，我国建立了与当时计划经济相适应的公费医疗制度和劳保制度共同组成的城镇医疗保障制度。1952 年 6 月 27 日，政务院发布《关于全国人民政府、党派、团体及所属事业单位的国家工作人员实行公费医疗预防的指示》，同年 8 月，出台了《国家工作人员公费医疗预防实施办法》，1953 年 1 月 23 日卫生部发布《关于公费医疗的几项规定》，规定公费医疗制度覆盖的对象范围包括各级政府机关和事业单位、其他党派、人民团体的工作人员和退休人员，还包括高等学校的大学生和退伍在乡的二等乙级以上残废军人，医疗费用由各级人民政府领导的卫生机构，按照各单位编制人数比例分配，统收统支，不能分给个人。门诊、住院所需的诊疗费、手术费、住院费、门诊费或住院期间经医师处方的药费，由医疗费拨付，住院的膳食费、就医的路费由个人负担。各级政府都建立了公费医疗管理委员会，并设立办事机构，负责管理辖区内的公费医疗事务。1950年劳动部与中华全国总工会在总结各地经验的基础上，拟定了《中华人民共和国劳动保险条例》草案，经中国人民政治协商会议同意后，在全国职工中广泛开展讨论。1951年2月26日，政务院颁布经修改后的劳动保险条例，并开始实施。劳保医疗制度是根据1951年政务院颁布的《劳动保险条例》及1953年劳动部公布试行的《劳动保险条例实施细则修正草案》等相关法规、政策建立和发展起来的。覆盖范围主要包括全民所有制工厂、矿场、铁路、航运、邮电、交通、基建等产业和部门的职工及其供养的直系亲属，集体所有制企业参照执行。职工因病或非因工负伤在企业医疗所、医院、特约医院医治时，诊疗费、住院费、手术费及普通药费由企业负担，贵重药费、住院的膳食费及就医路费由本人负担。劳动保险经费按照企业及职工工资总额的一定比例提取，在企业生产项目中列支，由企业自行管理。企业根据国家规定制定劳保医疗政策，并自行组织实施。

二、改革开放后

（一）公共卫生体制的发展演变

改革开放后，随着我国经济体制改革的推进和其他经济社会条件的变化，原有公共卫生体制的外部环境发生了变化，公共卫生体制的发展呈现出新的提点。

从1978年开始，卫生部重新恢复了正常的建制，根据党和国家建设的路线、方针、政策，管理全国卫生事业，开展防病治病工作，提高人民的健康水平，建设和发展社会主义精神文明。同时我国的卫生防疫工作进入全面的恢复阶段。1978年9月，我国颁布了《中华人民共和国急性传染病管理条例》，这个条例的实施加强了卫生防疫体系在预防控制传染病中的责任、地位和作用。1979年卫生部颁布了《全国卫生防疫站工作条例》，明确了卫生防疫站的机构设置、职责范围、队伍建设和工作方法等，促进了卫生防疫体系的恢复与发展，提高了卫生防疫工作的管理水平和质量。1982年卫生部成立了国家预防医学中心，为全国卫生防疫机构提供业务技术指导、应用性科学研究、高层次专业人员培训等服务，也初步形成了从中央到地方的联系密切的业务技术服务、信息沟通的网络系统。

随着政府部门的体制改革，职能的转变，卫生部的组织机构也进行了相应的调整，工作效能有了新的提高。1988年11月25日，国务院发布了卫生部“三定”方案。(定职能、定机构、定编制)，确立卫生部为国务院综合管理全国卫生工作的职能部门，要进一步加强政策法规、综合计划、监督协调工作，对全国卫生事业的发展和防病治病工作，统筹规划，实行宏观管理，对直属的企业事业单位由直接管理为主转变为间接管理。

各级政府对公共卫生工作全面负责、动员社会各界团结协作、发动全体民众共同参与是新中国成立以来我国公共卫生事业蓬勃发展的一个重要策略，也是坚持“预防为主”工作方针的基本保障。预防保健和疾病控制事业在我国属于社会公益事业，服务于整个社会和整个人群，这就决定了我国公共卫生事业发展必然依靠政府的领导，需要部门间的协调与配合，需要全社会的广泛参与。实践证明，这是我国公共卫生事业取得显著成就的重要原因，也是我们的公共卫生工作的特色所在。改革开放以来，我国政府把搞好防病、治病工作作为精神文明建设的重要内容，确定了“政府组织、地方负责、部门协调、群众动手、科学治理、社会监督”的基本工作方针，使卫生防病工作逐步走上了经常化、制度化、规范化和法制化的轨道。

改革开放以来，我国注重调查研究，制定卫生标准，加强卫生监测监督职能，加快了公共卫生领域的法制化建设。在发展公共卫生事业的新阶段中，开展了环境质量监测与调查研究，加入了全球环境监测系统，定期向WHO报送数据；研究制定环境卫生标准，对供排水卫生进行监督管理，在全国多个大中城市建立污水处理场；加强对化妆品的卫生管理监督以及预防性卫生监督；开展食品卫生监督工作，防治食源性疾患，加强营养工作；完善劳动卫生与职业病防治的法规标准，注重卫生知识教育和体制健康状况监测；健全放射性卫生防护法规标准体系。同时基本形成了与公共卫生事业发展相适应的公共卫生法律体系及公共卫生监督体系。全国人大常委会审议通过了9部专门法律，国务院制定发布了23项卫生专门法规，其中包括《传染病防治法》、《国境卫生检疫法》、《食品卫生法》、《母婴保健法》、《献血法》、《执业医师法》、《职业病防治法》、《公共卫生场所管理条例》、《尘肺病治理条例》、《艾滋病监督管理的若干规定》、《放射性同位素与射线装置放射防护条例》、《化妆品卫生监督条例》、《学校卫生工作条例》、《食盐加碘消除碘缺乏危害管理条例》、《血液制品管理条例》等。卫生部根据上述法律、法规制定颁布了400多个规章。地方人大和地方政府根据当地实际情况，也制定颁布了大量的地方性配套法规和规章。我国已初步建立起一套既符合我国国情又与国际先进水平相适应的卫生标准体系。据统计，我国颁布实施的卫生标准1300多个，涉及范围包括生活饮用水、食品卫生、劳动卫生、放射保护以及食品、化妆品卫生检疫方法、食品中毒及化妆品皮肤病诊断等各个方面。①

随着基层卫生机构的财政拨款逐步减少，原来的非专职机构所承担的公共卫生服务越来越少，这时的公共卫生服务的提供基本上只能依靠卫生防疫站等专职公共卫生机构了。同时由于体制环境的变化，城乡三级预防保健网遭到了较大破坏，基层的公共卫生机构逐步萎缩。公共卫生服务的重点有所偏移。由于我国计划经济时期传染病、地方病防治工作取得的辉煌成就，20世纪80年代后这方

① 参见王俊：《公共卫生：政府的角色与选择》，中国社会科学出版社，2007年版。

面的工作慢慢失去重要性。而随着居民整体收入水平的提高，人们在妇幼保健、计划免疫、卫生检测、监督方面的需求大幅度增加，因此妇幼保健、卫生监督等方面的服务内容得到了迅速扩展。[①]

在筹资体制方面，首先是中央和地方承担的财政支出责任在变化。随着20世纪80年代“分灶吃饭”的财政包干体制的实施，各地的卫生事业费开始基本上都是由地方政府负担。1994年实行“分税制”改革后，中央跨地区财政转移支付力度加大，公共卫生经费的中央调剂比例有所上升。公共卫生机构的经费来源出现变化。从20世纪80年代中期开始，医疗卫生机构改革全面展开，医疗卫生机构在人事、分配和业务活动内容等方面的自主权扩大。同时政府逐步允许公共卫生机构“以副补主”，最终使得在公共卫生机构的经费来源方面，逐渐从计划经济时期的全额拨款改为差额拨款甚至自收自支，越来越依靠公共卫生机构的创收来解决。筹资机制的变化带来两方面的问题。一是政府的投入大幅下降，加上放权过度，从而使得公共卫生机构产生盈利性倾向。二是随着我国财政体制的变化，以及地方经济发展水平差距的拉大，公共卫生发展的地方差距也越来越大。

（二）医疗保障和服务提供体制的探索

改革开放后，计划经济时期确立的城镇医疗体制遭遇了各种问题。虽然公费医疗制度和劳保制度的实施对保障职工身体健康、调动职工生产积极性、促进经济建设和稳定社会发展起到积极的作用，但随着经济的发展和经济体制改革的深化，这种制度的缺陷和问题也日益暴露。职工医疗费用由国家和单位包揽，给财政和企业造成沉重的负担。同时由于缺乏有效的制约机制，医疗费用快速增长，浪费严重。职工医疗费用社会互济程度低，不同地区、不同所

① 参见陈昌盛、蔡跃洲：《中国政府公共服务：体制变迁与地区综合评估》，中国社会科学出版社，2007年版。

有制、不同行业和不同单位之间，职工享受的医疗待遇差异大。公费、劳保医疗制度仅覆盖机关事业单位、全民所有制及部分集体所有制单位，保障的覆盖面窄。1979～1985 年的七年间，公费医疗经费年均增长 17.9%；1985～1989 年四年间，公费医疗经费年均增速达到 25.3%，而同期财政支出年均增长率只有 10.6%。企业劳保医疗费用的增速与公费医疗大体相当。

针对公费医疗和劳保医疗制度中存在的主要问题，在这一时期，我国对城镇医疗保障体制方面进行了大量的探索。其历程大致可以分为三个阶段。

1. 医疗保障改革探索期（1978～1992 年）

从 1980 年开始，我国部分地区开始了公费医疗和劳保医疗制度的改革，公费医疗改革的重要内容是探索更加优化的公费医疗经费管理体制；劳保医疗制度改革的重点则是探索职工大病医疗费统筹和离退休人员医疗费社会统筹的有效形式和方法。在 1985 年以前，主要是针对医疗需求方，探索费用分担措施，从抑制过度需求的角度出发，采取由职工负担部分医疗费用的方式来控制医疗费用的增长。1984 年 8 月，卫生部起草了《关于卫生工作改革若干政策问题的报告》，其中提出，“必须进行改革，放宽政策，简政放权，多方集资，开阔发展卫生事业的路子，把卫生工作搞好。”1985 年之后，将费用控制的重点由需求方转向供给方，加强对医疗机构的约束和激励。改革支付方式，将经费按享受人数和定额标准包给医院，节支留用，超支分担，激励医疗主动控制成本和经费开支。在这一期间还开展了社会统筹的试点工作，部分地区探索了大病医疗统筹和离退休人员医疗统筹的方法。这一时期改革的主要目的是控制医疗费用的支出，虽然采取了各种措施，但效果并不明显。

2. 医疗保障改革试点时期（1993～1997 年）

1993 年，党的十四届三中全会通过了《关于经济体制改革若干问题的决定》，提出建立社会统筹医疗基金与个人医疗账户相结合的社会医疗保险制度，为我国医疗保险制度指明了改革的方向和目标，标志着公费医疗制度和劳保医疗制度改革进入了全新的历史阶段。为加强对医疗保障改革工作的领导，国务院成立了职工医疗保障制度改革领导小组。1994 年，国家体改委、财政部、劳动部、卫生部共同制定了《关于职工医疗制度改革的试点意见》，经国务院批准，在镇江市、九江市进行了试点，探索建立社会统筹与个人账户相结合的城镇职工社会医疗保险制度。1996 年，国务院办公厅转发了国家体改委等四部委《关于职工医疗保障制度改革扩大试点的意见》，扩大改革的试点范围，试点地区数量达到 50 余个城市。各地的改革取得了初步成效，通过用人单位、职工个人共同的缴纳，保证了资金来源的稳定性，同时对医疗保险基金实行社会化管理，建立了医疗双方分摊机制，抑制了医疗费用增长过快。

3. 新型医疗保障制度建立时期（1998 年至今）

1998 年我国成立了劳动和社会保障部，同年 12 月，国务院召开全国医疗保障制度改革工作会议，发布了《国务院关于建立城镇职工医疗保险制度的决定》，提出了建立职工基本医疗保险制度和多层次医疗保障体系，明确了医疗保障制度改革的目标任务、基本原则和政策框架，要求在全国范围内建立覆盖全体城镇职工的医疗保障制度，我国医疗保障制度的建立进入了全面改革和发展的阶段。城镇职工医疗保险制度的覆盖范围包括城镇所有用人单位，包括企业（国有企业、集体企业、外商投资企业、私营企业等）、机关、事业单位、社会团体、民办非企业单位及其职工。基本医疗保险原则上以地级以上行政区（包括地、市、州、盟）为统筹单位，也可以县（市）为统筹单位。北京、天津、上海 3 个直辖市原则上在全市范围内实行统筹（以下简称统筹地区）。所有用人单位及其职工都要按照属地管理原则参加所在统筹地区的基本医疗保险，执行统一政策，实行基本医疗保险基金的统一筹集、使用和管理。基本医疗保险费由用人单位和职工共同缴纳。用人单位缴费率应控制在职工工资总额的6%左右，职工缴费率一般为本人工资收入的2%。随着经济发展，用人单位和职工缴费率可做相应的调整。建立基本医疗保险统筹基金和个人账户。基本医疗保险基金由统筹基金和个人账户构成。职工个人缴纳的基本医疗保险费，全部计入个人账户。用人单位缴纳的基本医疗保险分为两部分，一部分用于建立统筹基金，一部分划入个人账户。划入个人账户的比例一般为用人单位缴费的30%左右，具体比例由统筹地区根据个人账户的支付范围和职工年龄等因素确定。统筹基金和个人账户要划定各自的支付范围，分别核算，不得互相挤占。要确定统筹基金的起付标准和最高支付限额，起付标准原则上控制在当地职工年平均工资的10%左右，最高支付限额原则上控制在当地职工年平均工资的4倍左右。起付标准以下的医疗费用，从个人账户中支付或由个人自付。起付标准以上、最高支付限额以下的医疗费用，主要从统筹基金中支付，个人也要负担一定比例。超过最高支付限额的医疗费用，可以通过商业医疗保险等途径解决。统筹基金的具体起付标准、最高支付限额以及在起付标准以上和最高支付限额以下医疗费用的个人负担比例，由统筹地区根据以收定支、收支平衡的原则确定。

1999年全国有24个省份出台了医疗保险制度改革总体规划，315个统筹地区制定了实施方案，全国参加基本医疗保险的人数达到了1431.3万人。2000年开始，我国同步推进医疗保险、医疗卫生体制和药品流通体制改革，重点解决医疗卫生服务和医疗保障制度改革中面临的体制性障碍。[①] 至此，适应社会主义市场经济体制的城镇职工基本医疗保障制度已初步建立起来。由于1998年开始的城镇职工基本医疗保险制度的参保对象没有包含所有城镇人口，

① 参见段家喜：《市场、政府与全民医疗保障》，中国财政经济出版社，2009年版。

因此在城镇地区也出现了“因病致贫，因病返贫”的现象。2007年，国务院颁布了《关于城镇居民基本医疗保险试点指导意见》，决定2007年在有条件的省份选择2至3个城市启动试点，2008年扩大试点，争取2009年试点城市达到80%以上，2010年在全国全面推开，逐步覆盖全体城镇非从业居民。要通过试点，探索和完善城镇居民基本医疗保险的政策体系，形成合理的筹资机制、健全的管理体制和规范的运行机制，逐步建立以大病统筹为主的城镇居民基本医疗保险制度。参保范围包括不属于城镇职工基本医疗保险制度覆盖范围的中小学阶段的学生（包括职业高中、中专、技校学生）、少年儿童和其他非从业城镇居民。城镇居民基本医疗保险以家庭缴费为主，政府给予适当补助。参保居民按规定缴纳基本医疗保险费，享受相应的医疗保险待遇，有条件的用人单位可以对职工家属参保缴费给予补助。国家对个人缴费和单位补助资金制定税收鼓励政策。对试点城市的参保居民，政府每年按不低于人均40元给予补助，其中，中央财政从2007年起每年通过专项转移支付，对中西部地区按人均20元给予补助。在此基础上，对属于低保对象的或重度残疾的学生和儿童参保所需的家庭缴费部分，政府原则上每年再按不低于人均10元给予补助，其中，中央财政对中西部地区按人均5元给予补助；对其他低保对象、丧失劳动能力的重度残疾人、低收入家庭60周岁以上的老年人等困难居民参保所需家庭缴费部分，政府每年再按不低于人均60元给予补助，其中，中央财政对中西部地区按人均30元给予补助。中央财政对东部地区参照新型农村合作医疗的补助办法给予适当补助。财政补助的具体方案由财政部门商劳动保障、民政等部门研究确定，补助经费要纳入各级政府的财政预算。城镇居民基本医疗保险基金重点用于参保居民的住院和门诊大病医疗支出，有条件的地区可以逐步试行门诊医疗费用统筹。2008年，我国城镇居民和职工参加基本医疗保险的人数达到31822万人，其中城镇居民基本医疗保险参保人数为 11826 万人，城镇职工基本医疗保险参保人数为 19996 人。①

在完善城镇居民医疗保险制度的同时，我国加强了医疗救助体系的建设，以此来缓解贫困人口无法承担就医费用的问题。2005 年，国务院转发民政部、卫生部、劳动部、财政部《关于建立城市医疗救助制度试点工作意见》，城市医疗救助制度从 2005 年正式开始试点。从 2005 年到 2008 年，城市医疗救助人次分别为 1150000 人次、1872000 人次、4420227 人次和 4436000 人次，城市医疗救助支出分别为 32000. 0 万元、81240. 9 万元、144379. 2 万元和 297000. 0 万元。②

第二节　我国农村医疗卫生事业的制度演变

和城镇医疗卫生事业的发展相比，我国农村医疗卫生事业的发展表现出较为明显的差异。新中国成立后，虽然卫生政策向农村倾斜，但由于农村地区地域广、基础差，农村的卫生基础条件相对于城市来说仍然有很大差距。

一、农村公共卫生体系的发展

新中国成立后，把加强农村卫生事业建设，改善农村的卫生状况列为工作重点，建立健全农村基层的医疗卫生组织，培训医疗卫生技术人员，以解决农村人口缺医少药问题。1950 年卫生部在第一届全国卫生会议上，作出了有步骤地发展和健全全国的基层卫生组织的决定，要求农村的每个乡都要有医疗卫生组织。国家在县和区

① 数据来源：卫生部网站公布的《2009 年中国卫生统计年鉴》。

② 数据来源：卫生部网站公布的《2009 年中国卫生统计年鉴》。

一级逐步建立了全民所有制的卫生院和卫生所，在乡一级兴办了集体所有制的联合诊所。1956 年，县以上医院建立了预防保健科，乡卫生院建立了卫生防疫组，扩大了卫生防疫队伍，增强了基层卫生防疫力量，壮大了农村卫生防疫体系。虽然在文化大革命期间，农村防疫站的工作受到了不小的影响，但在 20 世纪 50 年代末逐步形成以县级机构、乡镇卫生院和村卫生所组成的农村三级医疗预防网，促进了疾病预防控制工作在农村的有效开展。农村三级医疗预防保健网，既有提供农村公共卫生服务的功能，又具备提供农村普通医疗服务的功能。农村三级医疗预防保健网是指以村卫生所为前哨、乡卫生院为枢纽、县级医疗卫生机构为中心，把预防、保健、医疗工作联结在一起，在全县范围内组成一个完整的医疗预防体系，为广大农民提供医疗预防保健服务。县一级医院执行国家政策，管理诸如综合医院、卫生防疫站等众多机构，并监督下级卫生单位。县级以下是人民公社的公社卫生院（后改为乡镇卫生院），这是驻有合格医生的最低一级医院。乡卫生院通常有 10 张 ~ 20 张床位，由高中毕业后经过三年医学教育的医生负责，同时由助产士，妇儿护士和村医协助。位于卫生网底层的是乡村医生，一般是初中毕业经过一年培训，他们负责搜集卫生资料、防疫接种和提供初级卫生保健。各级医疗卫生组织各有分工，相互协作，上下支援，逐级指导。县级医疗卫生机构有责任对乡卫生院，特别是中心卫生院的工作给予指导；乡卫生院有责任对村卫生所实行业务指导和支援。1959 年底，卫生部在山西省稷山县召开全国农村卫生工作现场会议，推广稷山县依靠群众力量，依靠科技力量，依靠三级医疗预防保健网加强农村卫生工作的经验。中共中央相继批转了卫生部党组关于稷山现场会议的报告。各级卫生部门把支援农业摆在突出地位，推进了农村卫生事业的发展。

1965 年 6 月 26 日，毛泽东同当时的卫生部长进行了如下谈话："告诉卫生部，卫生部的工作只给全国人口的百分之十五服务，而且这百分之十五中主要还是老爷。广大的农民得不到医疗，一无医，二无药。卫生部不是人民的卫生部，改成城市卫生部或老爷卫生部或城市老爷卫生部好了。……把医疗卫生的重点放到农村去嘛。”按照毛泽东的“6.26讲话”指示，大批医疗专业人员下放至农村，与此同时，政府决定培养半农半医的初级农村卫生人员，并于1968年将初级农村卫生人员统一命名为赤脚医生，依循政策导向所培训的赤脚医生积极贯彻以“预防为主”的方针，除了改善农村缺医少药的问题，也降低了传染病的流行，减少了疾病的发生率及死亡率，使原本医疗资源“重城市轻乡镇”的情形也因政策导向出现了转变。以“赤脚医生”为核心的农村基层卫生队伍在使农民便捷地获得村级卫生服务方面发挥了巨大作用。改革开放以来，农村三级医疗预防网更加趋于完善。进入90年代，国家计委、财政部、农业部和卫生部联合开展了农村“三项建设”工作，对乡镇卫生院、县卫生防疫机构和县妇幼保健机构投入的改造建设资金，项目建设采取资金配套投入的办法，由中央、省、市县、乡及卫生机构多方投资，以卫生机构自筹资金为主，促进农村三级医疗预防保健网的发展与完善。

传染病、寄生虫病、地方病曾经是严重威胁农村居民健康的重要公共卫生问题。1955年冬，中共中央成立血吸虫病防治领导小组，随后在流行区的省、市、县也组成了相应的领导小组。20世纪60年代开始，中央又成立了地方病防治领导小组，对克山病、大骨节病、地方性甲状腺病等地方病比较严重的广大农村地区加强防治工作，投入了大量的人力、物力，取得了显著的成绩。截至2008年底，克山病防治已控制县数为257个，大骨节病防治已控制县数为208个，地方性氟中毒防治（水型）基本控制县数为182个，已改水受益人口达4133万人。①

① 数据来源：卫生部网站发布的《2009年中国卫生统计年鉴》。

1990年3月，卫生部、国家计划委员会、农业部、国家环境保护局、全国爱国卫生运动委员会，联合发布《我国农村实现2000年人人享有卫生保健的规划目标》，对农村卫生工作提出了明确的要求，为振兴农村卫生事业指明了方向。1997年1月15日，《中共中央、国务院关于卫生改革与发展的决定》颁布实行，提出加强农村卫生工作，实现初期卫生保健规划目标，加强农村卫生组织建设，完善县、乡、村三级卫生服务网，巩固与提高农村基层卫生队伍，建立城市卫生机构对口支援农村的制度。随着社会经济的不断发展，爱国卫生运动的内涵不断丰富，重点不断突出。在农村，各级政府都把改水、改厕工作列入当地发展规划，统筹安排、逐级落实。截至2008年底，全国累计农村改水受益人口占农村总人口的93.6%，农村自来水普及率65.5%；农村累计使用卫生厕所15165.9万户，卫生厕所普及率为59.7%，[①] 改水、改厕及农村卫生工作取得显著成效，有力地保护了农民的健康。

二、农村合作医疗制度的发展变迁

（一）农村合作医疗制度的确立与普及（1955～1978年）

我国农村医疗合作医疗制度的雏形出现在20世纪40年代陕甘宁边区的医疗合作社（卫生合作社），当时由于传染病流行，由群众集体举办医药合作社，吸收团体和私人资金，筹措医药费，分摊疾病风险。1950年前后，东北各省为解决广大农村缺医少药问题，积极提倡采用合作制和群众集资办法举办基层卫生机构。我国农村合作医疗制度，最初是随着农业互助合作化运动的兴起而逐步发展起来的。农业合作化运动进入高潮后，农村合作医疗有了较大的发展。1955年，山西、贵州、上海、山东、河南、河北、湖南等地农村，相继建立了一批由农业合作社兴办的保健站和医疗站。如山西

① 数据来源：卫生部网站公布的《2009年中国卫生统计年鉴》。

省高平县米山乡创办了“医社结合”的保健站，采取由社员群众出“保健费”、生产合作社出公益金补助相结合的办法，以解决农民的就医问题。

1956年，全国人大一届三次会议通过的《高级农业生产合作社示范章程》中规定，合作社对于因公负伤后因病致病的社员要负责医疗，并且要酌量给以劳动日做补助，从而首次赋予集体介入农村社会成员疾病医疗的责任。1959年11月在山西省稷山县召开的全国农村工作会议上正式肯定了农村合作医疗制度。会后，卫生部党组向中共中央上报了《关于人民公社卫生工作几个问题的意见》，认为人民公社的医疗制度，目前主要有两种形式，一种是谁看病谁出钱，一种是实行人民公社的社员集体保健制度。根据目前的生产发展水平和群众觉悟程度等实际情况，以实行人民公社社员集体保健医疗制度为宜。同时，首次在中央部委文件中使用了“合作医疗”一词。1960年2月，中共中央转发了这个文件，要求各地参照执行。这是新中国成立后中央下发的第一个有关农村合作医疗的文件，对农村合作医疗的发展起到了积极的指导作用。此后，全国各地农村相继建立起一批以集体经济为基础，集体与个人相结合、互助互济的集体保健医疗站、合作医疗站或统筹医疗站。此时的农村合作医疗还处于探索阶段，医疗条件简陋，医务人员业务水平偏低，管理制度也不健全。尽管如此，新中国成立初期农村合作医疗的出现，一定程度上缓解了农村缺医少药的状况，为以后农村合作医疗的全面创建奠定了基础。1965年1月，毛泽东结合当时正在进行的农村社会主义教育运动，发出了“组织城市高级医务人员下农村和为农村培养医生”的号召。1965年9月，中共中央批转卫生部党委《关于把卫生工作重点放到农村的报告》，强调加强农村基层卫生保健工作，推动农村合作医疗制度的发展。文化大革命期间，农村合作医疗制度快速的发展起来。1968年11月，毛泽东亲自批转了湖北省长阳县乐园人民公社举办合作医疗的经验，并称赞

“合作医疗好”。12 月 5 日，《人民日报》刊发《深受贫下中农欢迎的合作医疗制度》的报道，介绍了乐园人民公社的合作医疗经验。全国掀起了举办农村合作医疗的高潮，到 1975 年，农村合作医疗的覆盖率达到全国行政村的 84.6%。1979 年 12 月，卫生部、农业部、财政部等部委下发了《关于农村合作医疗章程（试行草案)》，提出农村合作医疗是人民公社社员依靠集体力量，在自愿互助的基础上建立起来的一种社会主义性质的医疗制度，是社员群众的集体福利事业。这是第一次由政府部门正式发布的正式法规文件，标志着合作医疗的制度化。

（二）农村合作医疗制度的萎缩（1979～2002 年）

随着家庭承包责任制的实行，农村集体经济逐渐瓦解，农村合作医疗制度开始出现萎缩，并基本瓦解。据卫生部 1985 年全国 9 省 45 个县的调查，农村居民中仍参加合作医疗的仅为 9.6%。到 1989 年，农村实行合作医疗的行政村仅占全国行政村总数的 4.8%，而其中的大部分又都是名存实亡。1990 年 6 月，卫生部等五部委向国务院递交了《关于改革和加强农村医疗卫生工作的请示》，分析了农村合作医疗出现严重萎缩的主要原因，建议把加强农村医疗卫生工作作为重点，提到各级政府的议事日程。1996 年 7 月，卫生部在河南召开全国农村合作医疗经验交流会。会议分析了农村合作医疗的产生、发展和作用，明确了发展和完善合作医疗的目标与原则，提出了发展和完善农村合作医疗的具体措施。1997 年 5 月，国务院批转了由卫生部等五部委提出的《关于发展和完善农村合作医疗的若干意见》，对农村合作医疗的性质、组织机构、队伍建设、医疗资金使用和管理监督等有关事项作了政策性规定。11 月，卫生部发出《关于进一步推动合作医疗工作的通知》，要求各地做好合作医疗的宣传动员、管理培训、引导等工作。从 20 世纪 80 年代中后期以来，各地也一直在开展恢复和重建农村合作医疗的工作，合作医疗的覆盖率有所上升，但大多数合作医疗仍然没有恢复。到1997年农村合作医疗的覆盖率仅占全国行政村的17%，农村居民参加农村合作医疗的比例仅为9.6%，90%的农村家庭的又回到了自费式的家庭保障模式。

（三）新型合作医疗制度为主体的农村医疗保障的建立（2003年至今）

旧的农村合作医疗制度解体后，农民“看病难，看病贵”的问题十分严重，急需建立新的农村医疗保障体制来解决农民因病致贫，因病返贫的问题，保障广大农民的健康权益。

2002年，中共中央、国务院下发《关于进一步加强农村卫生工作的决定》，提出逐步建立新型农村合作医疗制度。各级政府要积极组织引导农民建立以大病统筹为主的新型农村合作医疗制度，重点解决农民因患传染病、地方病等大病而出现的因病致贫、返贫问题。农村合作医疗制度应与当地经济社会发展水平、农民经济承受能力和医疗费用需要相适应，坚持自愿原则，反对强迫命令，实行农民个人缴费、集体扶持和政府资助相结合的筹资机制。农民为参加合作医疗、抵御疾病风险而履行缴费义务不能视为增加农民负担。有条件的地方要为参加合作医疗的农民每年进行一次常规性体检。要建立有效的农民合作医疗管理体制和社会监督机制。各地要先行试点，取得经验，逐步推广。到2010年，新型农村合作医疗制度要基本覆盖农村居民。

2003年，国务院办公厅转发了卫生部、财政部和农业部《关于建立新型农村合作医疗制度意见》，提出新型农村合作医疗制度是由政府组织、引导、支持，农民自愿参加，个人、集体和政府多方筹资，以大病统筹为主的农民医疗互助共济制度。从2003年起，各省、自治区、直辖市至少要选择2个~3个县（市）先行试点，取得经验后逐步推开。到2010年，实现在全国建立基本覆盖农村居民的新型农村合作医疗制度的目标，减轻农民因疾病带来的经济负担，提高农民健康水平。新型农村合作医疗制度实行个人缴费、集体扶持和政府资助相结合的筹资机制。农民个人每年的缴费标准不应低于10元，经济条件好的地区可相应提高缴费标准。乡镇企业职工（不含以农民家庭为单位参加新型农村合作医疗的人员）是否参加新型农村合作医疗由县级人民政府确定。有条件的乡村集体经济组织应对本地新型农村合作医疗制度给予适当扶持。扶持新型农村合作医疗的乡村集体经济组织类型、出资标准由县级人民政府确定，但集体出资部分不得向农民摊派。鼓励社会团体和个人资助新型农村合作医疗制度。地方财政每年对参加新型农村合作医疗农民的资助不低于人均10元，具体补助标准和分级负担比例由省级人民政府确定。经济较发达的东部地区，地方各级财政可适当增加投入。从2003年起，中央财政每年通过专项转移支付对中西部地区除市区以外的参加新型农村合作医疗的农民按人均10元安排补助资金。

2006年，卫生部、发改委等7部门联合发布《关于加快推进新型农村合作医疗试点工作的通知》，要求各省（区、市）要在认真总结试点经验的基础上，加大工作力度，完善相关政策，扩大新型农村合作医疗试点。2006年，使全国试点县（市、区）数量达到全国县（市、区）总数的40%左右；2007年扩大到60%左右；2008年在全国基本推行；2010年实现新型农村合作医疗制度基本覆盖农村居民的目标。从2006年起，中央财政对中西部地区除市区以外的参加新型农村合作医疗的农民由每人每年补助10元提高到20元，地方财政也要相应增加10元。财政确实有困难的省（区、市），可于2006年、2007年分别增加5元，在两年内落实到位。地方财政增加的合作医疗补助经费，应主要由省级财政承担，原则上不由省、市、县按比例平均分摊，不能增加困难县的财政负担。农民个人缴费标准暂不提高。同时，将中西部地区中农业人口占总人口比例高于70%的市辖区和辽宁、江苏、浙江、福建、山东和广东六省的试点县（市、区）纳入中央财政补助范围。中央财政对辽宁、江苏、浙江、福建、山东和广东省按中西部地区补助标准的一定比例安排补助资金。各级财政部门要认真落实新型农村合作医疗补助资金，在年初预算中足额安排，并及时下拨到位，为新型农村合作医疗的顺利开展提供必要的资金保障。

2008 年，全国已实行新型农村合作医疗制度的县共有 2729 个，参加新型农村合作医疗的人数达到 8.15 亿人，参合率达到 91.53%，当年基金支出为 662.31 亿元，补偿支出受益人次为 5.85 亿人次[①]。根据卫生部最新统计，2009 年新农合筹资总额达 944.35 亿元。其中，中央财政补助资金 269.62 亿元，地方财政补助资金 471.98 亿元，农民个人缴费 194.17 亿元（含相关部门为救助对象参合缴费 9.17 亿元），利息收入及其他 8.58 亿元。全国实际人均筹资水平为 113.37 元，比 2008 年提高了 17.12 元。新农合基金支出总额为 922.92 亿元，基金使用率为 97.73%。其中，住院补偿支出 762.47 亿元，门诊补偿支出 121.81 亿元，特殊病种大额门诊补偿支出 11.90 亿元。部分地区出现超支情况。2009 年全国参合农民受益 7.59 亿人次。其中，住院补偿 0.62 亿人次，门诊补偿 6.7 亿人次，特殊病种大额门诊补偿 0.05 亿人次。统筹基金最高支付限额提高到当地农民人均纯收入的 6 倍左右，初步统计，政策范围内住院费用报销比例已达到 55%。全国三分之一的地区开展了门诊统筹工作，陕西、安徽、云南等地开展支付方式改革试点，浙江、广西等地启动地市级统筹试点，目前各项试点工作进展顺利[②]。新型农村合作医疗制度的建设取得了显著成效。

我国农村医疗保障制度中另一个重要的方面是 2003 年开始建立的农村医疗救助制度。2002 年 10 月 29 日发布的《中共中央、国务院关于进一步加强农村卫生工作的决定》提出建立和完善农村医

① 数据来源：卫生部网站公布的《2009 年中国卫生统计年鉴》。

② 数据来源：中华人民共和国卫生部网站，www.moh.gov.cn。

疗救助制度，医疗救助对象主要是农村五保户和贫困农民家庭。医疗救助形式可以是对救助对象患大病给予一定的医疗费用补助，也可以是资助其参加当地合作医疗。医疗救助资金通过政府投入和社会各界自愿捐助等多渠道筹集。要建立独立的医疗救助基金，实行个人申请、村民代表会议评议，民政部门审核批准，医疗机构提供服务的管理体制。2003 年，民政部、卫生部和财政部联合发布了《关于实施农村医疗救助的意见》，要求各省、自治区、直辖市在全面推行农村医疗救助制度的同时，可选择 2 个 ~3 个县（市）作为示范点，通过示范指导推进农村医疗救助工作的开展。力争到 2005 年，在全国基本建立起规范、完善的农村医疗救助制度。2005 年，农村医疗救助支出为 57000.0 万元，2006 年为 114198.1 万元，2007 年为 280508.0 万元，2008 年达到 383000.0 万元。农村医疗救助人次 2006 年为 2413000 人次，2007 年为 377090 人次，2008 年为 7595000 人次，资助参加合作医疗人次 2006 年为 13171000 人次，2007 年为 25173413 人次，2008 年为 34324000 人次。①

第三节　我国政府卫生支出的制度变迁

医疗卫生保障的财政支持是指国家各级政府为发展本国的医疗卫生事业，对其所需的卫生资源进行的筹集、分配、管理和监督等一系列有秩序的活动。我国财政管理体制建立于 1949 年，先后经历了“统收统支”的财政体制、“财政包干”的财政体制和以“分税制”为核心的分级财政体制。医疗卫生财政体制作为国家财政制度的一个组成部分，一定时期内医疗卫生财政体制的安排受制于其赖以存在的制度环境，即国家财政制度的约束。伴

① 数据来源：卫生部网站公布的《2009 年中国卫生统计年鉴》。

随着国家整体财政制度的演变，期间财政支持医疗卫生保障的制度也进行了多次的调整和变革，但变迁的过程服从于国家整体财政体制的变革。

一、计划经济体制时期财政支持医疗卫生事业的制度演变

新中国成立后，财政经济状况十分困难，国家采取了统一全国财政经济管理体制的做法，在预算管理体制上，实行高度集中的财政管理体制，与整个计划经济体制相对应。中央政府对地方政府财政实行统收统支制度，地方财政代理中央负责组织财政收入并一律上缴中央，所需开支由中央财政统一审核，逐级拨付。地方财政的收入与支出不发生直接联系，严格实行收支两条线，财政权力高度集中于中央，地方政府只是中央在地方上的代理机构或派出机构，自己没有相对独立的利益。这一时期的财政体制虽然经过多次改变，但保留了强调中央的统一领导和有限度的分级管理的特征。1953～1957 年实行侧重集中的划分收支、分类分成、分级管理的财政体制；1959～1969 年基本实行总额分成的财政体制；1970～1977 年实行大包干财政体制；1978～1979 年开展多种形式的财政体制试点探索。在传统的计划经济体制下，我国医疗卫生财政管理体制遵循高度集中的集权体制，政府卫生支出的从“统收统支”、“全额管理、差额补助”到“全额管理、定向补助、预算包干”，根据当时社会政治、经济、卫生资源的现实及其财政预算管理体制的改变而不断变化。

二、社会主义市场经济时期财政支持医疗卫生事业的制度演变

与财政体制变革相适应，我国财政支持农村医疗卫生保障制度在经济转型时期也发生了相应地调整。从 1980 年开始的财政“分灶吃饭”改革，对各级政府行政机关和科教文卫事业单位全面实行了“预算包干、节余留用”的办法。政府在卫生领域采取

计划控制与市场调节相结合的方式，财政上减少了政府的直接拨款比例，政府试图借助市场的作用解决卫生筹资和医疗成本控制问题，赋予卫生机构以收费来弥补资金缺口的政策。同时在财政分级包干的大格局下，中国卫生事业费主要来自地方财政预算，中央调剂的比重很小。1994 年我国实施分税制改革后，财权进一步上移，但地方政府的事权并没有改变，各地公共卫生的资金投入来源主要依赖于地方政府，中央财政以转移支付方式对地方进行补助，主要为防治、防疫和农村卫生三项建设两个专项，因此我国各地区的公共卫生供给水平主要由各地区的经济发展水平和各地方政府（特别是基层政府）的财政收入水平来决定，成为卫生公共支出的主体。另外由于转移支付制度的不完善，不能很好地解决地区间财力的横向不均衡，造成各地区之间的卫生投入水平有比较明显的差异。

三、财政体制改革对医疗卫生保障制度的影响

我国财政对医疗卫生事业的投入制度变迁是伴随着整个社会经济体制以及财政体制的变迁而发生的。新中国成立后的 60 余年里，我国经济体制从计划经济向市场经济转变，财政体制从“统收统支”到“财政包干”再到以“分税制”为核心的分级财政体制，政府对医疗卫生的投入也经历了中央政府统一配置卫生资源到支出管理责任向地方政府转移的过程。在中央政府统一配置卫生资源的阶段里，统收统支的财政体制下要求中央政府负担大部分卫生支出的责任，并向下配置大部分卫生资源，客观上保障了不同区域居民在获得卫生服务水平上的相对均等，促进了我国国民健康水平的快速提高，对改善建国初期人民健康水平较低，传染病、地方病盛行的情况起到了很大的促进作用，也对我国公共卫生体系的快速建立起到重要的推动作用。在经济体制和财政体制转型以后，中央政府对卫生支出的责任逐渐向下级政府转移，地方政府承担了越来越多

的配置卫生资源、提供卫生医疗的责任，而在财力的分配上，中央政府掌握的资源远远多于地方政府，而在卫生支出的事权上却主要由地方政府主导，尤其是在分税制改革之后，中央和地方之间的卫生支出事权与财权不对称的现象日益严重，造成公共服务供给补足、区域间卫生资源分配呈现不合理、城乡之间卫生服务提供不公平的诸多问题。同时政府通过对医疗机构市场化改革，虽然财政压力得以减轻，但带来了卫生服务费用过高、服务质量下降的矛盾。从我国政府卫生支出的演变、财政体制的发展以及经济体制转型的过程可以看出，政府卫生支出政策的安排受整体制度结构以及其他相关制度变化的影响，因此政府卫生支出的效率、公平程度依赖于和其密切相关的财政体制、经济体制的效率、公平程度以及完善程度，并且体现出一种相互促进、相互制约的关系。因此，在调整和完善政府卫生支出政策和制度时，应同时关注经济体制、财政体制中存在的问题和矛盾，在整体制度结构的框架中，寻求各种制度的相互协调、相互配合，形成一种良性的循环。

第四节　本章小结

本章主要论述了我国政府卫生支出相关制度的历史变迁。首先，分别对计划经济时期和改革开放后我国城镇卫生医疗事业的制度变迁进行了阐述。新中国成立以后，由于在计划经济时期中央政府有很强的调配卫生资源的能力，强大的政治、社会动员能力保证了公共卫生的全民参与，使得我国逐步建立起包括卫生防疫、地方病控制、妇幼保健、国境卫生检验检疫等多部分组成的、基本完整的公共卫生机构体系，并取得了令世界称道的成绩。在医疗服务提供体系方面，各地建立了市、区两级医院和街道门诊部（所）组成的三级医疗服务及卫生防疫体系，建立了与当时计划经济相适应的医疗保障制度，包括公费医疗制度和劳保制度。改革开放后，随着我国经济体制改革和财政体制改革的推进和其他经济社会条件的变化，原有公共卫生体制的外部环境发生了变化，公共卫生服务的提供基本上只能依靠卫生防疫站等专职公共卫生机构了。同时由于体制环境的变化，城乡三级预防保健网遭到了较大破坏，基层的公共卫生机构逐步萎缩。城镇职工基本医疗保障制度改革也在不断深入进行，到 2002 年底，适应社会主义市场经济体制的职工基本医疗保障制度已初步建立，与基本医疗保障制度配套的各项医疗保障制度也在积极探索和建立。2007 年，国务院颁布的《关于城镇居民基本医疗保险试点指导意见》，正式要求在全国范围内启动城镇居民基本医疗保险的试点工作，于 2010 年在全国推行，逐步覆盖全体城镇非从业居民。其次，阐述了我国农村医疗卫生事业的制度演变。在农村公共卫生体系的建设中，政府通过投资于农村的卫生预防活动、整顿已有的农村卫生工作队伍，建立基层卫生组织，在 20 世纪 50 年代末和 60 年代早期，农村逐渐形成了卫生服务提供的三级医疗网络。文化大革命后，由于政府投入不足和农村三级医疗预防网的解体，政府自 20 世纪 80 年代中期，开始允许防疫站开展有偿服务和开展计划免疫保障制，以弥补政府财政投入不足和鼓励乡村医生开展计划免疫的积极性。随着改革开放和社会经济的发展，爱国卫生运动的内涵不断丰富，重点不断突出。各级政府都把农村改水、改厕工作列入当地发展规划，同时，在传染病和地方病的防治方面也取得了一定的成效。农村合作医疗制度则经历了确立与普及、解体、恢复重建的失败以及新型农村合作医疗制度的建立四个阶段的发展。最后，论述了我国政府卫生制度的演变过程。我国财政管理体制建立于 1949 年，从新中国成立至今，财政体制经历了“统收统支”体制、“财政包干”体制、“分税制”体制。医疗卫生财政体制作为国家财政制度的一个组成部分，一定时期内医疗卫生财政体制的安排受制于其赖以存在的制度环境，伴随着国家整体财政制度的演变，期间财政支持医疗卫生保障的制度也进行了多次的调整和变革，但变迁的过程服从于国家整体财政体制的变革。总之，财政支持卫生事业政策的变迁过程伴随着整个制度环境的变迁，研究不同时期不同条件下的财政政策和经济社会环境对卫生支出规模、结构的影响，可以为政府卫生支出政策的制定提供整体思路。

第四章　我国政府卫生支出的规模分析

传统医疗卫生制度向现代医疗卫生制度的转变过程是一个不断完善的过程，除了其他渠道的资金投入，政府卫生支出起到决定性的作用，它会影响到一个国家人力资本的形成，甚至是经济的发展。政府卫生支出的规模反映了政府对卫生事业进行财政支持力度的大小。卫生支出规模理论就是研究卫生支出的大小、适度范围、评价尺度、制约因素等相关内容，可以用绝对规模和相对规模来表示。政府卫生支出的绝对规模，是指政府卫生支出的绝对量。政府卫生支出的相对规模则是指政府各类卫生支出占经济总量的比重，表现的是政府对社会卫生资源的支配程度。政府卫生支出绝对规模的增长能否得到保障，相对规模能否保持合理比例，都直接影响到我国卫生事业的持续健康发展以及政府对实际卫生资源的控制能力和控制程度。

第一节　政府卫生支出规模的衡量

衡量政府卫生支出规模的水平需要使用一些量化指标作为政府公共财政制定的标准。政府卫生支出规模的衡量和其他形式的财政支出规模的衡量方法类似，也使用两类指标进行分析，即绝对规模指标和相对规模指标。

一、政府卫生支出绝对规模指标

绝对规模指标是指在一定时期内，政府各级部门的财政卫生支出总额。卫生支出总额主要是不同年度各国在卫生支出报告中所反映的总规模。卫生支出总规模反映了政府投入卫生事业的总量，可以反映出政府部门用于提供卫生服务所使用的资源总量。绝对规模指标在衡量政府卫生支出规模是比较直观，能够比较清楚的反映出政府卫生投入的总体规模，但是绝对规模指标包含了由于价格变化导致的投入规模的变化，所以在物价水平波动比较严重的时期，使用绝对规模指标不利于进行不同年度政府卫生支出水平的纵向比较。另外，绝对规模指标也受到计量单位的影响，在进行不同国别的横向比较时产生影响。

二、政府卫生支出相对规模指标

相对规模指标就是卫生支出总量和其他相关经济指标的比例关系。相对规模指标通常可以克服绝对规模指标不利于纵向比较和横向比较的弱点，剔除了通货膨胀因素和计量单位对指标数据的影响，所以更有利于进行不同年度的政府卫生支出比较和不同国别之间的政府卫生支出的比较。

本书在衡量我国政府卫生支出的相对规模是主要选择了以下指标，即政府卫生支出占卫生总费用的比重、政府卫生支出占 GDP 的比重、政府卫生支出占财政支出的比重以及政府卫生支出的弹性指标。

政府卫生支出占卫生总费用的比重，是一个财政年度中政府卫生支出总额占卫生总费用的百分比，反映了一个国家在一定时期内政府用于卫生医疗服务所消耗的资源与私人用于卫生服务所消耗的资源之间的比例关系。

政府卫生支出占 GDP 的比重，是一个国家在一个财政年度内政府卫生支出总额占国内生产总值的百分比，反映了一个国家在一定时期内政府用于卫生医疗服务所消耗的资源数量与该国创造的社会财富总量之间的比例关系。

政府卫生支出占财政支出的比重，是一个财政年度中政府卫生支出总额占财政支出总额的百分比，反映了一个国家在一定时期内政府用于卫生医疗服务所消耗的资源总量与政府用于提供公共产品和服务所消耗的公共资源总量之间的比例关系。

政府卫生支出的弹性，是一个财政年度中政府卫生支出的增长速度和其他经济指标的增长速度的对比。如果弹性指标的结果大于1，说明政府卫生支出的增长速度快于其他经济指标的增长速度，如果弹性指标的结果小于1，说明政府卫生支出的增长速度慢于其他经济指标的增长速度，如果弹性指标等于1，说明政府卫生支出和其他经济指标同步增长。

第二节　政府卫生支出的绝对规模分析

用政府卫生支出的总体数额及其增长速度作为衡量政府卫生支出绝对规模的指标可以考察政府在卫生事业上的投入程度，可以反映出政府对卫生事业的政策取向以及财政支持卫生事业的力度。

一、我国政府卫生支出绝对规模的基本情况

新中国成立以来，我国在卫生事业方面取了巨大的成就，这与财政对卫生事业的投入是密不可分的。新中国成立初期，我国卫生事业基础十分薄弱。1949 年，全国医疗卫生机构仅有 3670 家，医疗病床 8.46 万张，卫生技术人员 50.5 万人，每千人拥有医疗床位、卫生技术人员、医生、护师（士）的数量分别为 0.15 张、0.93 人、0.67 人和 0.06 人。国民平均寿命 35 岁，人口死亡率

33‰，其中孕产妇死亡率高达1500/10万，婴儿死亡率为200‰。经过数十年对卫生事业的投入，截止到2008年底，全国卫生机构278337家，卫生人员6169050人，卫生机构床位4036483张，每千人口拥有的医疗机构床位数、卫生技术人员、医生、护师（士）分别为3.05张、3.81人、1.58人和1.25人，国民预期寿命73岁，人口死亡率7.06‰，孕产妇死亡率34.2/10万，婴儿死亡率14.9‰。[①] 卫生总费用和政府卫生支出都呈现出逐年增长的趋势，见表4-1。

表4-1　卫生总费用及政府卫生支出情况（1979~2006年）

年份	卫生总费用（亿元）			
	合计	政府预算卫生支出	社会卫生支出	个人现金卫生支出
1978	110.21	35.44	52.25	22.52
1979	126.19	40.64	59.88	25.67
1980	143.23	51.91	60.97	30.35
1981	160.12	59.67	62.43	38.02
1982	177.53	68.99	70.11	38.43
1983	207.42	77.63	64.55	65.24
1984	242.07	89.46	73.61	79
1985	279	107.65	91.96	79.39
1986	315.9	122.23	110.35	83.32
1987	379.58	127.28	137.25	115.05
1988	488.04	145.39	189.99	152.66
1989	615.5	167.83	237.84	209.83
1990	747.39	187.28	293.1	267.01
1991	893.49	204.05	354.41	335.03
1992	1096.86	228.61	431.55	436.7

① 数据来源：《2009年中国卫生统计年鉴》，中国协和医科大学出版社。

续表

年份	卫生总费用（亿元）			
	合计	政府预算卫生支出	社会卫生支出	个人现金卫生支出
1993	1377.78	272.06	524.75	580.97
1994	1761.24	342.28	644.91	774.05
1995	2155.13	387.34	767.81	999.98
1996	2709.42	461.61	875.66	1372.15
1997	3196.17	523.56	984.06	1689.09
1998	3678.72	590.06	1071.03	2017.63
1999	4047.5	640.96	1145.99	2260.55
2000	4586.63	709.52	1171.94	2705.17
2001	5025.93	800.61	1211.43	3013.89
2002	5790.03	908.51	1539.38	3342.14
2003	6594.7	1127.54	1788.5	3678.66
2004	7595.71	1299.01	2225.35	4071.35
2005	8668.19	1560.8	2586.41	4520.98
2006	9843.3	1778.9	3210.9	4853.5
2007	11289.50	2297.10	3893.72	5098.66

资料来源：卫生部网站《2009 年中国卫生统计年鉴》。

二、我国政府卫生支出绝对规模分析

（一）政府卫生支出总额不断上升，增长速度呈现出波动态势

表 4－2 列出了 1978～2007 年卫生支出及卫生总费用的数额以及 1979～2007 年政府卫生支出和卫生总费用的增长速度。从表中数据可以看出，政府卫生支出的绝对规模不断上升，从 1978 年的 35.44 亿元逐年增长至 2007 年的 2297.10 亿元，增长了 63.84 倍。卫生总费用也从 1978 年 110.21 亿元攀升至 2006 年的 11289.50 亿元，增长了 101.46 倍。从政府卫生支出和卫生总费用的增长速度

上看，总体上保持了较高的增长速度，政府卫生支出平均增长速度为 15.60%，卫生总费用的平均增长速度为 17.43%。[①]

表 4-2　　卫生总费用与政府预算卫生支出的变化情况（1978～2007 年）

年份	政府预算卫生支出（亿元）	卫生总费用（亿元）	政府预算卫生支出的增长率（%）	卫生总费用增长率（%）
1978	35.44	110.21		
1979	40.64	126.19	14.67	14.50
1980	51.91	143.23	27.73	13.50
1981	59.67	160.12	14.95	11.79
1982	68.99	177.53	15.62	10.87
1983	77.63	207.42	12.52	16.84
1984	89.46	242.07	15.24	16.71
1985	107.65	279	20.33	15.26
1986	122.23	315.9	13.54	13.23
1987	127.28	379.58	4.13	20.16
1988	145.39	488.04	14.23	28.57
1989	167.83	615.5	15.43	26.12
1990	187.28	747.39	11.59	21.43
1991	204.05	893.49	8.95	19.55
1992	228.61	1096.86	12.04	22.76
1993	272.06	1377.78	19.01	25.61
1994	342.28	1761.24	25.81	27.83
1995	387.34	2155.13	13.16	22.36
1996	461.61	2709.42	19.17	25.72
1997	523.56	3196.17	13.42	17.97

① 数据来源：根据卫生部网站公布的《2009 年中国卫生统计年鉴》计算整理。

续表

年份	政府预算卫生支出（亿元）	卫生总费用（亿元）	政府预算卫生支出的增长率（%）	卫生总费用增长率（%）
1998	590.06	3678.72	12.70	15.10
1999	640.96	4047.5	8.63	10.02
2000	709.52	4586.63	10.70	13.32
2001	800.61	5025.93	12.84	9.58
2002	908.51	5790.03	13.48	15.20
2003	1127.54	6594.7	24.11	13.90
2004	1299.01	7595.71	15.21	15.18
2005	1560.8	8668.19	20.15	14.12
2006	1778.9	9843.3	13.97	13.56
2007	2297.1	11289.5	29.13	14.69

资料来源：根据卫生部网站《2009 年中国卫生统计年鉴》计算整理。

图 4－2 是 1979 年至 2007 年中国政府预算卫生支出的数额和增长速度的变化趋势。从该图中可以看出，总体上，我国改革开放以来各年份政府卫生支出总额都保持了高速增长的态势，但是我国政府预算卫生支出的增长速度呈现出较大的波动态势。1980 年、1985 年、1994 年、2003 年、2005 年和 2007 年的政府卫生支出的增长速度都超过了 20%，分别为 27.73%、20.33%、25.81%、24.11%、20.15% 和 29.13%。而 1987 年、1991 年和 1999 年政府卫生支出的增长速度却都低于 10%，尤其是 1987 年仅为 4.13%，1991 年和 1999 年分别为 8.95% 和 8.63%。① 从数据和图表中可以看出，20 世纪 80 年代，是政府预算卫生支出波动频繁的时期。1987 年政府预算卫生支出增长速度比 1986 年猛降了近 10 个百分点，1988 年又迅速回到了 1986 年的增长水平。主要是由于我国改

① 数据来源：根据卫生部网站公布的《2008 年中国卫生统计年鉴》计算整理。

革开放初期政策波动较大，政府卫生投入也随之发生较大的波动。进入20世纪90年代，政府预算卫生支出的增长速度趋于稳定，只有1994年和2003年政府卫生支出增长较大，原因是1994年我国进行了全面的医疗体制改革，改变了原来完全由政府供给医疗机构建设和服务的政策，进行社会统筹与个人账户相结合的社会医疗保险制度的试点，由此揭开了医疗改革的序幕。进入21世纪，主要是在2003年，突发的SARS疫情使政府当年加大了对卫生医疗事业的投入力度，使得当年的政府卫生支出呈现出高速增长的局面。

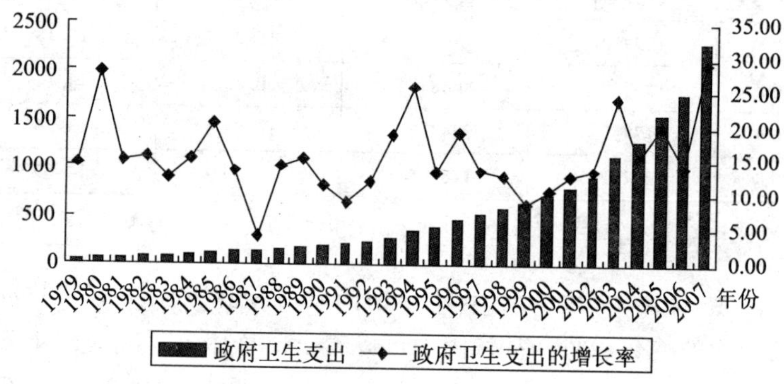

图4-2　政府卫生支出的数额与增长率（1979~2007年）

从政府卫生支出和卫生总费用增长速度的对比关系来看，卫生总费用在高速增长的同时，其构成也在发生着显著的变化。虽然在1978~2007年的29年中，我国的卫生总费用和政府的预算卫生支出都在增长，在1986~2007年间，政府预算卫生支出的增长速度除个别年度之外均低于卫生总费用的增长速度，这主要是由于卫生投入体制的变迁所带来的。

（二）政府卫生支出增长速度低于财政支出的增长速度

表4-3描述了1985~2007年我国政府预算卫生支出与财政支出的数额和增长率情况，从表中数据可以看出，从1985~2007年，我国政府卫生支出和财政支出在总量上都在逐年增长。政府卫生支

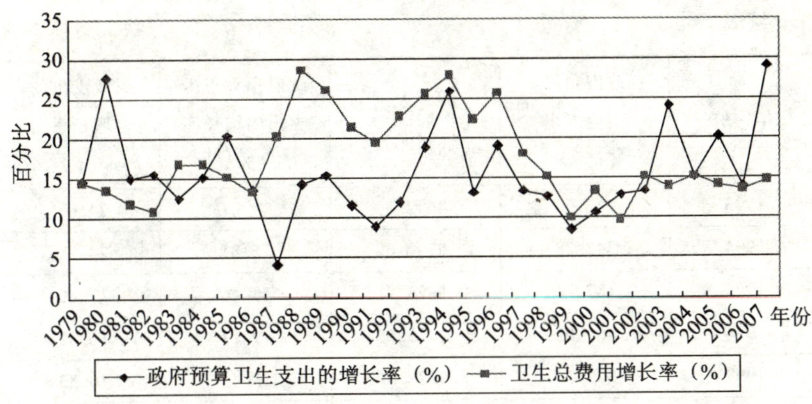

图 4-3　政府预算卫生支出与卫生总费用的增长率（1979～2007 年）

出从 1985 年的 107.65 亿元增长至 2007 年的 2297.1 亿元，增长了 20.34 倍，平均增长速度 15.06%。财政支出从 1985 年的 2004.25 亿元增长至 2006 年的 49781.35 亿元，增长了 23.84 倍，平均增长速度 15.86%。

表 4-3　　政府预算卫生支出与财政支出的增长率（1985～2007 年）

年　份	政府预算卫生支出（亿元）	财政支出（亿元）	政府预算卫生支出的增长率（%）	财政支出的增长率（%）
1985	107.65	2004.25		
1986	122.23	2204.9	13.54	10.01
1987	127.28	2262.2	4.13	2.60
1988	145.39	2491.2	14.23	10.12
1989	167.83	2823.78	15.43	13.35
1990	187.28	3083.59	11.59	9.20
1991	204.05	3386.62	8.95	9.83
1992	228.61	3742.2	12.04	10.50

续表

年　份	政府预算卫生支出（亿元）	财政支出（亿元）	政府预算卫生支出的增长率（%）	财政支出的增长率（%）
1993	272.06	4642.3	19.01	24.05
1994	342.28	5792.62	25.81	24.78
1995	387.34	6823.72	13.16	17.80
1996	461.61	7937.55	19.17	16.32
1997	523.56	9233.56	13.42	16.33
1998	590.06	10798.18	12.70	16.94
1999	640.96	13187.67	8.63	22.13
2000	709.52	15886.5	10.70	20.46
2001	800.61	18902.58	12.84	18.99
2002	908.51	22053.15	13.48	16.67
2003	1127.54	24649.95	24.11	11.78
2004	1299.01	28486.89	15.21	15.57
2005	1560.8	33930.28	20.15	19.11
2006	1778.9	40422.73	13.97	19.13
2007	2297.1	49781.35	29.13	23.15

资料来源：根据卫生部网站《2009年中国卫生统计年鉴》和《2008年中国财政年鉴》计算整理。

但是如果把政府卫生支出与财政支出的增长速度进行比较（见图4－4），尽管我国政府在卫生上的投入在逐年增长，但是从1991年往后的大部分年份里，政府卫生支出的增长速度均低于财政支出的增长速度。从图4－4中可以看出，在1985年到1991年间，政府卫生支出的增长速度略快于财政支出。从1991年到2006年，政府卫生支出的增长速度开始低于财政支出增长速度，只在个别年份有例外。2003年SARS疫情的流行使得政府加大了卫生投入，预算内卫生支出的增长速度迅速提高，达到 24.11%，远远超过了当年财政支出 12% 的增长速度，使得当年政府预算内卫生支出占财政支出的比重也大幅度提升。但 2004 年，政府对卫生支出水平回落，和财政支出的增长速度基本持平。

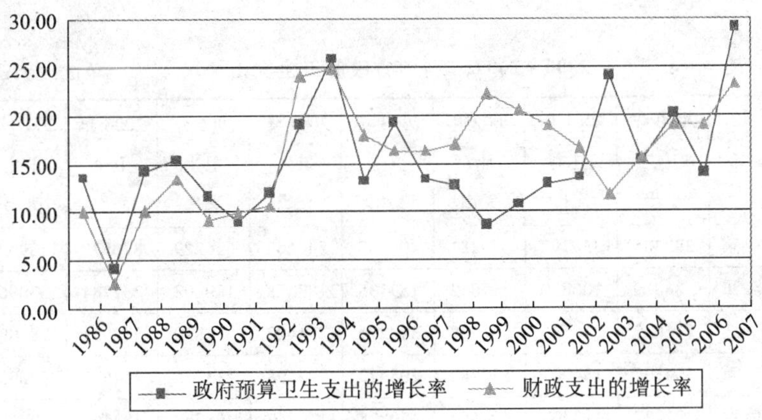

图 4－4　政府卫生支出与财政支出的增长率（1986～2007 年）

三、地方政府卫生支出绝对规模分析

由于我国各个地区之间存在经济发展水平的差距以及财政收入能力的不同，导致不同地区在卫生支出的规模存在着较大差异，而卫生投入的差距会直接导致各地区卫生医疗条件以及人口健康状况上的差异。因此，除了用国家层面数据指标衡量政府卫生支出的能力能够从宏观上反映中国政府卫生投入的规模水平之外，通过研究不同地方政府卫生支出规模水平的情况有利于探寻缩小卫生服务在不同区域间产生的不公平，为财政部门制定转移支付政策提供参考。①

① 参见王俊：《政府卫生支出有效机制的研究——系统模型与经验分析》，中国财政经济出版社，2006 年版。

（一）地方政府卫生支出绝对规模的基本情况

表4－4列出了2000～2007年全国各地方政府卫生支出的绝对规模情况，从各省份和直辖市的政府卫生支出的绝对数上看，从2000年到2007年，各地区的政府卫生支出基本呈现出不断增长的趋势。

表4－4　　2000～2007年各地方政府卫生支出情况　　单位：万元

地　区	2000年卫生支出	2001年卫生支出	2002年卫生支出	2003年卫生支出	2004年卫生支出	2005年卫生支出	2006年卫生支出	2007年卫生支出
北　京	285305	330792	379281	496358	540662	656229	870575	1189527
天　津	86869	100050	117052	153135	183378	189803	237784	330964
河　北	174629	216635	246358	348275	351422	450870	502031	781096
山　西	104507	134067	150782	203272	223898	281735	354622	520956
内蒙古	91072	112207	124154	170878	174747	208768	282462	438658
辽　宁	171323	175897	197170	251624	254934	343526	437296	666000
吉　林	93788	110660	127429	161382	170197	207022	269189	423106
黑龙江	136114	162514	173502	230611	235805	280124	363780	575415
上　海	325811	345677	304531	364420	450150	521464	614972	888313
江　苏	325667	374021	418523	555684	623921	750563	895249	1152882
浙　江	272422	327563	372296	453797	527709	648767	835322	1122822
安　徽	117124	127771	143009	170815	221171	250223	347649	654132
福　建	161411	169361	183986	207211	233252	259305	340692	519887
江　西	103154	117642	128113	150613	175879	218381	288172	508717
山　东	282598	306587	335712	396107	452199	544085	733206	996496
河　南	172990	194296	219236	301893	337404	418057	614162	987788
湖　北	190881	215028	223590	242474	263743	311597	449741	661139
湖　南	118790	135138	147068	168303	197383	244520	346152	591970
广　东	477313	539932	644192	735442	729099	823633	1035579	1407693

续表

地 区	2000年卫生支出	2001年卫生支出	2002年卫生支出	2003年卫生支出	2004年卫生支出	2005年卫生支出	2006年卫生支出	2007年卫生支出
广 西	116401	156254	178604	210155	220169	259931	334041	507547
海 南	28021	29414	33925	46470	54270	65191	76109	124560
重 庆	80400	87254	94431	108218	120564	151757	197870	339705
四 川	218952	248216	254283	314235	342542	495641	574949	988711
贵 州	110566	135517	154055	172994	195474	258160	300375	487893
云 南	223789	251483	287744	327463	361946	448073	571204	771123
西 藏	32365	39037	48622	52805	63727	71090	80941	171623
陕 西	82890	114542	144760	167206	180908	217038	288357	499056
甘 肃	80568	98830	106339	118002	134101	178431	232159	410319
青 海	28220	41538	44221	52972	63398	88611	115786	195046
宁 夏	23519	39445	37244	44812	43539	54008	70085	114174
新 疆	106485	137993	157256	182208	194919	258917	299458	458154

资料来源：根据《2001年中国财政年鉴》、《2002年中国财政年鉴》、《2003年中国财政年鉴》、《2004年中国财政年鉴》、《2005年中国财政年鉴》、《2006年中国财政年鉴》、《2007年中国财政年鉴》和《2008年中国财政年鉴》的相关数据整理。

（二）地方政府卫生支出规模的变化趋势分析

表4-5计算了各地方政府卫生支出2001~2007年的增长速度以及2001~2007年的平均增长速度，可以看出，各省份和直辖市的卫生支出增长率在不同年度都呈现出较大的波动，而且在不同地区之间，这种波动的现象更加显著。图4-5描述了各地区的卫生支出平均增长率相对于全国平均水平的偏离度情况。河北、山西、内蒙古、吉林、安徽、江西、河南、湖南、海南、四川、贵州、西藏、陕西、甘肃、青海、宁夏等16个地区的政府卫生支出平均增长水平在全国平均水平之上，而其他地区则低于全国平均水平。

表 4-5 2001~2007 年各地方政府卫生支出增长率 %

地 区	2001 年卫生支出的增长率	2002 年卫生支出的增长率	2003 年卫生支出的增长率	2004 年卫生支出的增长率	2005 年卫生支出的增长率	2006 年卫生支出的增长率	2007 年卫生支出的增长率	卫生支出平均增长率
北 京	15.94	14.66	30.87	8.93	21.38	32.66	36.64	23.01
天 津	15.17	16.99	30.83	19.75	3.50	25.28	39.19	21.53
河 北	24.05	13.72	41.37	0.90	28.30	11.35	55.59	25.04
山 西	28.29	12.47	34.81	10.15	25.83	25.87	46.90	26.33
内蒙古	23.21	10.65	37.63	2.26	19.47	35.30	55.30	26.26
辽 宁	2.67	12.09	27.62	1.32	34.75	27.30	52.30	22.58
吉 林	17.99	15.15	26.64	5.46	21.64	30.03	57.18	24.87
黑龙江	19.40	6.76	32.92	2.25	18.79	29.86	58.18	24.02
上 海	6.10	-11.90	19.67	23.53	15.84	17.93	44.45	16.52
江 苏	14.85	11.90	32.77	12.28	20.30	19.28	28.78	20.02
浙 江	20.24	13.66	21.89	16.29	22.94	28.76	34.42	22.60
安 徽	9.09	11.93	19.44	29.48	13.14	38.94	88.16	30.02
福 建	4.93	8.64	12.62	12.57	11.17	31.39	52.60	19.13
江 西	14.05	8.90	17.56	16.78	24.17	31.96	76.53	27.13
山 东	8.49	9.50	17.99	14.16	20.32	34.76	35.91	20.16
河 南	12.32	12.84	37.70	11.76	23.90	46.91	60.84	29.47
湖 北	12.65	3.98	8.45	8.77	18.14	44.33	47.00	20.48
湖 南	13.76	8.83	14.44	17.28	23.88	41.56	71.01	27.25
广 东	13.12	19.31	14.17	-0.86	12.97	25.73	35.93	17.19
广 西	34.24	14.30	17.67	4.77	18.06	28.51	51.94	24.21
海 南	4.97	15.34	36.98	16.79	20.12	16.75	63.66	24.94
重 庆	8.52	8.23	14.60	11.41	25.87	30.39	71.68	24.39
四 川	13.37	2.44	23.58	9.01	44.69	16.00	71.96	25.87
贵 州	22.57	13.68	12.29	12.99	32.07	16.35	62.43	24.63
云 南	12.38	14.42	13.80	10.53	23.80	27.48	35.00	19.63

续表

地　区	2001 年卫生支出的增长率	2002 年卫生支出的增长率	2003 年卫生支出的增长率	2004 年卫生支出的增长率	2005 年卫生支出的增长率	2006 年卫生支出的增长率	2007 年卫生支出的增长率	卫生支出平均增长率
西　藏	20.61	24.55	8.60	20.68	11.55	13.86	112.03	30.27
陕　西	38.19	26.38	15.51	8.19	19.97	32.86	73.07	30.60
甘　肃	22.67	7.60	10.97	13.64	33.06	30.11	76.74	27.83
青　海	47.19	6.46	19.79	19.68	39.77	30.67	68.45	33.14
宁　夏	67.72	-5.58	20.32	-2.84	24.05	29.77	62.91	28.05
新　疆	29.59	13.96	15.87	6.98	32.83	15.66	52.99	23.98

资料来源：根据《2001 年中国财政年鉴》、《2002 年中国财政年鉴》、《2003 年中国财政年鉴》、《2004 年中国财政年鉴》、《2005 年中国财政年鉴》、《2006 年中国财政年鉴》、《2007 年中国财政年鉴》和《2008 年中国财政年鉴》的相关数据计算整理。

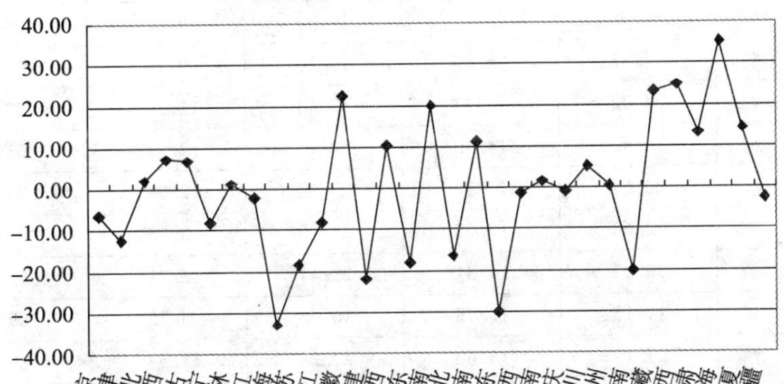

图 4-5　2001~2007 年各地方政府卫生支出平均增长率的偏离度

表 4-6 列出了 2001~2007 年各地方政府卫生支出平均增长率、GDP 平均增长率、财政支出的平均增长率的对比情况。从数据对比可以看出，各地政府卫生支出的平均增长速度都高于 GDP 的增长速度，而在政府卫生支出平均增长率和财政支出平均增长率的

对比中，上海、江苏、浙江和山东四个地区的政府卫生支出平均增长速度要低于财政支出的平均增长速度，其他地区的政府卫生支出平均增长速度都要高于财政支出增长速度。

表4-6　2001~2007年各地方政府卫生支出平均增长率、GDP平均增长率、财政支出的平均增长率的对比情况

地　区	2001~2007年卫生支出平均增长率①	2001~2007年GDP平均增长率②	2001~2007年财政支出平均增长率③	①-②	①-③
北　京	23.01	16.79	20.76	6.22	2.25
天　津	21.53	16.85	20.17	4.68	1.36
河　北	25.04	15.45	20.33	9.59	4.71
山　西	26.33	17.69	24.82	8.64	1.51
内蒙古	26.26	21.88	23.63	4.38	2.63
辽　宁	22.58	13.15	19.30	9.43	3.28
吉　林	24.87	15.39	19.20	9.48	5.67
黑龙江	24.02	12.28	17.80	11.74	6.22
上　海	16.52	14.40	20.15	2.12	-3.63
江　苏	20.02	17.11	23.29	2.91	-3.27
浙　江	22.60	17.35	22.90	5.25	-0.3
安　徽	30.02	14.31	21.47	15.71	8.55
福　建	19.13	13.78	16.04	5.35	3.09
江　西	27.13	15.60	22.24	11.53	4.89
山　东	20.16	17.72	20.56	2.44	-0.4
河　南	29.47	16.99	22.90	12.48	6.57
湖　北	20.48	14.73	19.88	5.75	0.6
湖　南	27.25	14.69	21.63	12.56	5.62
广　东	17.19	16.43	16.71	0.76	0.48
广　西	24.21	16.33	21.49	7.88	2.72
海　南	24.94	12.85	21.39	12.09	3.55

续表

地　区	2001～2007 年卫生支出平均增长率①	2001～2007 年GDP 平均增长率②	2001～2007 年财政支出平均增长率③	①－②	①－③
重　庆	24.39	14.49	22.47	9.9	1.92
四　川	25.87	15.17	21.73	10.7	4.14
贵　州	24.63	15.08	22.06	9.55	2.57
云　南	19.63	13.14	15.66	6.49	3.97
西　藏	30.27	16.47	26.83	13.8	3.44
陕　西	30.60	17.23	21.69	13.37	8.91
甘　肃	27.83	14.51	20.16	13.32	7.67
青　海	33.14	16.88	23.21	16.26	9.93
宁　夏	28.05	17.15	22.98	10.9	5.07
新　疆	23.98	14.59	23.22	9.39	0.76

资料来源：根据《2001 年中国财政年鉴》、《2002 年中国财政年鉴》、《2003 年中国财政年鉴》、《2004 年中国财政年鉴》、《2005 年中国财政年鉴》、《2006 年中国财政年鉴》、《2007 年中国财政年鉴》和《2008 年中国财政年鉴》的相关数据整理。

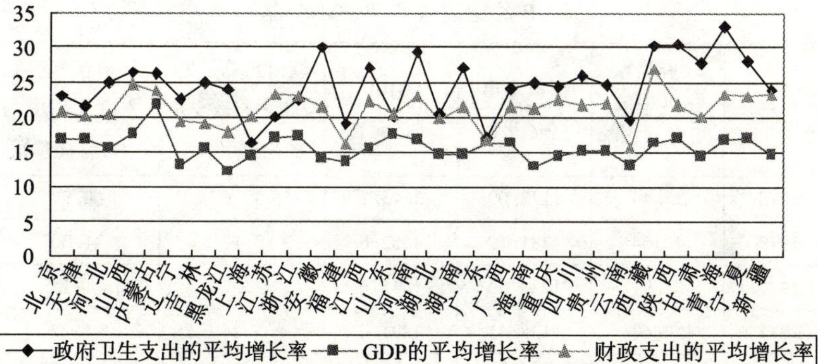

图 4－6　2001～2007 年各地方政府卫生支出增长率、GDP 增长率、财政支出增长率的对比

第三节　政府卫生支出的相对规模分析

政府卫生支出的绝对规模反映了政府在卫生事业上的投入程度，而政府卫生支出的相对规模则反映了卫生支出在整个国民经济活动中的重要性。由于是相对指标，剔除了通货膨胀因素的影响，反映的是政府卫生支出的实际规模，与以前年度的卫生支出规模进行比较也更具可比性，同时也便于进行国际比较。

一、政府卫生支出占财政支出和 GDP 的比重下降

通过政府卫生支出占财政支出和 GDP 的比重情况可以衡量政府卫生支出的相对规模。表 4－7 列出了 1978～2007 年的我国政府卫生支出、财政支出、GDP 的总量以及政府卫生支出占财政支出和 GDP 的比重变化情况。

表 4－7　政府预算卫生支出占财政支出和 GDP 的比重（1978～2007 年）

年　份	政府预算卫生支出（亿元）	财政支出（亿元）	GDP（亿元）	政府预算卫生支出占财政支出的比重（%）	政府预算卫生支出占 GDP 的比重（%）
1978	35.44	1122.09	3645.2	3.16	0.97
1979	40.64	1281.79	4062.6	3.17	1.00
1980	51.91	1228.83	4545.6	4.22	1.14
1981	59.67	1138.41	4891.6	5.24	1.22
1982	68.99	1229.98	5323.4	5.61	1.30
1983	77.63	1409.52	5962.7	5.51	1.30
1984	89.46	1701.02	7208.1	5.26	1.24
1985	107.65	2004.25	9016	5.37	1.19

续表

年　份	政府预算卫生支出（亿元）	财政支出（亿元）	GDP（亿元）	政府预算卫生支出占财政支出的比重（%）	政府预算卫生支出占GDP的比重（%）
1986	122.23	2204.9	10275.2	5.54	1.19
1987	127.28	2262.2	12058.6	5.63	1.06
1988	145.39	2491.2	15042.8	5.84	0.97
1989	167.83	2823.78	16992.3	5.94	0.99
1990	187.28	3083.59	18667.8	6.07	1.00
1991	204.05	3386.62	21781.5	6.03	0.94
1992	228.61	3742.2	26923.5	6.11	0.85
1993	272.06	4642.3	35333.9	5.86	0.77
1994	342.28	5792.62	48197.9	5.91	0.71
1995	387.34	6823.72	60793.7	5.68	0.64
1996	461.61	7937.55	71176.6	5.82	0.65
1997	523.56	9233.56	78973	5.67	0.66
1998	590.06	10798.18	84402.3	5.46	0.70
1999	640.96	13187.67	89677.1	4.86	0.71
2000	709.52	15886.5	99214.6	4.47	0.72
2001	800.61	18902.58	109655.2	4.24	0.73
2002	908.51	22053.15	120332.7	4.12	0.75
2003	1127.54	24649.95	135822.8	4.57	0.83
2004	1299.01	28486.89	159878.3	4.56	0.81
2005	1560.8	33930.28	183217.4	4.60	0.85
2006	1778.9	40422.73	211923.5	4.40	0.84
2007	2297.1	49781.35	249529.9	4.61	0.92

资料来源：根据卫生部网站《2009 年中国卫生统计年鉴》和《2008 年中国财政年鉴》计算整理。

从图 4－7 可以看出，政府卫生支出占财政支出的比重的变化趋势分为两个阶段。新中国成立以后，为改善人民群众的健康状况，国家对卫生事业的投资持续增加，卫生事业费占财政支出增长较快。到20世纪90年代中期以前，都呈上升趋势，由1985年的5.37%增加到1992年的6.11%。此后，国家对卫生事业投入的总量虽然在不断增长，但其在财政支出中所占比重却呈现出持续下降的趋势，到2007年下降为4.61%。尽管我国政府在1997年曾规定“中央和地方政府对卫生事业的投入，要随着经济的发展逐年增加，增加幅度不低于财政支出的增长幅度”，但从数据上看，政府卫生支出占财政支出的比例在1997年以后的数年间仍保持下滑的趋势，直到2003年开始才有所增长。可见，新中国成立后我国医疗卫生事业之所以成绩显著是与政府在改进人民健康方面的持续投资直接相关的。此后，由于计划经济向市场经济的转轨，应由政府发挥主要作用的卫生领域也逐渐交给市场来解决，政府对卫生领域的投入相对减少，以至于曾经为世界主流经济学家所称道的中国卫生领域的发展在市场经济的宏观背景下也处于了相对平台期，各项健康指标的改进缓慢，甚至出现倒退。①

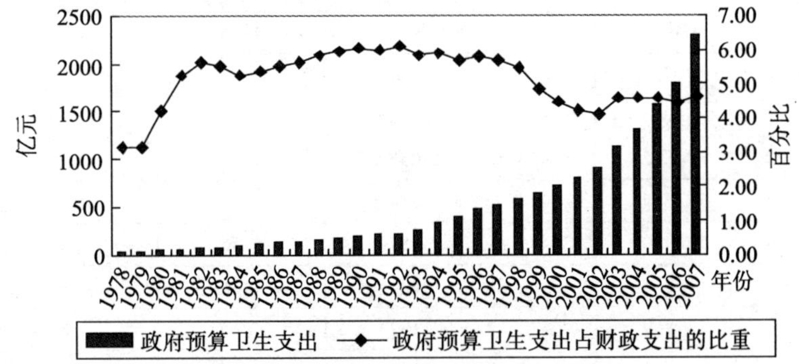

图4-7 政府预算卫生支出及政府预算卫生支出占财政支出的比重（1978~2007年）

① 参见刘民权、李晓飞等：《中国政府卫生支出概况——规模、结构、卫生分权》，人类发展论坛2006健康与发展国际研讨会背景报告，第5页。

图4-8描述了政府预算卫生支出及政府预算卫生支出的比重在1978~2007年间的变化情况。总体上看，政府预算卫生支出占GDP的比重基本呈现出下降的趋势，从1985年的1.19%逐年下降到2007年的0.92%，虽然从1998年开始，这个比重有缓慢的增长，但增加的幅度十分有限。

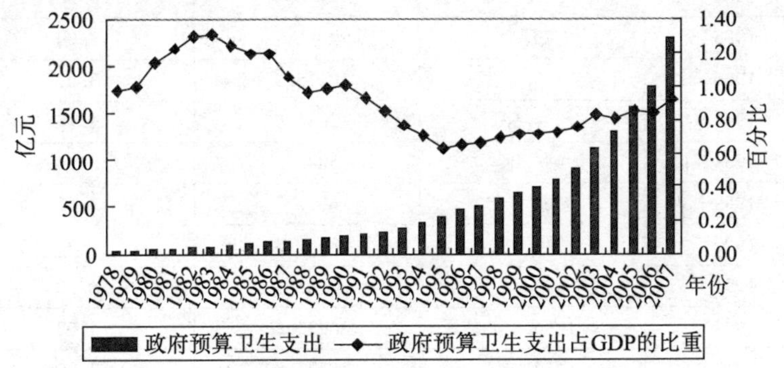

图4-8　政府预算卫生支出及政府预算卫生支出占GDP的比重（1978~2007年）

二、卫生总费用中政府和社会支出比例减少

卫生总费用反映一个国家一年内全社会用于卫生服务的资金总额。表4-8列出了我国卫生总费用、GDP以及卫生总费用占GDP的比重在1978~2007年的情况。我国的卫生总费用一直处于增长的状态。

表4-8　卫生总费用占GDP的比重（1978~2007年）

年份	卫生总费用（亿元）	GDP（亿元）	卫生总费用占GDP的比重（%）
1978	110.21	3645.2	3.02
1979	126.19	4062.6	3.11
1980	143.23	4545.6	3.15
1981	160.12	4891.6	3.27

续表

年份	卫生总费用（亿元）	GDP（亿元）	卫生总费用占 GDP 的比重（%）
1982	177.53	5323.4	3.33
1983	207.42	5962.7	3.48
1984	242.07	7208.1	3.36
1985	279	9016	3.09
1986	315.9	10275.2	3.07
1987	379.58	12058.6	3.15
1988	488.04	15042.8	3.24
1989	615.5	16992.3	3.62
1990	747.39	18667.8	4.00
1991	893.49	21781.5	4.10
1992	1096.86	26923.5	4.07
1993	1377.78	35333.9	3.90
1994	1761.24	48197.9	3.65
1995	2155.13	60793.7	3.54
1996	2709.42	71176.6	3.81
1997	3196.17	78973	4.05
1998	3678.72	84402.3	4.36
1999	4047.5	89677.1	4.51
2000	4586.63	99214.6	4.62
2001	5025.93	109655.2	4.58
2002	5790.03	120332.7	4.81
2003	6594.7	135822.8	4.86
2004	7595.71	159878.3	4.75
2005	8668.19	183217.4	4.73
2006	9843.3	211923.5	4.64
2007	11289.50	249529.9	4.52

资料来源：根据卫生部网站《2008 年中国卫生统计年鉴》和中经网统计数据库的相关数据计算整理。

我国卫生总费用的增长情况和我国卫生总费用占 GDP 比重的变动情况可以用图 4-9 来表示。卫生总费用占 GDP 的比重由 1978 年的 3.02% 上升到 2007 年的 4.52%，呈现出平稳增长的态势。

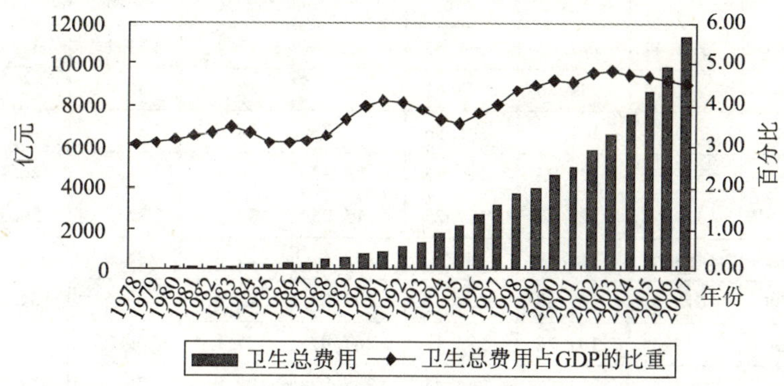

图 4-9　卫生总费用及卫生总费用占 GDP 的比重（1978～2007 年）

我国的卫生总费用由政府预算卫生支出、社会卫生支出和个人现金卫生支出构成。表 4-9 是我国 1978～2007 年卫生总费用的构成情况，从表中可以看出，在 1978～2007 年这 29 年间，我国卫生总费用各部分绝对值都有所增长。1978～2007 年，我国卫生总费用由 110.21 亿元增长到 11289.50 亿元，增长了 101.44 倍，人均卫生总费用由 11.5 元增长到 854.4 元，增长了 73.30 倍。

表 4-9　　卫生总费用构成情况（1978～2006 年）

年份	卫生总费用（亿元）				卫生总费用构成（%）		
	合计	政府预算卫生支出	社会卫生支出	个人现金卫生支出	政府预算卫生支出	社会卫生支出	个人现金卫生支出
1978	110.21	35.44	52.25	22.52	32.2	47.4	20.4
1979	126.19	40.64	59.88	25.67	32.2	47.5	20.3
1980	143.23	51.91	60.97	30.35	36.2	42.6	21.2
1981	160.12	59.67	62.43	38.02	37.3	39	23.7
1982	177.53	68.99	70.11	38.43	38.9	39.5	21.6

续表

年份	卫生总费用（亿元）				卫生总费用构成（%）		
	合计	政府预算卫生支出	社会卫生支出	个人现金卫生支出	政府预算卫生支出	社会卫生支出	个人现金卫生支出
1983	207.42	77.63	64.55	65.24	37.4	31.1	31.5
1984	242.07	89.46	73.61	79	37	30.4	32.6
1985	279	107.65	91.96	79.39	38.6	33	28.5
1986	315.9	122.23	110.35	83.32	38.7	34.9	26.4
1987	379.58	127.28	137.25	115.05	33.5	36.2	30.3
1988	488.04	145.39	189.99	152.66	29.8	38.9	31.3
1989	615.5	167.83	237.84	209.83	27.3	38.6	34.1
1990	747.39	187.28	293.1	267.01	25.1	39.2	35.7
1991	893.49	204.05	354.41	335.03	22.8	39.7	37.5
1992	1096.86	228.61	431.55	436.7	20.8	39.3	39.8
1993	1377.78	272.06	524.75	580.97	19.7	38.1	42.2
1994	1761.24	342.28	644.91	774.05	19.4	36.6	43.9
1995	2155.13	387.34	767.81	999.98	18	35.6	46.4
1996	2709.42	461.61	875.66	1372.15	17	32.3	50.6
1997	3196.17	523.56	984.06	1689.09	16.4	30.8	52.8
1998	3678.72	590.06	1071.03	2017.63	16	29.1	54.8
1999	4047.5	640.96	1145.99	2260.55	15.8	28.3	55.9
2000	4586.63	709.52	1171.94	2705.17	15.5	25.6	59
2001	5025.93	800.61	1211.43	3013.89	15.9	24.1	60
2002	5790.03	908.51	1539.38	3342.14	15.7	26.6	57.7
2003	6594.7	1127.54	1788.5	3678.66	17.1	27.1	55.8
2004	7595.71	1299.01	2225.35	4071.35	17.1	29.3	53.6
2005	8668.19	1560.8	2586.41	4520.98	18	29.8	52.2
2006	9843.3	1778.9	3210.9	4853.5	18.1	32.6	49.3
2007	11289.50	2297.10	3893.72	5098.66	20.4	34.5	45.2

资料来源：卫生部网站《2009 年中国卫生统计年鉴》。

图 4-10 描述了 1978～2007 年我国卫生总费用构成情况发生的变化。政府预算卫生支出从 1978 年到 1986 年呈缓慢增长趋势，从 1987 年之后，比重开始逐年下降，到 2007 年已经下降到 20.4%；社会卫生支出也表现出下降的态势，由 1978 年的 47.4% 下降为 2005 年的 29.8%，2006 年、2007 年略有增长，分别达到 32.6% 和 34.5%；与此相对比，居民个人卫生支出呈现快速增长的势头，已经由 1978 年的 20.4% 增长到 2005 年的 52.2%，虽然个人卫生支出在 2006 年、2007 年略有下降，分别为 49.3% 和 45.2%，但仍然占整个卫生总费用的大多数。因此，政府预算卫生支出占卫生总费用的比重偏低，并呈现逐年降低的趋势，而卫生总费用的增长主要是个人卫生支出比例快速增长的结果。20 世纪 80 年代中期以后政府卫生支出在卫生总费用中比重下降，一方面是财政支出中用于卫生的支出份额减少所致；另一方面也是整个国家公共财政支出占 GDP 比重下降的结果。从 1978 年到 2007 年，卫生总费用增长近 102 倍，而财政支出总额增长不到 44 倍。① 财政总支出的平均增长速度低于卫生总费用的增长速度。卫生总费用中的政府卫生支出从 1978 年到 2007 年增长了近 64 倍，社会卫生支出增长了近 74 倍，而个人卫生支出大幅增长了 225 倍，可以说我国政府卫生服务支出的增长速度与卫生总费用的增长情况是不协调的，政府的卫生投入和社会卫生支出的比例过低。

三、地方政府卫生支出相对规模分析

（一）各地区政府卫生支出占 GDP 的比重情况分析

表 4-10 列出了 2000～2007 年各地方政府卫生支出占 GDP 的比重情况，从各地区不同年份的数据来看，政府卫生支出占 GDP

① 数据来源：根据卫生部网站公布的《2009 年中国卫生统计年鉴》和中国财政杂志社出版的《2008 年中国财政年鉴》计算整理。

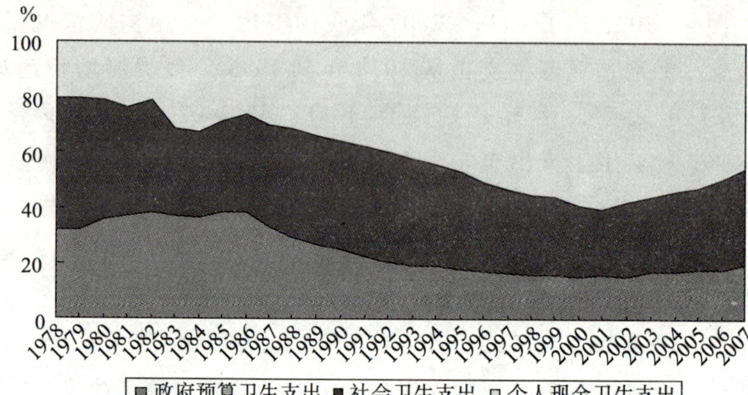

图 4－10 卫生总费用构成情况（1978～2007 年）

的比重均表现出波动的态势，从各地区政府卫生支出占 GDP 比重的平均值来看，表现出明显的地区差异。

表 4－10 2000～2006 年各地方政府卫生支出占 GDP 的比重 %

地区	2000 年卫生支出占 GDP 的比重	2001 年卫生支出占 GDP 的比重	2002 年卫生支出占 GDP 的比重	2003 年卫生支出占 GDP 的比重	2004 年卫生支出占 GDP 的比重	2005 年卫生支出占 GDP 的比重	2006 年卫生支出占 GDP 的比重	2007 年卫生支出占 GDP 的比重	卫生支出占 GDP 比重的平均值
北京	0.90	0.89	0.88	0.99	0.89	0.95	1.13	1.27	0.99
天津	0.51	0.52	0.54	0.59	0.59	0.51	0.55	0.66	0.56
河北	0.35	0.39	0.41	0.50	0.41	0.45	0.43	0.57	0.44
山西	0.57	0.66	0.65	0.71	0.63	0.67	0.75	0.91	0.69
内蒙古	0.59	0.65	0.64	0.72	0.57	0.54	0.59	0.72	0.63
辽宁	0.37	0.35	0.36	0.42	0.38	0.44	0.47	0.60	0.42
吉林	0.48	0.52	0.54	0.61	0.55	0.57	0.63	0.80	0.59
黑龙江	0.43	0.48	0.48	0.57	0.50	0.51	0.59	0.81	0.55
上海	0.68	0.66	0.53	0.54	0.56	0.57	0.60	0.73	0.61
江苏	0.38	0.40	0.39	0.45	0.42	0.41	0.42	0.45	0.41
浙江	0.44	0.47	0.47	0.47	0.45	0.48	0.53	0.60	0.49

续表

地　区	2000 年卫生支出占 GDP 的比重	2001 年卫生支出占 GDP 的比重	2002 年卫生支出占 GDP 的比重	2003 年卫生支出占 GDP 的比重	2004 年卫生支出占 GDP 的比重	2005 年卫生支出占 GDP 的比重	2006 年卫生支出占 GDP 的比重	2007 年卫生支出占 GDP 的比重	卫生支出占 GDP 比重的平均值
安　徽	0.40	0.39	0.41	0.44	0.46	0.47	0.57	0.89	0.50
福　建	0.43	0.42	0.41	0.42	0.40	0.39	0.45	0.56	0.44
江　西	0.51	0.54	0.52	0.54	0.51	0.54	0.62	0.92	0.59
山　东	0.34	0.33	0.33	0.33	0.30	0.29	0.34	0.38	0.33
河　南	0.34	0.35	0.36	0.44	0.39	0.39	0.49	0.66	0.43
湖　北	0.54	0.55	0.53	0.51	0.47	0.48	0.60	0.72	0.55
湖　南	0.33	0.35	0.35	0.36	0.35	0.38	0.46	0.64	0.40
广　东	0.44	0.45	0.48	0.46	0.39	0.37	0.40	0.45	0.43
广　西	0.56	0.69	0.71	0.74	0.64	0.64	0.70	0.85	0.69
海　南	0.53	0.53	0.55	0.67	0.68	0.73	0.72	1.02	0.68
重　庆	0.50	0.49	0.47	0.48	0.45	0.49	0.57	0.82	0.54
四　川	0.56	0.58	0.54	0.59	0.54	0.67	0.67	0.94	0.63
贵　州	1.07	1.20	1.24	1.21	1.17	1.30	1.32	1.78	1.29
云　南	1.11	1.18	1.24	1.28	1.17	1.29	1.43	1.63	1.29
西　藏	2.75	2.81	2.92	2.79	2.89	2.84	2.79	5.02	3.10
陕　西	0.46	0.57	0.64	0.65	0.57	0.58	0.66	0.91	0.63
甘　肃	0.77	0.88	0.86	0.84	0.79	0.92	1.02	1.52	0.95
青　海	1.07	1.38	1.30	1.36	1.36	1.63	1.81	2.49	1.55
宁　夏	0.80	1.17	0.99	1.01	0.81	0.89	0.99	1.28	0.99
新　疆	0.78	0.93	0.98	0.97	0.88	0.99	0.99	1.30	0.98

资料来源：根据《2001 年中国财政年鉴》、《2002 年中国财政年鉴》、《2003 年中国财政年鉴》、《2004 年中国财政年鉴》、《2005 年中国财政年鉴》、《2006 年中国财政年鉴》、《2007 年中国财政年鉴》和《2008 年中国财政年鉴》的相关数据计算整理。

表4－11计算了2001～2007年各地区政府卫生支出占GDP比重的增长率以及卫生支出占GDP比重的平均值，从计算结果可以看出，卫生支出占GDP的比重在各个地区的不同年份都有比较剧烈的波动，但在2003年多数省份的数据都出现的较大幅度的增长，主要是由于2003年“非典”导致的卫生支出增加。总体来说，各地区的政府卫生支出占GDP的比重都有增长的趋势，但地区差异比较明显。北京、天津、山西、内蒙古、上海、江苏、浙江、福建、山东、湖北、广东、广西、云南等地区的政府卫生支出占GDP比重的平均增长率低于全国平均水平。

表4－11　2001～2007年各地方政府卫生支出占GDP比重的增长率　%

地　区	2001年卫生支出占GDP比重的增长率	2002年卫生支出占GDP比重的增长率	2003年卫生支出占GDP比重的增长率	2004年卫生支出占GDP比重的增长率	2005年卫生支出占GDP比重的增长率	2006年卫生支出占GDP比重的增长率	2007年卫生支出占GDP比重的增长率	卫生支出占GDP比重的平均增长率
北　京	－1.11	－1.12	12.50	－10.10	6.74	18.95	12.39	5.46
天　津	1.96	3.85	9.26	0.00	－13.56	7.84	20.00	4.19
河　北	11.43	5.13	21.95	－18.00	9.76	－4.44	32.56	8.34
山　西	15.79	－1.52	9.23	－11.27	6.35	11.94	21.33	7.41
内蒙古	10.17	－1.54	12.50	－20.83	－5.26	9.26	22.03	3.76
辽　宁	－5.41	2.86	16.67	－9.52	15.79	6.82	27.66	7.84
吉　林	8.33	3.85	12.96	－9.84	3.64	10.53	26.98	8.06
黑龙江	11.63	0.00	18.75	－12.28	2.00	15.69	37.29	10.44
上　海	－2.94	－19.70	1.89	3.70	1.79	5.26	21.67	1.67
江　苏	5.26	－2.50	15.38	－6.67	－2.38	2.44	7.14	2.67
浙　江	6.82	0.00	0.00	－4.26	6.67	10.42	13.21	4.69
安　徽	－2.50	5.13	7.32	4.55	2.17	21.28	56.14	13.44
福　建	－2.33	－2.38	2.44	－4.76	－2.50	15.38	24.44	4.33
江　西	5.88	－3.70	3.85	－5.56	5.88	14.81	48.39	9.94

续表

地　区	2001 年卫生支出占 GDP 比重的增长率	2002 年卫生支出占 GDP 比重的增长率	2003 年卫生支出占 GDP 比重的增长率	2004 年卫生支出占 GDP 比重的增长率	2005 年卫生支出占 GDP 比重的增长率	2006 年卫生支出占 GDP 比重的增长率	2007 年卫生支出占 GDP 比重的增长率	卫生支出占 GDP 比重的平均增长率
山　东	-2.94	0.00	0.00	-9.09	-3.33	17.24	11.76	1.95
河　南	2.94	2.86	22.22	-11.36	0.00	25.64	34.69	11.00
湖　北	1.85	-3.64	-3.77	-7.84	2.13	25.00	20.00	4.82
湖　南	6.06	0.00	2.86	-2.78	8.57	21.05	39.13	10.70
广　东	2.27	6.67	-4.17	-15.22	-5.13	8.11	12.50	0.72
广　西	23.21	2.90	4.23	-13.51	0.00	9.37	21.43	6.80
海　南	0.00	3.77	21.82	1.49	7.35	-1.37	41.67	10.68
重　庆	-2.00	-4.08	2.13	-6.25	8.89	16.33	43.86	8.41
四　川	3.57	-6.90	9.26	-8.47	24.07	0.00	40.30	8.83
贵　州	12.15	3.33	-2.42	-3.31	11.11	1.54	34.85	8.18
云　南	6.31	5.08	3.23	-8.59	10.26	10.85	13.99	5.87
西　藏	2.18	3.91	-4.45	3.58	-1.73	-1.76	79.93	11.67
陕　西	23.91	12.28	1.56	-12.31	1.75	13.79	37.88	11.27
甘　肃	14.29	-2.27	-2.33	-5.95	16.46	10.87	49.02	11.44
青　海	28.97	-5.80	4.62	0.00	19.85	11.04	37.57	13.75
宁　夏	46.25	-15.38	2.02	-19.80	9.88	11.24	29.29	9.07
新　疆	19.23	5.38	-1.02	-9.28	12.50	0.00	31.31	8.30

资料来源：根据《2001 年中国财政年鉴》、《2002 年中国财政年鉴》、《2003 年中国财政年鉴》、《2004 年中国财政年鉴》、《2005 年中国财政年鉴》、《2006 年中国财政年鉴》、《2007 年中国财政年鉴》和《2008 年中国财政年鉴》的相关数据计算整理。

（二）各地区政府卫生支出占财政支出的比重情况分析

表 4-12 列出了 2000～2007 年各地区卫生支出占财政支出的比重情况以及卫生支出占财政支出的平均值。同各地区政府卫生支

出占 GDP 比重的变化情况类似，政府卫生支出占财政支出的比重变化也呈现出在不同年度不同地区之间的波动和差异。

表 4－12 2000～2007 年各地方政府卫生支出占财政支出的比重 %

地区	2000 年卫生支出占财政支出的比重	2001 年卫生支出占财政支出的比重	2002 年卫生支出占财政支出的比重	2003 年卫生支出占财政支出的比重	2004 年卫生支出占财政支出的比重	2005 年卫生支出占财政支出的比重	2006 年卫生支出占财政支出的比重	2007 年卫生支出占财政支出的比重	卫生支出占财政支出比重的平均值
北京	6.44	5.92	6.04	6.76	6.02	6.20	6.71	7.21	6.41
天津	4.64	4.26	4.41	4.91	4.89	4.29	4.38	4.91	4.59
河北	4.20	4.21	4.27	5.39	4.47	4.60	4.25	5.18	4.57
山西	4.64	4.63	4.51	4.89	4.31	4.21	3.87	4.96	4.50
内蒙古	3.68	3.51	3.15	3.82	3.10	3.06	3.48	4.05	3.48
辽宁	3.31	2.77	2.85	3.21	2.74	2.85	3.07	3.77	3.07
吉林	3.60	3.39	3.51	3.94	3.35	3.28	3.75	4.79	3.70
黑龙江	3.56	3.40	3.26	4.08	3.38	3.56	3.76	4.85	3.73
上海	5.35	4.88	3.53	3.35	3.26	3.17	3.42	4.07	3.88
江苏	5.51	5.13	4.87	5.30	4.76	4.49	4.45	4.51	4.88
浙江	6.32	5.48	4.96	5.06	4.96	5.13	5.68	6.21	5.48
安徽	3.62	3.16	3.13	3.37	3.68	3.51	3.70	5.26	3.68
福建	4.98	4.54	4.63	4.58	4.51	4.37	4.68	5.71	4.75
江西	4.62	4.15	3.75	3.94	3.87	3.87	4.14	5.62	4.25
山东	4.61	4.07	3.90	3.92	3.80	3.71	4.00	4.41	4.05
河南	3.88	3.82	3.48	4.21	3.83	3.75	4.26	5.28	4.07
湖北	5.18	4.44	4.37	4.49	4.08	4.00	4.30	5.18	4.50
湖南	3.42	3.13	2.76	2.93	2.74	2.80	3.25	4.36	3.17
广东	4.42	4.09	4.24	4.34	3.93	3.60	4.06	4.46	4.14
广西	4.50	4.44	4.25	4.74	4.34	4.25	4.58	5.15	4.53
海南	4.37	3.73	3.68	4.41	4.27	4.31	4.36	5.08	4.28

续表

地　区	2000 年卫生支出占财政支出的比重	2001 年卫生支出占财政支出的比重	2002 年卫生支出占财政支出的比重	2003 年卫生支出占财政支出的比重	2004 年卫生支出占财政支出的比重	2005 年卫生支出占财政支出的比重	2006 年卫生支出占财政支出的比重	2007 年卫生支出占财政支出的比重	卫生支出占财政支出比重的平均值
重　庆	4.28	3.67	3.09	3.17	3.05	3.11	3.33	4.42	3.52
四　川	4.84	4.18	3.62	4.29	3.83	4.58	4.27	5.62	4.40
贵　州	5.49	4.92	4.86	5.21	4.67	4.96	4.92	6.13	5.15
云　南	5.40	5.07	5.46	5.58	5.45	5.85	6.39	6.79	5.75
西　藏	5.40	3.73	3.53	3.62	4.76	3.83	4.04	6.23	4.39
陕　西	3.05	3.27	3.58	4.00	3.50	3.40	3.50	4.74	3.63
甘　肃	4.28	4.20	3.88	3.93	3.76	4.16	4.39	6.08	4.33
青　海	4.13	4.10	3.72	4.34	4.62	5.22	5.39	6.91	4.81
宁　夏	3.87	4.22	3.25	4.24	3.54	3.37	3.63	4.72	3.85
新　疆	5.58	5.24	4.35	4.94	4.63	4.99	4.41	5.76	4.99

资料来源：根据《2001 年中国财政年鉴》、《2002 年中国财政年鉴》、《2003 年中国财政年鉴》、《2004 年中国财政年鉴》、《2005 年中国财政年鉴》、《2006 年中国财政年鉴》、《2007 年中国财政年鉴》和《2008 年中国财政年鉴》的相关数据整理。

表 4－13 计算了 2001～2007 年各地区政府卫生支出占财政支出比重的增长率以及卫生支出占财政支出的平均增长率，从计算结果中可以看出，多数地区在多数年份的卫生支出占财政支出的比重呈现出下降的趋势。从总体水平来看，政府卫生支出占财政支出比重的变化情况也表现出了明显的地区差异，河北、吉林、黑龙江、安徽、江西、河南、湖南、四川、云南、西藏、陕西、甘肃、青海等地区的政府卫生支出占财政支出比重的平均增长率高于全国平均水平。

表 4－13　2001～2007 年各地方政府卫生支出占财政支出比重的增长率

%

地　区	2001 年卫生支出占财政支出比重的增长率	2002 年卫生支出占财政支出比重的增长率	2003 年卫生支出占财政支出比重的增长率	2004 年卫生支出占财政支出比重的增长率	2005 年卫生支出占财政支出比重的增长率	2006 年卫生支出占财政支出比重的增长率	2007 年卫生支出占财政支出比重的增长率	卫生支出占财政支出比重的平均增长率
北　京	－8.07	2.03	11.92	－10.95	2.99	8.23	7.45	1.94
天　津	－8.19	3.52	11.34	－0.41	－12.27	2.10	12.10	1.17
河　北	0.24	1.43	26.23	－17.07	2.91	－7.61	21.88	4.00
山　西	－0.22	－2.59	8.43	－11.86	－2.32	－8.08	28.17	1.65
内蒙古	－4.62	－10.26	21.27	－18.85	－1.29	13.73	16.38	2.34
辽　宁	－16.31	2.89	12.63	－14.64	4.01	7.72	22.80	2.73
吉　林	－5.83	3.54	12.25	－14.97	－2.09	14.33	27.73	4.99
黑龙江	－4.49	－4.12	25.15	－17.16	5.33	5.62	28.99	5.62
上　海	－8.79	－27.66	－5.10	－2.69	－2.76	7.89	19.01	－2.87
江　苏	－6.90	－5.07	8.83	－10.19	－5.67	－0.89	1.35	－2.65
浙　江	－13.29	－9.49	2.02	－1.98	3.43	10.72	9.33	0.11
安　徽	－12.71	－0.95	7.67	9.20	－4.62	5.41	42.16	6.60
福　建	－8.84	1.98	－1.08	－1.53	－3.10	7.09	22.01	2.36
江　西	－10.17	－9.64	5.07	－1.78	0.00	6.98	35.75	3.74
山　东	－11.71	－4.18	0.51	－3.06	－2.37	7.82	10.25	－0.39
河　南	－1.55	－8.90	20.98	－9.03	－2.09	13.60	23.94	5.28
湖　北	－14.29	－1.58	2.75	－9.13	－1.96	7.50	20.47	0.54
湖　南	－8.48	－11.82	6.16	－6.48	2.19	16.07	34.15	4.54
广　东	－7.47	3.67	2.36	－9.45	－8.40	12.78	9.85	0.48
广　西	－1.33	－4.28	11.53	－8.44	－2.07	7.76	12.45	2.23
海　南	－14.65	－1.34	19.84	－3.17	0.94	1.16	16.51	2.76
重　庆	－14.25	－15.80	2.59	－3.79	1.97	7.07	32.73	1.50

续表

地　区	2001年卫生支出占财政支出比重的增长率	2002年卫生支出占财政支出比重的增长率	2003年卫生支出占财政支出比重的增长率	2004年卫生支出占财政支出比重的增长率	2005年卫生支出占财政支出比重的增长率	2006年卫生支出占财政支出比重的增长率	2007年卫生支出占财政支出比重的增长率	卫生支出占财政支出比重的平均增长率
四　川	-13.64	-13.40	18.51	-10.72	19.58	-6.77	31.62	3.60
贵　州	-10.38	-1.22	7.20	-10.36	6.21	-0.81	24.59	2.18
云　南	-6.11	7.69	2.20	-2.33	7.34	9.23	6.26	3.47
西　藏	-30.93	-5.36	2.55	31.49	-19.54	5.48	54.21	5.42
陕　西	7.21	9.48	11.73	-12.50	-2.86	2.94	35.43	7.35
甘　肃	-1.87	-7.62	1.29	-4.33	10.64	5.53	38.50	6.02
青　海	-0.73	-9.27	16.67	6.45	12.99	3.26	28.20	8.22
宁　夏	9.04	-22.99	30.46	-16.51	-4.80	7.72	30.03	4.71
新　疆	-6.09	-16.98	13.56	-6.28	7.78	-11.62	30.61	1.57

资料来源：根据《2001年中国财政年鉴》、《2002年中国财政年鉴》、《2003年中国财政年鉴》、《2004年中国财政年鉴》、《2005年中国财政年鉴》、《2006年中国财政年鉴》、《2007年中国财政年鉴》和《2008年中国财政年鉴》的相关数据计算整理。

第四节　政府卫生支出的弹性问题

衡量政府卫生支出的规模除了衡量政府卫生支出的绝对规模和相对规模，还可以进一步通过对政府卫生支出弹性的计算来考察。由于我国政府卫生支出的增长速度的波动比较大（见图4-11），为了更准确地把握我国政府卫生支出的规模，有必要对政府卫生支出的弹性作比较分析。

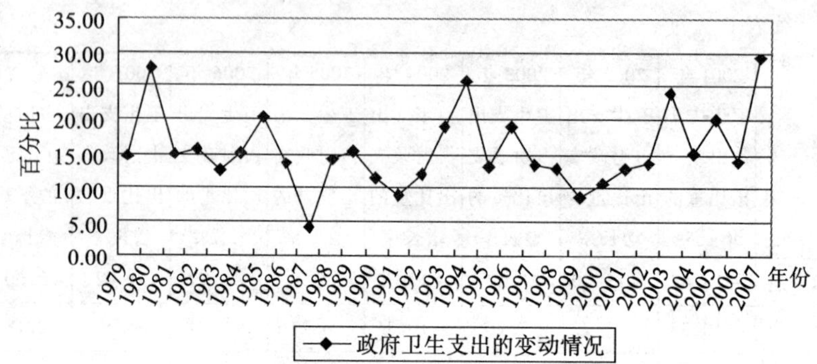

图 4－11 我国政府卫生支出的变动情况

表 4－14 分别列出了政府卫生支出对财政支出的弹性、政府卫生支出对 GDP 的弹性和政府卫生支出对财政收入的弹性。从表中数据的计算结果可以看出，从 1986 年到 2007 年的 20 多年间，弹性指标均表现出波动的状态。其中政府卫生支出对财政支出的弹性和政府卫生支出对财政收入的弹性的变化趋势大致相同，在 20 世纪 90 年代中期以前弹性指标大于 1 的年份占多数，说明在 20 世纪 90 年代之前的多数年份中政府卫生支出的增长速度快于财政支出和财政收入的增长速度，但在 20 世纪 90 年代中期之后，弹性指标小于 1 的年份占多数，说明政府卫生支出的增长速度低于财政支出和财政收入的增长速度，政府对卫生领域的投入力度下降。

表 4－14 政府卫生支出的弹性（1979～2007 年）

年　份	政府预算卫生支出的增长率（%）	财政支出的增长率（%）	GDP 的增长率（%）	财政收入的增长率（%）	政府预算卫生支出对财政支出的弹性	政府预算卫生支出对 GDP 的弹性	政府预算卫生支出对财政收入的弹性
1979	14.67	14.23	11.45	1.25	1.03	1.28	11.77
1980	27.73	－4.13	11.89	1.18	－6.71	2.33	23.46
1981	14.95	－7.36	7.61	1.37	－2.03	1.96	10.93

续表

年　份	政府预算卫生支出的增长率（%）	财政支出的增长率（%）	GDP 的增长率（%）	财政收入的增长率（%）	政府预算卫生支出对财政支出的弹性	政府预算卫生支出对 GDP 的弹性	政府预算卫生支出对财政收入的弹性
1982	15.62	8.04	8.83	3.11	1.94	1.77	5.03
1983	12.52	14.60	12.01	12.75	0.86	1.04	0.98
1984	15.24	20.68	20.89	20.18	0.74	0.73	0.75
1985	20.33	17.83	25.08	22.03	1.14	0.81	0.92
1986	13.54	10.01	13.97	5.84	1.35	0.97	2.32
1987	4.13	2.60	17.36	3.65	1.59	0.24	1.13
1988	14.23	10.12	24.75	7.17	1.41	0.57	1.98
1989	15.43	13.35	12.96	13.05	1.16	1.19	1.18
1990	11.59	9.20	9.86	10.21	1.26	1.18	1.13
1991	8.95	9.83	16.68	7.23	0.91	0.54	1.24
1992	12.04	10.50	23.61	10.60	1.15	0.51	1.14
1993	19.01	24.05	31.24	24.85	0.79	0.61	0.76
1994	25.81	24.78	36.41	19.99	1.04	0.71	1.29
1995	13.16	17.80	26.13	19.63	0.74	0.50	0.67
1996	19.17	16.32	17.08	18.68	1.17	1.12	1.03
1997	13.42	16.33	10.95	16.78	0.82	1.23	0.80
1998	12.70	16.94	6.87	14.16	0.75	1.85	0.90
1999	8.63	22.13	6.25	15.88	0.39	1.38	0.54
2000	10.70	20.46	10.64	17.05	0.52	1.01	0.63
2001	12.84	18.99	10.52	22.33	0.68	1.22	0.57
2002	13.48	16.67	9.74	15.36	0.81	1.38	0.88
2003	24.11	11.78	12.87	14.87	2.05	1.87	1.62
2004	15.21	15.57	17.71	21.56	0.98	0.86	0.71
2005	20.15	19.11	15.00	19.90	1.05	1.34	1.01

续表

年　份	政府预算卫生支出的增长率（%）	财政支出的增长率（%）	GDP 的增长率（%）	财政收入的增长率（%）	政府预算卫生支出对财政支出的弹性	政府预算卫生支出对 GDP 的弹性	政府预算卫生支出对财政收入的弹性
2006	13.97	19.13	14.69	22.47	0.73	0.95	0.62
2007	29.13	23.15	16.47	32.41	1.26	1.77	0.90

注：表中数据计算公式如下：

①政府预算卫生支出的增长率 =（本年政府预算卫生支出 - 上年政府预算卫生支出）/上年政府卫生支出 ×100%

②财政支出的增长率 =（本年财政支出 - 上年财政支出）/上年财政支出 ×100%

③GDP 的增长率 =（本年 GDP - 上年 GDP）/上年 GDP ×100%

④财政收入的增长率 =（本年财政收入 - 上年财政收入）/上年财政收入 ×100%

⑤政府预算卫生支出对财政支出的弹性 = 政府预算卫生支出的增长率/财政支出的增长率

⑥政府预算卫生支出对 GDP 的弹性 = 政府预算卫生支出的增长率/ GDP 的增长率

⑦政府预算卫生支出对财政收入的弹性 = 政府预算卫生支出的增长率/财政收入的增长率

第五节　政府卫生支出的国际比较

我国政府卫生支出的口径与世界卫生组织的统计口径有差异，但可以按照统一后的口径比较，以考察我国政府卫生支出规模和世界其他国家的差异程度。

一、卫生总费用的国际比较

表 4 -15 列出了各国 2006 年的卫生支出情况，包括卫生总费用占 GDP 的比重、一般政府卫生支出占卫生总费用的比重、一般政府卫生支出占政府卫生总支出的比重、个人卫生支出占卫生总费

用的比重等具体统计数据。很多研究已经表明，随着人均收入水平的提高，卫生费用的更快增长几乎是一个普遍规律，原因在于由健康派生出来的对医疗卫生服务需求的收入弹性是大于1的。图4－12描绘了2006年各国卫生总费用占GDP的比重与人均GDP的关系图。从图中可以看出，一个国家卫生总费用占GDP的比重是与其经济发展程度呈现出正相关的关系，也就是说，收入水平高的国家其花费在医疗卫生方面的费用也高，而收入水平低的国家其花费在医疗卫生方面的费用也相对较低。通过国际比较，我国卫生总费用占GDP的比重并不高，处于图中拟合线的下方，表明我国卫生总费用占GDP的比重相对较低，同时也低于经济发展程度相似的国家。

表4－15　　2006年各国卫生支出情况

国　家	卫生总费用占GDP的比重（%）	一般政府卫生支出占卫生总费用的比重（%）	一般政府卫生支出占政府卫生总支出的比重（%）	个人卫生支出占卫生总费用的比重（%）
阿富汗	5.2	20	3.3	80
阿尔巴尼亚	6.5	40.3	8.6	59.7
阿尔及利亚	3.5	75.3	9.5	24.7
安道尔	6.3	70.5	23.1	29.5
安哥拉	1.8	81.5	4.7	18.5
安提瓜	4.8	67.4	11.1	32.6
阿根廷	10.2	43.9	14.2	56.1
亚美尼亚	5.4	32.9	8.2	67.1
澳大利亚	8.8	67	17	33
奥地利	10.2	75.7	15.5	24.3
阿塞拜疆	3.9	24.8	3.8	75.2
巴哈马	6.7	50.1	14.3	49.9

续表

国　家	卫生总费用占GDP的比重（%）	一般政府卫生支出占卫生总费用的比重（%）	一般政府卫生支出占政府卫生总支出的比重（%）	个人卫生支出占卫生总费用的比重（%）
巴林	3.8	66.5	10	33.5
孟加拉国	2.8	29.1	5.5	70.9
巴巴多斯	6.8	63.5	11.5	36.5
白俄罗斯	6.6	75.8	10.5	24.2
比利时	9.6	71.4	13.9	28.6
伯利兹	4.9	56.4	9.7	43.6
贝宁	5.4	55.6	13.5	44.4
不丹	4	71	6.5	29
玻利维亚	6.9	61.6	12.4	38.4
波斯尼亚和黑塞哥维纳	8.8	58.7	14	41.3
博茨瓦纳	8.3	78.4	18.2	21.6
巴西	7.9	44.1	6.7	55.9
文莱	2	79.6	5.1	20.4
保加利亚	7.7	60.6	12.1	39.4
布基纳法索	6.7	59.5	18.4	40.5
布隆迪	3.4	28.6	2.3	71.4
柬埔寨	6.4	24.2	12	75.8
喀麦隆	5.2	28	11	72
加拿大	9.7	70.3	17.5	29.7
佛得角	5.6	81.8	13.2	18.2
中非	4	37.5	10.9	62.5
乍得	3.7	39.8	9.5	60.2
智利	5.4	51.4	13.2	48.6
中国	4.7	38.8	1	61.2

续表

国　家	卫生总费用占GDP的比重（%）	一般政府卫生支出占卫生总费用的比重（%）	一般政府卫生支出占政府卫生总支出的比重（%）	个人卫生支出占卫生总费用的比重（%）
哥伦比亚	7.3	84.8	17.7	15.2
科摩罗	3	53.3	8	46.7
刚果	1.9	47.1	4	52.9
库克群岛	4.6	91.5	11.5	8.5
哥斯达黎加	7.1	76	21	24
科特迪瓦	3.9	21.5	4.2	78.5
克罗地亚	7.4	81.3	13.9	18.7
古巴	7.6	90.8	11.7	9.2
塞浦路斯	6	42.3	5.8	57.7
捷克	7.1	88.6	14.4	11.4
朝鲜	3.5	85.6	6	14.4
刚果共和国	4.2	34.6	7.2	65.4
丹麦	9.1	84.1	14.4	15.9
吉布提	6.9	75.8	14.3	24.2
多米尼克	6.5	64.5	8.9	35.5
多米尼加	5.4	31.1	9.3	68.9
厄瓜多尔	5.3	40	8	60
埃及	6.1	38	7.3	62
萨尔瓦多	7	53.9	15.2	46.1
赤道几内亚	1.7	78.9	7	21.1
厄立特里亚	3.7	44.9	4.2	55.1
爱沙尼亚	5	76.9	11.5	23.1
埃塞俄比亚	4.9	61	10.8	39
斐济	4.1	70.9	9.6	29.1

续表

国　家	卫生总费用占GDP的比重（%）	一般政府卫生支出占卫生总费用的比重（%）	一般政府卫生支出占政府卫生总支出的比重（%）	个人卫生支出占卫生总费用的比重（%）
芬兰	7.5	77.8	11.6	22.2
法国	11.2	79.9	16.6	20.1
加蓬	4.1	74	13.9	26
冈比亚	5.2	65.4	11.2	34.6
格鲁吉亚	8.6	19.5	5.9	80.5
德国	10.7	76.9	17.6	23.1
加纳	6.2	34.1	6.9	65.9
希腊	10.1	42.8	11.5	57.2
格林纳达	7.2	65.4	9.6	34.6
危地马拉	5.2	37.9	15.7	62.1
几内亚	5.6	11.9	4.7	88.1
几内亚—比绍	5.2	31.9	4	68.1
圭亚那	5.4	83.6	8.3	16.4
海地	6.2	51.3	27.7	48.7
洪都拉斯	7.5	50.6	16.1	49.4
匈牙利	7.8	70.8	11.1	29.2
冰岛	9.5	82.5	18.3	17.5
印度	5	19	3.5	81
印度尼西亚	2.1	46.6	5.1	53.4
伊朗	7.8	55.8	9.2	44.2
伊拉克	4.1	74.4	3.4	25.6
爱尔兰	8.2	79.5	19	20.5
以色列	7.8	66.5	11.2	33.5
意大利	8.9	76.6	14.1	23.4

续表

国　　家	卫生总费用占GDP的比重（%）	一般政府卫生支出占卫生总费用的比重（%）	一般政府卫生支出占政府卫生总支出的比重（%）	个人卫生支出占卫生总费用的比重（%）
牙买加	4.7	48.8	3.5	51.2
日本	8.2	82.2	17.8	17.8
约旦	10.5	45.3	9.5	54.7
哈萨克斯坦	3.9	64.2	9.3	35.8
肯尼亚	4.5	46.6	6.1	53.4
基里巴斯	12.7	92.4	13	7.6
科威特	2.2	77.2	6.2	22.8
吉尔吉斯斯坦	6	39.5	8.4	60.5
老挝	3.6	20.6	4.1	79.4
拉脱维亚	6.4	60.5	10.8	39.5
黎巴嫩	8.7	43.5	11.9	56.5
莱索托	5.5	56.1	6.7	43.9
利比里亚	6.4	68.2	36.3	31.8
利比亚	3.2	69.5	6.5	30.5
立陶宛	5.9	67.3	11.9	32.7
卢森堡	7.7	90.7	16.5	9.3
马达加斯加	3.2	62.5	9.6	37.5
马拉维	12.2	71.3	16.6	28.7
马来西亚	4.2	44.8	7	55.2
马尔代夫	12.4	85.6	17.7	14.4
马里	5.8	50.6	12	49.4
马耳他	8.4	77.4	14.6	22.6
马绍尔群岛	15.4	97.1	15.2	2.9
毛里塔尼亚	2.7	63.2	5	36.8

续表

国　家	卫生总费用占GDP的比重（%）	一般政府卫生支出占卫生总费用的比重（%）	一般政府卫生支出占政府卫生总支出的比重（%）	个人卫生支出占卫生总费用的比重（%）
毛里求斯	4.3	51.5	9.2	48.5
莫斯哥	6.4	45.5	12.5	54.5
密克罗尼西亚	13.5	91.5	18.9	8.5
摩纳哥	4.6	74.9	16.3	25.1
蒙古	4.3	77.5	11	22.5
黑山	8.2	75.5	23.9	24.5
摩洛哥	5.3	36.6	5.5	63.4
莫桑比克	4.3	63.6	12.6	36.4
缅甸	2.2	10.6	1.1	89.4
纳米比亚	5.3	65.2	10.1	34.8
瑙鲁	10.3	53.3	38.1	46.7
尼泊尔	5.8	28.1	8.4	71.9
荷兰	9.2	64.9	13.2	35.1
新西兰	8.9	77.4	18	22.6
尼加拉瓜	8.3	49.6	13.7	50.4
尼日尔	3.8	50.5	10.2	49.5
尼日利亚	3.9	30.9	3.5	69.1
纽埃	14.5	98.6	11.5	1.4
挪威	9	83.6	17.9	16.4
阿曼	2.5	85	6.1	15
巴基斯坦	2.1	17.5	1.5	82.5
帕劳	9.6	90.8	16.4	9.2
巴拿马	7.3	68.9	12.3	31.1
巴布亚新几内亚	4.2	86.2	9.6	13.8

续表

国　家	卫生总费用占GDP的比重（%）	一般政府卫生支出占卫生总费用的比重（%）	一般政府卫生支出占政府卫生总支出的比重（%）	个人卫生支出占卫生总费用的比重（%）
巴拉克	7.3	36.5	15.3	63.5
秘鲁	4.3	49	8.4	51
菲律宾	3.2	36.6	5.5	63.4
波兰	6.2	69.3	9.9	30.7
葡萄牙	10.2	72.3	15.5	27.7
卡塔尔	4.1	78	9.7	22
韩国	5.9	53	10.9	47
摩尔多瓦	7.5	55.5	11.3	44.5
罗马尼亚	5.5	70.3	12.4	29.7
俄罗斯	5.2	62	10.1	38
卢旺达	7.2	56.9	16.9	43.1
圣基茨和尼维斯	5.5	63.1	8.8	36.9
圣卢西亚	5.9	56.2	10.3	43.8
圣文森特	6	62.9	9.3	37.1
萨摩亚	4.9	80.7	11.6	19.3
圣马力诺	7.3	85.7	14	14.3
圣多美和普林西比	9.8	84.8	12.2	15.2
沙特阿拉伯	3.4	76.2	8.7	23.8
塞内加尔	5.4	31.7	6.7	68.3
塞尔维亚	8	71.9	15.1	28.1
塞舌尔	6.8	72.2	10.4	27.8
塞拉利昂	3.7	51.5	7.8	48.5
新加坡	3.5	31.9	5.6	68.1
斯洛伐克	7	74.4	13.9	25.6

续表

国　家	卫生总费用占GDP的比重（%）	一般政府卫生支出占卫生总费用的比重（%）	一般政府卫生支出占政府卫生总支出的比重（%）	个人卫生支出占卫生总费用的比重（%）
斯洛文尼亚	8.5	72.4	13.4	27.6
所罗门群岛	4.3	92.2	12.6	7.8
索马里	…	…	…	…
南非	8.7	41.7	9.9	58.3
西班牙	8.2	71.4	15.4	28.6
斯里兰卡	4.1	46.2	7.8	53.8
苏丹	3.8	37.6	7	62.4
苏里南	5.3	47.1	8.4	52.9
斯威士兰	6.3	64.1	10.9	35.9
瑞典	9.2	81.7	13.6	18.3
瑞士	11.4	59.7	18.7	40.3
叙利亚	4.2	50.5	6.8	49.5
塔吉克斯坦	5	22.8	5	77.2
泰国	3.5	63.9	11.3	36.1
马其顿	7.8	70.4	15.8	29.6
东帝汶	13.7	86.6	19.1	13.4
多哥	5.3	25.5	6.9	74.5
汤加	5	75.8	13.7	24.2
特立尼达和多巴哥	4.5	53.7	8.3	46.3
突尼斯	5.5	44.3	6.5	55.7
土耳其	5.7	71.4	13.9	28.6
土库曼斯坦	4.8	66.7	14.9	33.3
图瓦卢	8.8	90.1	10.6	9.9
乌干达	7	28.6	10	71.4
乌克兰	7	52.8	8.4	47.2
阿联酋	2.6	71.6	8.6	28.4
英国	8.2	87.1	16.2	12.9

续表

国　　家	卫生总费用占GDP的比重（%）	一般政府卫生支出占卫生总费用的比重（%）	一般政府卫生支出占政府卫生总支出的比重（%）	个人卫生支出占卫生总费用的比重（%）
坦桑尼亚	5.1	56.9	12.6	43.1
美国	15.2	45.1	21.8	54.9
乌拉圭	8.1	42.5	10.1	57.5
乌兹别克斯坦	5	47.7	7.4	52.3
瓦努阿图	4.3	65.3	12.8	34.7
委内瑞拉	4.7	45.3	7.9	54.7
越南	6	25.7	5.1	74.3
也门	5.1	41.8	5.6	58.2
赞比亚	5.6	49	10.7	51
津巴布韦	8.1	44.8	8.9	55.2

资料来源：根据世界卫生组织网站 http：//www. who. int/公布的相关数据整理。

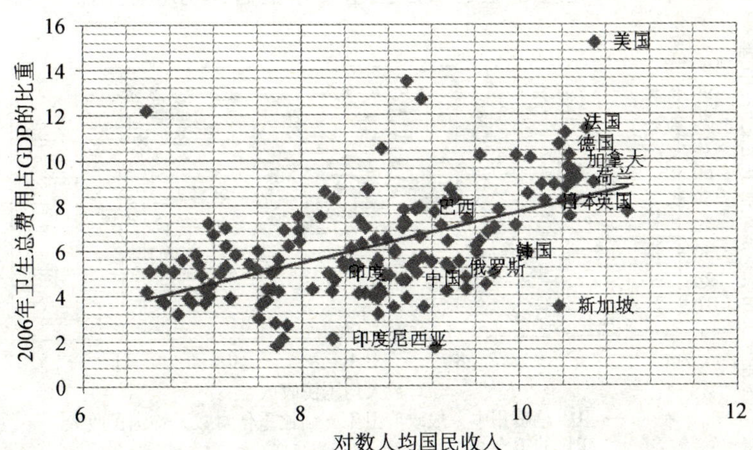

图 4－12　2006 年各国卫生总费用占 GDP 的比重

二、一般政府卫生支出的国际比较

图 4 - 13 比较的是各国 2006 年一般政府卫生支出占卫生总费用的比重。这里所指的一般政府卫生支出的定义与我国使用的政府预算卫生支出不同，是世界银行、世界卫生组织以及 OECD 组织对卫生总费用的划分方法，具体包括狭义政府卫生支出和社会医疗保障支出。从图 4 - 13 中可以看出，随着人均收入水平的增长，各国卫生总费用中一般政府支出所占的比重显著升高，这可以从拟合线明显上升的趋势上看出。同时，随着人均收入水平的提高，各国一般政府卫生支出所占比重的差异逐渐缩小。在低收入国家中，一些国家一般政府卫生支出的比重非常高，而另一些国家的一般政府卫生支出比重则非常低，整体呈现发散趋势。因此可以看出，在经济发达国家，其政府都承担着主要的卫生支出责任。我国的一般政府卫生支出占卫生总费用的比重在图中明显处于拟合线之下，说明我国和同等发展程度的国家相比，政府在承担医疗卫生支出责任方面的表现欠佳，因此应建立起医疗卫生费用的合理分担机制。

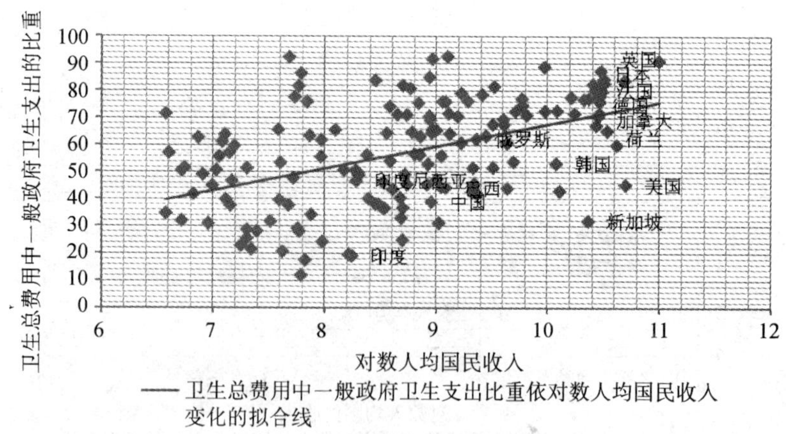

图 4 - 13　2006 年各国卫生总费用中一般政府支出所占的比重

第六节　本章小结

本章对我国政府卫生支出的规模进行了分析。政府卫生支出规模分为绝对规模指标和相对规模指标。绝对规模指标是指在一定时期内，政府各级部门的财政卫生支出总额及其增长速度（增长率）。相对指标就是卫生支出量和其他相关量的比值或百分比。本章首先对我国政府卫生支出的绝对规模进行了分析。建国以来我国在卫生事业方面取了巨大的成就，这与财政对卫生事业的投入是密不可分的。总体上说，政府卫生支出的绝对规模不断上升，从 1978 年的 35. 44 亿元逐年增长至 2007 年的 2297. 10 亿元，增长了 63. 84 倍。卫生总费用也从 1978 年 110. 21 亿元攀升至 2007 年的 11289. 50 亿元，增长了 101. 46 倍。从政府卫生支出和卫生总费用的增长速度上看，总体上保持了较高的增长速度，政府卫生支出平均增长速度为 15. 06%，卫生总费用的平均增长速度为 15. 86%。但是如果把政府卫生支出与财政支出的增长速度进行比较，尽管我国政府在卫生上的投入在逐年增长，但是从 1991 年往后的大部分年份里，政府卫生支出的增长速度均低于财政支出的增长速度。其次，对我国政府卫生支出的相对规模进行了分析。通过对 1978 ~ 2007 年我国政府卫生支出的相对规模的比较可以发现，我国政府卫生支出占财政支出和 GDP 的比重呈现下降趋势，同时卫生总费用中政府和社会支出比例不断减少。除了分析国家层面的数据之外，本章还对地方政府卫生支出的绝对规模和相对规模进行了分析。通过对各地方政府在 2000 ~ 2007 年卫生支出的总额以及卫生支出占 GDP 的比重、卫生支出占财政支出的比重以及各比重的变化情况的对比，说明我国地方政府卫生支出规模的变化趋势，同时反映了各地方政府卫生支出规模之间存在着较大的地区差异。第三，对我国政府卫生支出的弹性进行了分析。由于我国政府卫生支出的增长速度的波动比较大，为了更准确地把握我国政府卫生支出的规模，有必要对政府卫生支出的弹性作比较分析。通过对政府卫生支出对财政支出的弹性、政府卫生支出对GDP的弹性和政府卫生支出对财政收入的弹性的分析，政府卫生支出的增长速度与财政支出、GDP、财政收入的增长速度是正相关的关系，但政府卫生支出对GDP的弹性和政府卫生支出对财政收入的弹性均表现为不规则的上下波动趋势。最后，对我国政府卫生支出的规模进行了国际比较。虽然我国政府卫生支出的口径与世界卫生组织的统计口径有差异，但按照统一后的口径比较后，发现我国政府卫生支出的水平相对较低，今后应适当增加政府卫生支出的规模。

第五章　我国政府卫生支出的结构分析

对政府卫生支出结构的分析可以从政府卫生支出的使用结构以及政府卫生支出在各级政府之间的负担结构入手。政府卫生支出的使用结构是指政府卫生支出总额中各类支出的组合，分析政府卫生支出使用结构有着较为重要的意义，一方面可以了解政府卫生支出的基本内容和各类支出的相对重要性，另外也可以了解特定时期内政府卫生支出结构的变化及影响政府卫生支出结构的主要因素。政府卫生支出的负担结构主要是指卫生支出在不同级次政府之间划分的比例关系，各级政府负担卫生支出的结构和财政体制以及各级政府的卫生事权分配情况有密切的关系，分析政府卫生支出的负担结构有利于明确各级政府的卫生支出责任，促进财权与事权的匹配。

第一节　我国政府卫生支出的使用结构分析

合理的政府卫生支出使用结构是实现卫生资源合理配置的重要前提之一，也是评价卫生事业是否和谐发展的重要指标。财政对卫生事业中的不同项目、不同机构投入资金的多少，直接关系着不同项目、不同机构的发展和提供卫生服务的能力水平。

一、政府卫生支出使用结构概况

按照我国政府卫生预算支出的使用结构，政府卫生支出的用途主要分为以下项目，即卫生事业费、中医事业费、食品和药品监督管理费、计划生育事业费、高等医学教育经费、医学科研费、预算内基本建设经费、卫生行政和医疗保险管理费、政府其他部门卫生事业费、行政事业单位医疗经费和基本医疗保险基金补助经费。表5－1给出了我国政府卫生预算支出使用结构中不同项目从1978～2006年的数额情况。

图5－1～图5－4描述了2003～2006年政府卫生支出使用结构中各个项目所占的比重情况。从各个项目在政府卫生支出中所占的比重来看，卫生事业费是政府卫生支出中的主体，行政事业单位的医疗经费、计划生育事业费和预算内基本建设经费也占据较高的比例，而医学科研经费和1999年设立的食品和药品监督管理费的比重则相对较小。

二、政府卫生支出使用结构的分析

（一）卫生事业费

从占我国政府卫生支出主体的卫生事业费来看，我国的卫生事业费包括医院经费、卫生院补助、防治防疫事业费、妇幼保健费、药品检验机构经费、卫生部办中专学校经费、干部培训费、合作医疗补助费、托儿所经费、处理群众医疗欠费基金和其他卫生事业费等。表5－2列出了1978年至2006年我国卫生事业费的数额以及卫生事业费占财政支出、科教文卫事业费的比重。从1978年至2006年，我国卫生事业费的投入从21.77亿元增长到794.26亿元，增长了将近36倍，但卫生事业费占财政支出的比重以及卫生事业费占科教文卫事业费的比重却都呈现出下降的趋势。卫生事业费的增长速度和财政支出的增长速度相比处于滞后的状态。对于卫生事

表 5-1　我国政府卫生预算支出的使用结构（1978～2005 年）

年份	合计	卫生事业费	中医事业费	食品和药品监督管理费	计划生育事业费	高等医学教育经费	医学科研经费	预算内基本建设经费	卫生行政和医疗保险管理费	政府其他部门卫生事业费	行政事业单位医疗经费	基本医疗保险基金补助经费
1978	35.44	21.77				2.03	0.65	3.21		2.7	5.08	
1979	40.64	24.28				2.29	0.87	4.21		3.29	5.7	
1980	51.91	28.34	0.82		3.3	2.52	1	5.7		3.55	6.68	
1981	59.67	30.56	1.04		3.88	5.08	1.14	6.25		3.86	7.86	
1982	68.99	35.02	1.36		4.57	5.27	1.28	7.98		4.43	9.08	
1983	77.63	38.8	1.78		5.38	5.46	1.39	9.09		4.83	10.9	
1984	89.46	44.39	2.06		6.33	5.66	1.67	11.2		5.46	12.69	
1985	107.65	50.31	2.88		7.45	5.6	1.63	18.1		6.12	15.56	
1986	122.23	59.55	3.61		8.03	6.08	1.1	18.03		7.05	18.78	
1987	127.28	59.45	4.59		8.52	6.3		19.11		7.1	22.21	
1988	145.39	66.63	5.23		10.04	6.53		20.03		7.81	29.12	
1989	167.83	74.39	6.1		12.78	6.53	1.1	18.06	2.96	7.81	38.1	
1990	187.28	79.47	6.61		15.53	6.05	1.56	7.73	4.55	21.44	44.34	
1991	204.05	86.44	7.31		16.11	7.08	1.79	7.26	5.15	22.5	50.41	
1992	228.61	96.05	8.33		19.37	7.5	1.54	7.68	6.37	23.67	58.1	

续表

年份	合计	卫生事业费	中医事业费	食品和药品监督管理费	计划生育事业费	高等医学教育经费	医学科研经费	预算内基本建设经费	卫生行政和医疗保险管理费	政府其他部门卫生事业费	行政事业单位医疗经费	基本医疗保险基金补助经费
1993	272.06	107.87	9.17		22.89	9.26	2.6	11.45	8.04	24.46	76.33	
1994	342.28	146.97	12.06		26.47	12.38	3.18	12.37	10.94	25.89	92.02	
1995	387.34	163.26	13.66		31.91	12.8	2.56	11.55	13.09	26.22	112.29	
1996	461.61	187.57	15.53		37.83	13.15	4.17	21.61	15.61	30.15	135.99	
1997	523.56	209.2	18.14		44.23	13.55	4.56	22.82	17.06	34.15	159.77	
1998	590.06	225.05	18.08		50.38	14.15	29.51	20.1	19.9	36.14	176.75	
1999	640.96	247.89	21.64	3	58.36	16.46	1.94	34.67	22.89	42.85	191.27	
2000	709.52	272.17	23.88	3	64.5	21.15	12.92	29.34	26.81	44.75	211	
2001	800.61	313.52	27.82	7.76	81.79		7.23	48.35	32.96	45.43	235.75	
2002	908.51	350.44	31.22	17.95	114.75		3.76	46.42	44.69	47.42	251.66	
2003	1116.94	439.27	34.51	22.43	141.82		4.13	65.6	51.57	50.11	286.47	21.03
2004	1293.85	474.19	37.52	26.88	181.36		4.8	101.63	60.9	56.6	323.47	26.23
2005	1552.53	593.23	34.92	34.47	221.18		4.22	121.01	72.53	59.54	374.3	37.13
2006	1778.86	753.05	41.21	41.00	256.9		5.2	91.24	84.59	73.2	374.6	21.9

注:①本表按当年价格计算;②2000 年起公费医疗经费改成行政事业单位医疗经费,2001 年起不含高等医学教育经费。

资料来源:《2009 年中国卫生统计年鉴》,中国协和医科大学出版社。

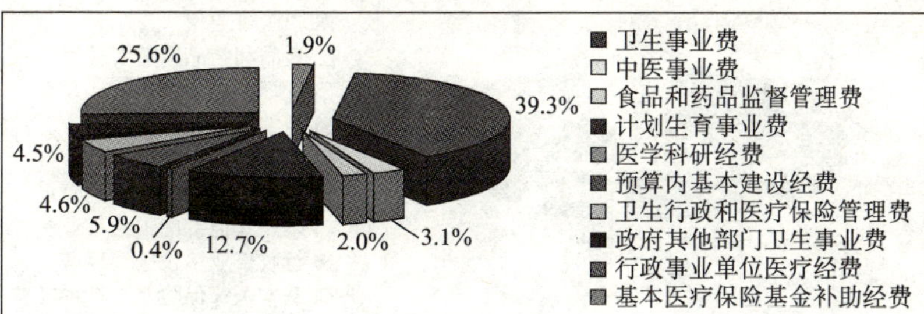

图 5－1　2003 年我国政府卫生支出的使用结构

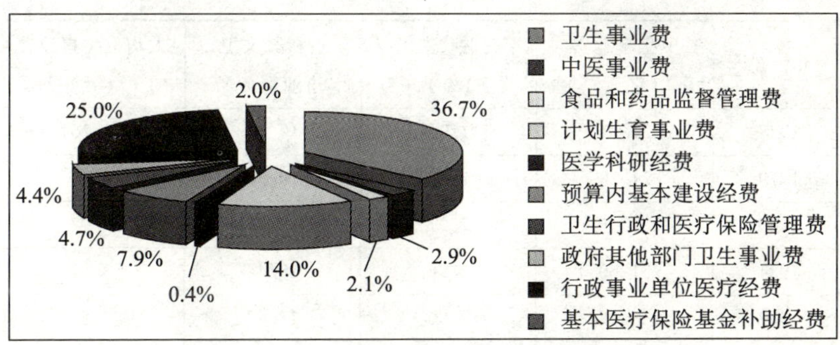

图 5－2　2004 年我国政府卫生支出的使用结构

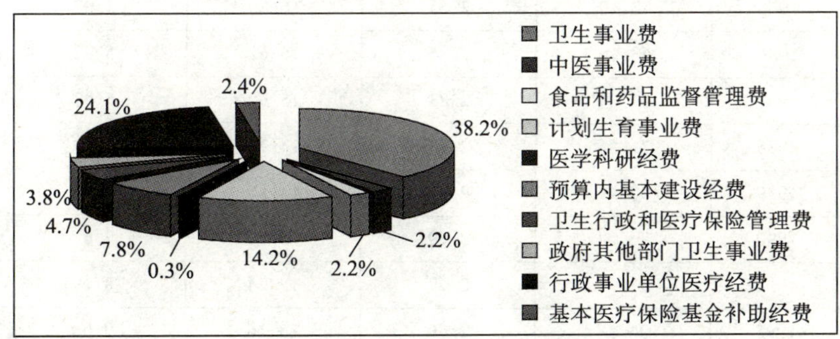

图 5－3　2005 年我国政府卫生支出的使用结构

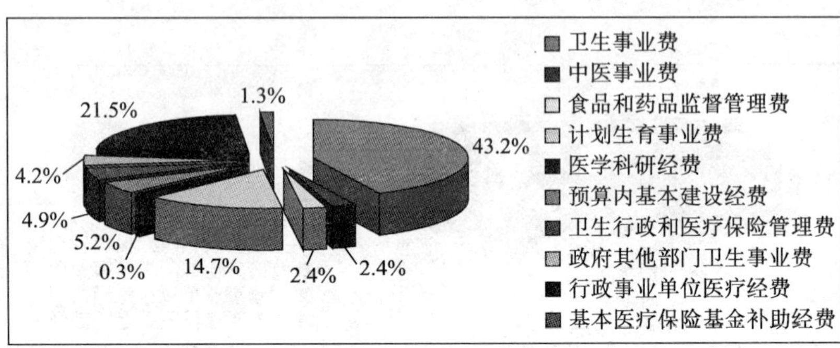

图 5－4 2006 年我国政府卫生支出的使用结构

表 5－2 **卫生事业费变化情况**

年　份	卫生事业费（亿元）	占财政支出（%）	占科教文卫事业（%）	人均卫生事业费（元）
1978	21. 77	1. 94	19. 32	2. 26
1979	24. 28	1. 89	18. 38	2. 49
1980	29. 16	2. 37	18. 66	2. 97
1981	31. 60	2. 78	18. 44	3. 17
1982	36. 38	2. 96	18. 47	3. 58
1983	40. 58	2. 88	18. 15	3. 96
1984	46. 45	2. 73	17. 65	4. 49
1985	53. 19	2. 65	16. 80	5. 09
1986	63. 16	2. 86	16. 62	5. 97
1987	64. 04	2. 83	15. 90	5. 97
1988	71. 86	2. 88	14. 78	6. 59
1989	80. 49	2. 85	14. 55	7. 27
1990	86. 08	2. 79	13. 94	7. 6
1991	93. 75	2. 77	13. 24	8. 19
1992	104. 38	2. 79	13. 16	9. 03
1993	117. 04	2. 52	12. 22	10. 17

续表

年　份	卫生事业费（亿元）	占财政支出（%）	占科教文卫事业（%）	人均卫生事业费（元）
1994	159.03	2.75	12.44	13.51
1995	176.92	2.59	12.06	14.93
1996	203.10	2.56	11.92	16.99
1997	227.34	2.46	11.94	18.85
1998	243.13	2.25	11.29	20.01
1999	269.52	2.04	11.19	22.00
2000	296.05	1.85	10.82	23.94
2001	341.34	1.81	10.16	27.43
2002	381.66	1.73	9.59	30.48
2003	473.79	1.92	10.52	37.59
2004	511.71	1.80	9.95	40.28
2005	628.14	1.85	10.29	48.04
2006	794.26	1.96	10.70	60.42

注：①本表按当年价格计算；②本表包括中医事业费，不包括预算内卫生基建投资。

资料来源：《2009年中国卫生统计年鉴》，中国协和医科大学出版社，2009年版。

业费的具体使用情况，1998年的卫生事业费中医院经费占50.4%，卫生院补助占27.07%，防治防疫费占5.65%，妇幼保健费占3.18%，其他占13.70%。2002年的卫生事业费中医院经费占48.37%，卫生院补助占26.90%，防治防疫费占6.35%，妇幼保健费占4.10%，其他占14.00%。2005年的卫生事业费中医院经费占36.30%，城市社区卫生服务中心经费占2.07%，卫生院补助占13.2%，防治防疫费占21.4%，妇幼保健费占3.7%，其他占23.2%。①

① 数据来源：《2009年中国卫生统计年鉴》，中国协和医科大学出版社，2009年版。

（二）计划生育事业费、预算内基本建设经费和医学科研经费

表5－3中给出了计划生育事业费、预算内基本建设经费和医学科研经费从1978年到2006年的数额变化情况。计划生育事业费从1980年的3.3亿元增长到2006年的256.9亿元，增长了将近77倍；预算内基本建设经费从1978年的3.21亿元增长到2006年的91.24亿元，增长了约27倍；医学科研经费从1978年的0.65亿元增加到2006年的5.2亿元，增加了7倍。医学科研经费在整个政府卫生支出中所占比重较小。

表5－3　计划生育事业费、预算内基本建设经费和医学科研经费的增长率

年份	计划生育事业费（亿元）	预算内基本建设经费（亿元）	医学科研经费（亿元）	计划生育事业费增长率（%）	预算内基本建设经费增长率（%）	医学科研经费增长率（%）
1978	—	3.21	0.65	—	—	—
1979	—	4.21	0.87	—	31.15	33.85
1980	3.3	5.7	1	—	35.39	14.94
1981	3.88	6.25	1.14	17.58	9.65	14.00
1982	4.57	7.98	1.28	17.78	27.68	12.28
1983	5.38	9.09	1.39	17.72	13.91	8.59
1984	6.33	11.2	1.67	17.66	23.21	20.14
1985	7.45	18.1	1.63	17.69	61.61	－2.40
1986	8.03	18.03	1.1	7.79	－0.39	－32.52
1987	8.52	19.11	—	6.10	5.99	－100.00
1988	10.04	20.03	—	17.84	4.81	—
1989	12.78	18.06	1.1	27.29	－9.84	—
1990	15.53	7.73	1.56	21.52	－57.20	41.82
1991	16.11	7.26	1.79	3.73	－6.08	14.74
1992	19.37	7.68	1.54	20.24	5.79	－13.97

续表

年份	计划生育事业费（亿元）	预算内基本建设经费（亿元）	医学科研经费（亿元）	计划生育事业费增长率（%）	预算内基本建设经费增长率（%）	医学科研经费增长率（%）
1993	22.89	11.45	2.6	18.17	49.09	68.83
1994	26.47	12.37	3.18	15.64	8.03	22.31
1995	31.91	11.55	2.56	20.55	-6.63	-19.50
1996	37.83	21.61	4.17	18.55	87.10	62.89
1997	44.23	22.82	4.56	16.92	5.60	9.35
1998	50.38	20.1	29.51	13.90	-11.92	547.15
1999	58.36	34.67	1.94	15.84	72.49	-93.43
2000	64.5	29.34	12.92	10.52	-15.37	565.98
2001	81.79	48.35	7.23	26.81	64.79	-44.04
2002	114.75	46.42	3.76	40.30	-3.99	-47.99
2003	141.82	65.6	4.13	23.59	41.32	9.84
2004	181.36	101.63	4.8	27.88	54.92	16.22
2005	221.18	121.01	4.22	21.96	19.07	-12.08
2006	256.9	91.24	5.2	16.15	-24.60	23.22

资料来源：根据《2009年中国卫生统计年鉴》计算整理。

图5-5描述了1981~2006年我国计划生育事业费、预算内基本建设经费及医学科研经费增长率的情况。从图中可以发现，计划生育事业费的增长速度相对比较平稳，而预算内基本建设经费和医学科研经费的增长则呈现出波动的状态，特别是医学科研经费的波动尤为剧烈，个别年度达到500%以上，有些年度又出现负增长的状态。由此可见，对于预算内基本建设经费和医学科研经费支出的随意性较大，缺乏比较稳定的支出计划。

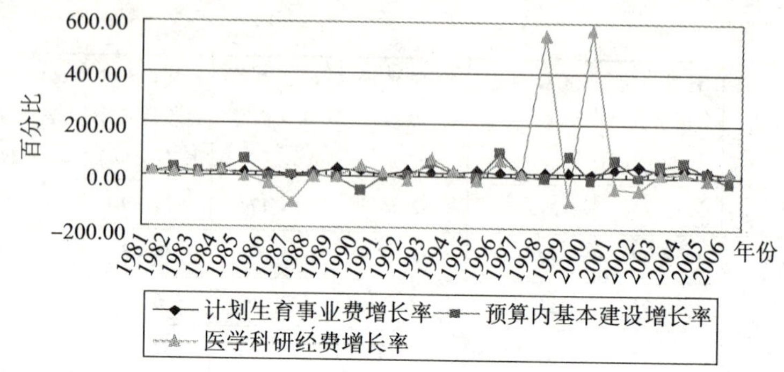

图 5－5　计划生育事业费、预算内基本建设经费及医学科研经费的增长率（1981～2006 年）

第二节　我国政府卫生支出的各级政府负担结构

政府卫生支出的各级政府负担结构是政府卫生支出在不同级次政府间划分的比例关系，体现着不同级次政府在卫生事权上的职责划分，合理的政府间卫生支出负担结构对于明确各级政府卫生支出责任有着重要意义。

一、我国各级政府负担卫生支出的结构

各级政府负担卫生支出的结构与财政体制以及各级政府的卫生事权分配情况有密切的关系。由于实行财政分权体制，目前我国政府卫生支出的大部分都由地方政府承担，尤其是省以下政府承担。表 5－4 列出了我国中央政府和地方政府从 1991 年到 2006 年卫生事业费的负担情况。从表 5－4 中的数据可以看出，我国政府卫生支出的各级政府负担结构中，中央政府负担的卫生事业费仅占极小的部分，绝大部分都是由地方政府负担的。中央政府卫生事业费占卫生事业费的比重呈现出下降的趋势，从 1991 年的 2.59% 下降到

2000 年的 1.49%，达到最低点，之后又有所回升，但从 2004 年开始又出现了下降的趋势，从 2.62% 下降到 2006 年的 1.84%。而地方政府卫生事业费占卫生事业费的比重变化刚好和中央政府卫生事业费占卫生事业费的变化情况相反，呈现出逐年上升的态势，2006 年达到 98.16%。

表 5－4 各级政府卫生支出负担结构

年份	中央财政的卫生事业费（亿元）	地方政府的卫生事业费（亿元）	中央政府卫生事业费占卫生事业费的比重（%）	地方政府卫生事业费占卫生事业费的比重（%）	中央政府卫生事业费占财政支出的比重（%）	地方政府卫生事业费占财政支出的比重（%）
1991	3.77	141.76	2.59	97.41	0.35	6.17
1992	4.05	163.18	2.42	97.58	0.35	6.35
1993	4.34	197.43	2.15	97.85	0.33	5.93
1994	5.56	251.73	2.16	97.84	0.32	6.23
1995	5.99	291.32	2.01	97.99	0.30	6.03
1996	7	341.86	2.01	97.99	0.33	5.91
1997	7.83	382.88	2.00	98.00	0.31	5.71
1998	8.62	406.23	2.08	97.92	0.28	5.29
1999	7.19	438.49	1.61	98.39	0.17	4.85
2000	7.32	482.39	1.49	98.51	0.13	4.65
2001	11.76	557.54	2.07	97.93	0.20	4.24
2002	17.25	617.79	2.72	97.28	0.25	4.04
2003	22.07	755.94	2.84	97.16	0.30	4.39
2004	22.39	832.25	2.62	97.38	0.28	4.04
2005	21.26	1015.55	2.05	97.95	0.24	4.04
2006	24.23	1296	1.84	98.16	0.24	4.26
2007	34.21	1955.75	1.72	98.28	0.30	5.10

资料来源：根据《2007 年中国财政年鉴》、《2000 年中国财政年鉴》的相关数据计算整理。

从中央政府和地方政府卫生事业费占各自财政支出的比重来看，无论是中央政府，还是地方政府，其负担的卫生事业费都不能算是其支出的重点。从相对量来看，中央政府的卫生支出在其整个支出中的比重从未超过 0.4%，并且一直表现出下滑的趋势，从 1991 年的 0.35% 一直下降到 2000 年的 0.13%，虽然从 2001 年开始有所回升，但仍一直没有超过 0.3%。和中央政府的情况类似，地方政府卫生事业费占财政支出的比重也是表现出不断下降的趋势，从 1991 年的 6.17% 一直下降到 2006 年的 4.26%。

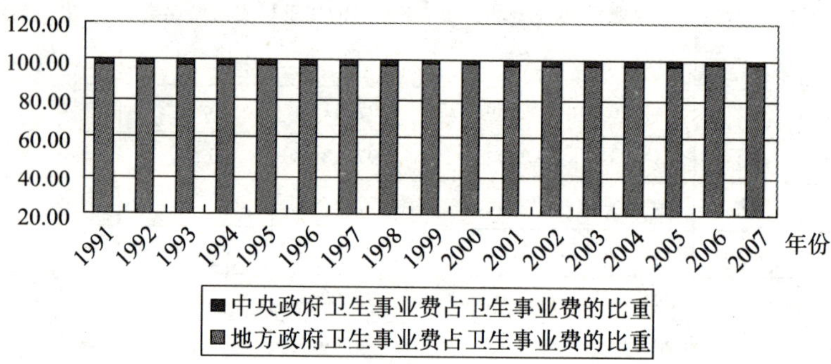

图 5－6　1991～2007 年中央政府和地方政府负担卫生事业费的比例

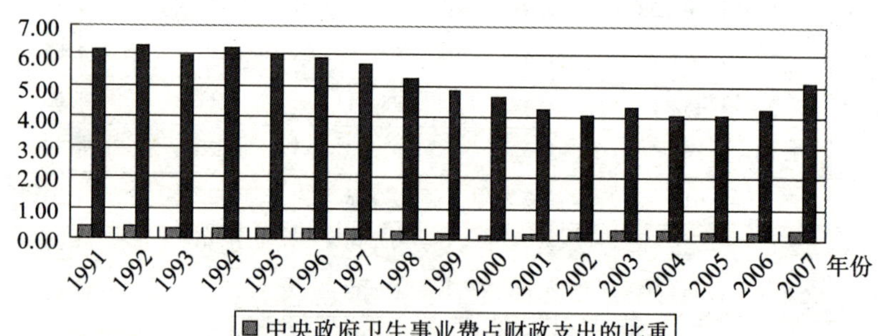

图 5－7　1991～2007 年各级政府卫生事业费占本级政府财政支出的比例

二、政府卫生支出负担结构的国际比较

表 5－5 列出了世界部分国家卫生支出在各级政府间的负担比例，从表 5－5 中所列数据我们可以很清楚地看出，就不同级次政府所负担的公共卫生支出比例而言，大多数国家中央政府都在卫生支出中承担重要的责任。相比之下，我国中央政府在卫生支出方面所负担的比例过低。

表 5－5　　世界部分国家卫生支出政府负担比例　　单位：%

国　家	年　度	中　央	地　区	地　方
澳大利亚	1995	53.9	45.42	0.69
比利时	1996	22.79	0.00	77.21
加拿大	1993	14.32	79.47	6.21
捷　克	1995	92.03	0.00	7.97
丹　麦	1995	6.58	0.00	93.42
爱沙利亚	1995	98.46	0.00	1.42
法　国	1993	97.81	0.00	2.19
德　国	1991	71.68	13.63	14.69
匈牙利	1990	83.93	0.00	16.07
冰　岛	1993	98.64	0.00	1.36
爱尔兰	1993	49.40	0.00	50.06
拉脱维亚	1996	49.09	0.00	50.91
立陶宛	1996	66.54	0.00	33.46
卢森堡	1994	97.35	0.00	2.65
荷　兰	1995	94.88	0.00	5.12
挪　威	1994	21.84	0.00	78.61
波　兰	1996	90.37	0.00	9.63
俄罗斯	1995	15.55	0.00	84.45
瑞　士	1991	55.17	27.40	17.43
英　国	1995	100.00	0.00	0.00
美　国	1994	55.25	33.95	10.80
平均值		62.25	9.09	28.32

资料来源：陈共、王俊，《论财政与公共卫生》，中国人民大学出版社，2007 年第一版。

第三节 本章小结

本章分析了我国政府卫生支出的结构情况。首先，对我国政府卫生支出的使用结构进行了分析。合理的政府卫生使用结构是实现卫生资源合理配置的重要前提之一，也是评价卫生事业是否和谐发展的重要指标。财政对卫生事业中的不同项目、不同机构投入资金的多少，直接关系着不同项目、不同机构的发展和提供卫生服务的能力水平。通过对我国政府卫生预算支出使用结构中不同项目从1978～2006年的数额情况的对比，发现卫生事业费是我国政府卫生支出中的主体，行政事业单位的医疗经费、计划生育事业费和预算内基本建设经费也占据较高的比例，而医学科研经费的数额则相对较小。其次，对我国政府卫生支出在各级政府之间的负担结构进行了分析。各级政府负担卫生支出的结构与财政体制以及各级政府的卫生事权分配情况有密切的联系。由于财政分权体制，目前我国政府卫生支出的大部分都由地方政府承担，尤其是省以下政府承担。从中央政府和地方政府卫生事业费占各自财政支出的比重来看，无论是中央政府，还是地方政府，其负担的卫生事业费都不能算是其支出的重点。而通过对比其他国家卫生支出在各级政府间的负担比例，可以很清楚地看出，就不同级次政府所负担的公共卫生支出比例而言，大多数国家中央政府都在卫生支出中承担重要的责任。相比之下，我国中央政府在卫生支出方面所负担的比例过低。

第六章　政府卫生支出的公平性分析

WHO 在 2000 年根据三个指标及其五个方面对各国卫生医疗服务系统所取得的绩效进行了评价。这三项指标分别是：①居民健康状况与分布；②卫生医疗服务系统的反应性；③卫生筹资负担的公平性。我国在卫生筹资负担的公平性方面，位居尼泊尔、越南之后，列第 188 位，排名倒数第四，与巴西、缅甸和塞拉利昂等国一起排在最后，被列为卫生筹资负担最不公平的国家之一。其他发展中人口大国如巴基斯坦、印度尼西亚、埃及、墨西哥都排在中国前面。随着我国经济发展的进程不断加快，城乡之间以及不同地区间经济发展的不平衡问题表现得越来越突出，居民收入差距拉大，导致了卫生医疗服务可及性、卫生服务的质量与居民健康水平不公平程度的加剧。本章将对我国政府卫生支出在各地区之间和城乡之间的公平性情况进行实证分析。

第一节　政府卫生支出公平性的理论探讨

健康是人类生存和发展的基础条件，保证社会成员能获得大致相同的健康水平是各个国家卫生投入政策要实现的重要目标之一，提高卫生服务的公平性是实现健康公平的重要推动力量，也是促进社会经济发展，体现社会进步与文明的重要标志之一。

一、卫生服务公平性的概念和内容

公平性（equity）不同于平等（equality），它（前者）意味着生存机会的分配应以需要为导向，而不是取决于社会特权或收入差异。卫生服务的公平性要求努力降低社会人群在健康和卫生服务方面存在的不公正和不应有的社会差距，力求使每个社会成员均能达到基本生存标准。[①] 卫生服务的公平性可以分为水平公平（Horizontal equity）与垂直公平（Vertical equity）。卫生服务的水平公平，又称横向公平，指的是对具有相同卫生保健需求的社会成员提供相同的卫生服务或相当的卫生资源，也就是说对同一个时期的不同社会经济特征人群来说，应该有相同的获得健康与卫生服务的机会；卫生服务的垂直公平，又称纵向公平，指的是有不同卫生保健需求的社会成员应获得不同的卫生服务或卫生资源。

具体来说，卫生服务的公平性应该包括以下两方面的内容：

（一）卫生服务提供的公平性

卫生服务提供的公平性要遵循可及性原则。可及性原则是指具有同等医疗需要的人接受同等的卫生服务的机会和条件应该相同，即有相同卫生保健需求的社会成员在获得方便、及时的卫生服务时难易程度大体一致。要保证可及性的实现，就要求在提供医疗卫生服务时，要充分考虑影响可及性的众多因素，合理配置卫生资源，使有限的卫生资源既得到充分的利用，又能保证不同社会成员不受地区、年龄、性别、种族、地理、教育程度、经济社会地位等因素的影响，有均等的机会和条件接受卫生服务，满足其对卫生保健服务的需求。

（二）卫生服务筹资的公平性

卫生服务筹资的公平性是指社会成员按支付能力原则支付卫生服

① World Health Organization. Equity in health and health care, A WHO/SIDA initiative. WHO, Geneva, 1996. 1.

务费用，包括横向公平和纵向公平两个方面。横向公平是指具有同等支付能力的社会成员应对卫生服务提供同等的费用支付；纵向公平是指具有不同支付能力的社会成员对卫生服务支付不同的费用。即支付数额与支付能力成正比，支付能力高的社会成员多支付，支付能力低的社会成员少支付。WHO 认为筹资的公平性主要表现在两个层面：一是健康人群与非健康人群之间的风险分担，这样患病的人群可避免疾病和经济困难的双重打击；二是不同经济收入水平人群之间的风险分担，即每个人的贡献多少应根据经济状况或收入来确定，经济状况越好贡献越大。可以看出，这里的卫生服务指的是基本卫生服务，基本卫生服务对每一个人或家庭均应加以保障。卫生筹资公平性的本质就是在于避免因病致贫和因病返贫，促进筹资公平性是卫生系统的固有目标，同时也是实现收入再分配的手段之一。①

二、反映卫生服务公平性的常用指标

表 6－1 列举了世界卫生组织用于反映卫生服务公平性的主要指标及可能的资料来源。

表 6－1　　反映卫生服务公平性的常用指标②

指标类型	具体指标及比较方式	资料来源	备注
A 健康公平性指标			
A1 儿童生长及营养状况	重点推荐：同年龄低身高（发育迟缓）率（5 岁以下儿童身高比同龄儿童平均身高低两个标准差的比例） 其他指标：同身高低体重率、同年龄低体重率 ◆比较不同社会经济水平、不同性别及其他社会群体之间的差别 ◆比较在一个国家内不同地域之间的差别	◆国家卫生服务调查资料 ◆社区日常监测资料 ◆专题调查	同年龄低身高率及同身高低体重率分别反映慢性和急性营养不良；同年龄低体重率较难解释

① 参见：李顺平，孟庆跃："卫生服务公平性及其影响因素研究综述"，《中国卫生事业管理》，2005 年 3 月。

② 参见孟庆跃、严非：《中国城市卫生服务公平与效率评价研究》，山东大学出版社，2005 年版。

续表

指标类型	具体指标及比较方式	资料来源	备注
A2 儿童死亡率（5岁以下）	计算方法：一年内死亡的5岁儿童数除以同年活产数 ◆比较不同社会经济水平、不同性别及其他社会群体之间的差别 ◆比较在一个国家内不同地域之间的差别 若生命统计资料较完整，也可用新生儿死亡率、婴儿死亡率、1~4岁儿童死亡率等指标进行比较	◆国家卫生服务调查资料 ◆生命统计资料（但通常缺少社会经济水平等指标）	以上指标受宏观经济、环境政策和社会各部门（包括卫生保健）的影响。但新生儿死亡率比1~4岁儿童死亡率更能反映卫生保健的情况，后者更多受到宏观的经济和环境条件影响
A3 期望寿命	出生（或5岁）时的期望寿命，或其他相关测量指标如潜在损失寿命年（PYLL） ◆比较不同地区、不同性别、不同社会经济群体之间的差别 ◆如果已经测量了儿童或婴儿死亡率，为了避免重复，可采用5岁时期望寿命等指标	◆生命统计资料（按居住地上报而不是按死亡地上报）	男性的期望寿命较短可以通过以下措施避免：减小职业危险；改变社会对男性的期望；控制烟酒摄入
A4 孕妇死亡率	计算方法：孕期或产后42天妇女死亡数除以同期活产数 ◆比较不同地区的孕产妇死亡率 注意：与产妇死亡率的上报情况经常变化，资料可靠性较差，结果解释时应谨慎	◆生命统计资料（按居住地上报而不是死亡地上报）	该指标受卫生保健、教育、宏观经济及环境条件影响
B 卫生筹资和资源配置公平性指标			
B1 家庭医疗费用支出	家庭每月用于医疗保健的费用支出占当月家庭总支出的比例 ◆比较不同社会经济群体之间及不同性别家长之间的差别 ◆比较不同地区之间的差别 注意：如果无法获得精确的费用支出数据，家庭或个人是否参加医疗保险也可以近似反映卫生保健费用负担	◆居民生活水平调查 ◆专题调查	受卫生筹资政策的影响。卫生保健费用负担常使一个家庭因病致贫

续表

指标类型	具体指标及比较方式	资料来源	备注
B2 公共卫生服务费用	人均卫生服务费用支出（包括人事、供应、仪器及设备等的支出） ◆比较不同地区之间的差别 注意：可能的情况下，也可补充收集私有卫生保健部门的支出情况，包括非政府组织，但这些信息往往难以获得	卫生部门常规报表资料	大型医疗机构的服务范围很广，又是不同地区之间的比较难以进行
B3 合格卫生人力资源	每名全职合格卫生技术人员所服务的人口数（包括医师、护师、药剂师等），也可用每千人口的卫技人员数来代替 ◆比较不同地区之间的差别 注意：不能将空缺职位计算在内；对于非全职卫技人员，可以换算成全职的卫技人员数量	卫生部门常规报表资料	某一地区的卫技人员有时也为其他邻近地区的人群服务
B4 三级医疗机构的地域分布	某一特定地区内，每所一级（二级、三级）医疗机构所服务的人口数；也可用每千人口所拥有的医疗机构数作为评价指标 如果有条件进行一次调查研究，了解以下指标也很有用：到达最近的医疗机构所需要的时间 ◆比较不同地区之间的差别	◆卫生部门常规统计信息 ◆人口普查资料 ◆专题调查研究	该类指标受卫生政策的影响，交通部门的政策也能影响地理可及性
C 卫生服务利用与服务质量公平性指标			
C1 免疫接种覆盖率	计算方法：12～23 月龄的儿童接受规定的免疫接种的比例（%） ◆比较不同社会经济群体、不同性别及其他社会群体之间的差别 ◆比较不同地区之间的差别	◆国家卫生服务调查资料 ◆社区日常监测资料	反映初级卫生保健的指标，但也受宏观经济及教育政策的影响

续表

指标类型	具体指标及比较方式	资料来源	备注
C2 生殖健康服务覆盖率 (a) 产前检查覆盖率 (b) 安全分娩率 (c) 避孕使用率	(a) 所有活产中孕产妇接受足够产前检查的比例 (b) 由专业助产士助产或在正规医院分娩的活产比例 (c) 育龄妇女正确使用现代避孕方法的比例 ◆比较不同社会经济群体或其他社会群体之间的差别 ◆比较不同地区之间的差别	◆国家卫生服务调查资料 ◆专题调查研究	反映初级卫生保健的指标，但也受宏观经济及教育政策的影响
C3 初级卫生保健质量指标（包括基本药物是否容易获得等）	拥有基本药物的初级卫生保健机构的比例 ◆比较不同地区之间的差别也可以考虑其他指标：二级或三级医疗机构的药物可获得情况；拥有足够饮水、卫生及通讯设施的初级卫生保健机构的比例；拥有足够诊疗仪器设备的二级医疗机构的比例	卫生部门常规质量监控资料	基本药物的可获得性是对初级卫生保健机构最基本的要求，而且这一指标比其他质量指标也更容易获得
C4 医疗转诊服务的可及性	比较二、三级医疗机构中弱势群体所占的比例与总人群中弱势群体所占的比例 ◆比较不同地区之间的差别	◆专题调查研究（出门拦截法）	受卫生政策、教育及交通政策的影响

资料来源：摘引自 WHO，1998。

三、卫生服务公平性的测量方法

（一）基尼系数和洛仑兹曲线

洛伦兹曲线是用来衡量社会收入分配平均程度的曲线，由美国统计学家洛伦兹提出而得名。基尼系数是以洛仑兹曲线为基础的，是用洛伦兹曲线与绝对平均线之间所围的面积的大小来度量收入差距的，也就是用洛伦兹曲线的弯曲程度来度量收入分配的差距程度。洛伦兹曲线和基尼系数早期主要用于研究国民收入及分配的公平性，之后被推广到研究卫生资源分布、筹资、利用等公平性方面。洛仑兹曲线是一个累计频率曲线，用来比较某一特殊变量分布与代表着公平的均匀分布的差异。对角线代表着公平分布，洛仑兹曲线离对角线越远，代表越不公平。当应用这个指标时，累计人口比例通常放在 x 轴，累计健康变量比例放在 y 轴。曲线离对角线越远，表示越不公平。根据选择的变量，曲线可以在对角线的上面或下面。当所选变量对健康有益时，如饮用水，曲线在对角线的下方；反之，当所选变量对健康有害时，例如死亡，曲线在对角线的上方。基尼系数取值范围是 0 ~ 1，0 代表完全的公平，1 代表完全不公平。

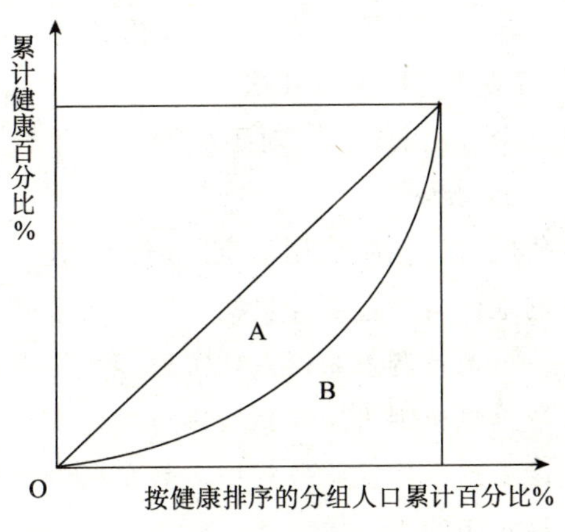

图 6 - 1　洛伦兹曲线示意图

（二）集中指数和集中曲线

如果根据社会经济水平而不是健康指标将人口或地区排序，那么通过计算集中指数就可以分析社会经济学问题。集中指数的计算方法和基尼系数是一样的，但它的取值范围是从 -1 到 1。当集中曲线在对角线之上时集中指数是负值，当集中曲线在对角线之下时，集中指数为正值。如果所选择的用来排序的社会经济学及健康指标一样的话，集中指数和基尼系数将有相同的大小及意义。

（三）差别指数

另一个健康公平性指标为差别指数（Index of dissimilarity, ID），假设人群按社会经济特征分为 j 组，j = 1，2…J，则差别指数 ID 为：

$$ID = \frac{1}{2}\sum_{j}|S_{jh} - S_{jp}|$$

式中 S_{jh} 为每一社会经济特征组所占有的人群健康的比例，如以死亡为健康指标，则 S_{jh} 表示该组人群中死亡数占全人群死亡数的百分比，S_{jp} 表示相应组中人口数占总人口的百分比，两者差别越大，表示健康分布的不均衡性越大。将每组差值取绝对值求和后，再除以 2，即表示该人群的健康分布的不均衡度。①

（四）利用/需要比：Le Grand 法

Le Grand 法（利用/需要比）对卫生服务公平性进行评价，基本计算过程可分为五个步骤：

第一步：收集门诊、住院费用信息。门诊、住院费用在卫生信息系统比较健全的地区可通过医疗机构的统计报表获得。若无健全的信息系统支持，可通过调查获得，如家庭卫生服务调查。若通过卫生服务调查获取信息，则可用通常所进行的两周或一月患病就诊费用估计全年门诊支出，住院服务利用多数是回顾调查前一年的费用。这也是目前最常用的方法。

第二步：收集门诊、住院利用信息。通过统计报表获得门诊和住院利用的人次数，也可通过家庭卫生服务调查获得调查前一年的有住院服务利用的人次数。

---

① 参见孟庆跃、严非：《中国城市卫生服务公平与效率评价研究》，山东大学出版社，2005 年版。

第三步：计算次均门诊、住院费用。以门诊和住院总费用分别除以同期的门诊和住院人次数即可。

第四步：各类别人群自报的两周患病就诊次数和住院次数。以两周患病就诊次数乘以26推算年门诊就诊次数，每类人群的年门诊和住院次数分别乘以次均门诊和住院费用，得到各类人群的年卫生资源利用量。

第五步：各类人群的年卫生资源利用量除以相应组的自报患病人数，即可得到每个患病者的卫生资源利用量。

计算过程可用算式表示如下：

$$L_i = \sum C_{ij}/N_i，其中\ C_{ij} = P_j \times n_{ij}$$

式中 L_i 为 Le Grand 法第 i 组的利用/需要比，C_{ij} 为第 i 组第 j 种卫生服务利用量的估计值，P_j 为以整个人群（样本）计算的第 j 类卫生服务的次均费用，n_{ij} 为第 i 组第 j 类服务的需要人次数，N_i 为第 i 组人群中总的患病人数。

由于不同类别人群的卫生服务需要水平，即健康状况也会存在差别，因此按上式计算的各组人群的卫生资源利用量应按需要进行标准化。根据“相同的需要获得相等的卫生服务利用”这一标准，通过衡量各组病人平均卫生资源利用量的差别，反映其卫生服务利用的不公平性。①

第二节　我国政府卫生支出公平性的实证分析——地区公平性分析

改革开放以后，随着梯度开发理论的引入和发展，我国以陈栋

① 参见孟庆跃、严非：《中国城市卫生服务公平与效率评价研究》，山东大学出版社，2005年版。

生为代表的区域经济学者提出了东中西三大经济地带的划分，并被作为我国政府组织国民经济活动的一种重要的地域依托。东部：辽宁，河北，北京，天津，山东，江苏，浙江，上海，福建，广东，广西和海南（12 个）。中部：黑龙江，吉林，内蒙古，山西，河南，湖北，江西，安徽和湖南（9 个）。西部：陕西，甘肃，青海，宁夏，新疆，四川，重庆，云南，贵州和西藏（10 个）。由于各个地区的经济发展程度有所差异，政府卫生支出也表现出明显的地区差异。

一、各地区政府卫生支出情况的公平性

表 6－2 列出了 2007 年我国各地区的 GDP、财政收入、财政支出以及政府卫生支出的具体情况。从表中的具体数据以及 2007 年各地区人均政府卫生支出情况对比图中可以看出，我国 2007 年人均政府卫生支出表现出以下特点。首先，东部经济发达地区，如北京、上海、天津、浙江等省份的人均政府卫生支出较高，其中北京 728.43 元，上海 478.1 元，分别是全国平均水平 199.16 元的 3.66 倍和 2.40 倍。其次，安徽、江西、河南、湖南等中部地区省份的人均政府卫生支出较低，分别为 106.92 元、116.46 元、105.53 元和 93.15 元，均不足全国平均水平的 60%。三是西部边远地区的西藏、青海、新疆等省份的人均政府卫生支出水平也比较高，分别为 604.31 元、353.34 元和 218.69 元，均超过全国平均水平。另外，从政府卫生支出占 GDP 的比重来看，西藏的政府卫生支出占 GDP 的比重为 5.02%，是全国平均水平 1.06% 的 4.74 倍。[①] 但从总体趋势来看，各地区政府卫生支出占 GDP 的比重基本和各地区人均政府卫生支出的情况表现出相似的特点。

① 数据来源：根据《2009 年中国卫生统计年鉴》，《2008 年中国财政年鉴》计算整理。

表 6－2　2007 年我国各地区 GDP、财政收支与政府卫生支出情况

地区	GDP（亿元）	地方财政收入（亿元）	地方财政支出（亿元）	政府卫生支出（万元）	人均财政收入（元）	人均政府卫生支出（元）	政府卫生支出占 GDP 比重（%）	政府卫生支出占财政支出的比重（%）
北京	9353.32	1492.64	1296.8	1189527	9140.48	728.43	1.27	7.21
天津	5050.4	540.44	543.1	330964	4847	296.83	0.66	4.91
河北	13709.5	789.12	1180.4	781096	1136.57	112.5	0.57	5.18
山西	5733.35	597.89	915.6	520956	1762.13	153.54	0.91	4.96
内蒙古	6091.12	492.36	812.1	438658	2047.23	182.39	0.72	4.05
辽宁	11023.49	1082.69	1422.7	666000	2519.06	154.96	0.6	3.77
吉林	5284.69	320.69	718.4	423106	1174.69	154.98	0.8	4.79
黑龙江	7065	440.47	968.5	575415	1151.86	150.47	0.81	4.85
上海	12188.85	2074.48	1795.6	888313	11165.12	478.1	0.73	4.07
江苏	25741.15	2237.73	2013.3	1152882	2934.73	151.2	0.45	4.51
浙江	18780.44	1649.50	1471.9	1122822	3259.88	221.9	0.6	6.21
安徽	7364.18	543.70	940.2	654132	888.69	106.92	0.89	5.26
福建	9249.13	699.64	728.7	519887	1953.76	145.18	0.56	5.71
江西	5500.25	389.85	696.4	508717	892.51	116.46	0.92	5.62
山东	25965.91	1675.40	1833.4	996496	1788.62	106.38	0.38	4.41
河南	15012.46	862.08	1440.1	987788	921.03	105.53	0.66	5.28
湖北	9230.68	590.36	1047	661139	1035.9	116.01	0.72	5.18
湖南	9200	606.55	1064.5	591970	954.45	93.15	0.64	4.36
广东	31084.4	2785.80	2553.3	1407693	2948.25	148.98	0.45	4.46
广西	5955.65	418.83	729.5	507547	878.42	106.45	0.85	5.15
海南	1223.28	108.29	174.5	124560	1281.54	147.41	1.02	5.08
重庆	4122.51	442.70	594.3	339705	1572.09	120.63	0.82	4.42
四川	10505.3	850.86	1347.4	988711	1046.95	121.66	0.94	5.62
贵州	2741.9	285.14	610.6	487893	757.95	129.69	1.78	6.13
云南	4741.31	486.71	893.6	771123	1078.22	170.83	1.63	6.79
西藏	342.19	20.14	200.2	171623	709.15	604.31	5.02	6.23
陕西	5465.79	475.24	824.2	499056	1267.98	133.15	0.91	4.74
甘肃	2702.4	190.91	528.6	410319	729.5	156.79	1.52	6.08
青海	783.61	56.71	214.7	195046	1027.36	353.34	2.49	6.91
宁夏	889.2	80.03	193.2	114174	1311.97	187.17	1.28	4.72
新疆	3523.16	285.86	678.5	458154	1364.49	218.69	1.3	5.76

资料来源：根据《2009 年中国卫生统计年鉴》,《2008 年中国财政年鉴》计算整理。

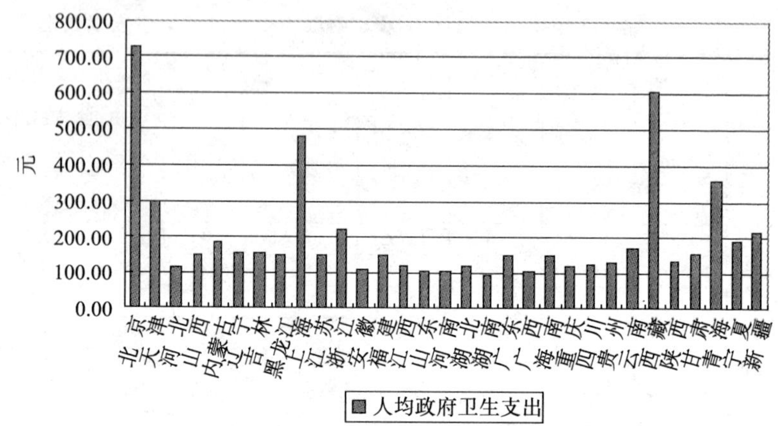

图 6-2 2007 年各地区人均政府卫生支出

图 6-3 描述了我国各地区人均政府卫生支出和人均财政收入的相关性，从图 6-3 中可以发现，除了北京（作为首都在医疗卫生事业的发展上获到较多优惠）和西藏（是我国唯一实行全民医疗保障的省份，有来自中央政府的特别补贴）之外，各地区的人均政府卫生支出和人均财政收入呈现出一种正相关的关系，也就是说，人均财政收入高的省份，政府用于卫生事业的支出也高。

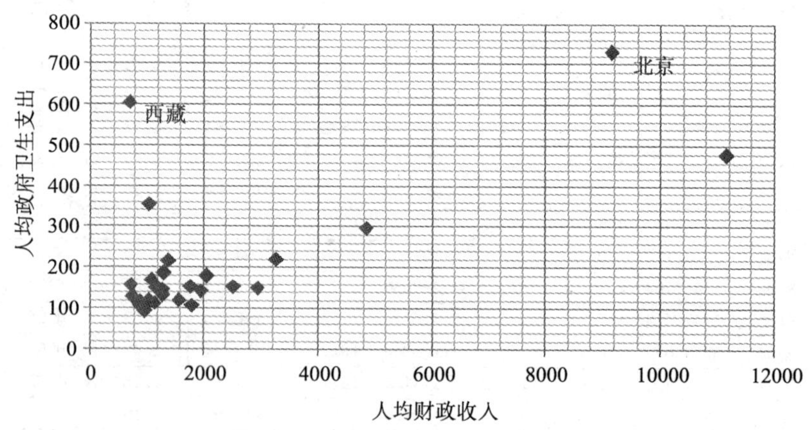

图 6-3 2007 年各地区人均政府卫生支出与人均财政收入的对比关系

二、各地区拥有卫生资源情况的公平性

表6－4列出了2008年全国各地区每千人口拥有卫生资源的具体数量情况，通过对每千人口拥有卫生机构的数量、每千人口拥有卫生技术人员的数量以及每千人口拥有医疗机构床位的数量可以比较各个地区卫生资源分布的公平性。

表6－4　　　　2008年各地区卫生资源情况

地区	每千人卫生机构数（个）	每千人口卫生技术人员数（人）	每千人口医疗机构床位数（张）	卫生机构偏离度（%）	医疗机构床位数偏离度（%）	卫生技术人员偏离度（%）
北　京	0.38	12.21	6.99	59.71	128.86	220.63
天　津	0.24	6.69	4.73	－1.36	54.73	75.69
河　北	0.22	3.47	3.00	－6.80	－1.88	－8.93
山　西	0.28	4.65	3.71	15.22	21.50	22.27
内蒙古	0.30	4.50	3.33	23.63	8.93	18.32
辽　宁	0.34	5.13	4.31	41.25	41.06	34.80
吉　林	0.35	4.72	3.66	47.20	19.95	23.95
黑龙江	0.21	4.23	3.54	－13.65	15.87	11.05
上　海	0.15	9.16	7.00	－37.74	129.09	140.72
江　苏	0.17	3.94	3.20	－27.51	4.80	3.50
浙　江	0.30	5.18	3.43	24.43	12.33	36.11
安　徽	0.13	2.79	2.37	－46.77	－22.44	－26.83
福　建	0.12	2.97	2.55	－48.23	－16.61	－21.93
江　西	0.19	3.05	2.29	－22.07	－24.92	－19.88
山　东	0.16	4.00	3.41	－33.75	11.49	5.10
河　南	0.12	2.95	2.55	－48.37	－16.57	－22.58
湖　北	0.18	3.83	2.74	－24.82	－10.18	0.51
湖　南	0.23	3.34	2.70	－5.60	－11.52	－12.22
广　东	0.17	4.65	3.03	－30.94	－0.81	22.06
广　西	0.22	3.03	2.30	－9.79	－24.62	－20.47
海　南	0.26	3.92	2.53	8.31	－17.14	2.90

续表

地区	每千人卫生机构数（个）	每千人口卫生技术人员数（人）	每千人口医疗机构床位数（张）	卫生机构偏离度（%）	医疗机构床位数偏离度（%）	卫生技术人员偏离度（%）
重庆	0.22	2.72	2.52	-8.05	-17.64	-28.43
四川	0.25	3.00	2.74	6.18	-10.43	-21.09
贵州	0.15	2.21	2.06	-35.75	-32.61	-41.88
云南	0.20	2.86	2.89	-15.17	-5.48	-24.94
西藏	0.46	3.35	3.10	92.51	1.46	-11.91
陕西	0.23	3.89	3.28	-2.40	7.45	2.16
甘肃	0.40	3.27	2.86	67.01	-6.38	-14.03
青海	0.29	4.09	3.26	18.92	6.82	7.42
宁夏	0.26	4.23	3.35	9.89	9.50	11.11
新疆	0.32	5.13	4.65	31.78	52.11	34.82
全国	0.24	3.81	3.05			

资料来源：根据卫生部网站《2009年中国卫生统计年鉴》的相关数据计算整理。

注：卫生机构数偏离度=（各地区每千人卫生机构数-全国每千人卫生机构数）/全国每千人卫生机构数×100%

医疗机构床位数偏离度=（各地区每千人口医疗机构床位数-全国每千人口医疗机构床位数）/全国每千人口医疗机构床位数×100%

卫生技术人员偏离度=（各地区每千人口卫生技术人员数-全国每千人口卫生技术人员数）/全国每千人口卫生技术人员数×100%

（一）各地区拥有卫生机构的情况

卫生机构的数量是衡量卫生服务水平的重要指标之一，图6-4反映了2008年全国各地每千人口拥有卫生机构的对比情况。从图6-4中我们可以看出，2008年每千人口拥有卫生机构数量最多的省份是西藏，每千人拥有卫生机构0.46个，其次是甘肃，每千人口拥有卫生机构0.40个。每千人拥有卫生机构数量最少的是河南和福建，均为每千人口0.12个，其次是安徽，每千人口拥有卫生机构0.13个，而经济发达的上海也仅为0.15个。① 另外人口密度比

① 数据来源：根据卫生部网站公布的《2009年中国卫生统计年鉴》整理。

较大的地区在本指标的对比中普遍处于劣势地位，而地广人稀的地区，例如青海、新疆、内蒙古等则占优势。但在西部欠发达地区卫生机构的规模普遍较小，服务水平也比经济发达地区要低。图6－4描述了2008年各地区每千人口拥有卫生机构数的偏离度。其中偏离度为正的地区主要有新疆、青海、甘肃、西藏、辽宁、吉林、黑龙江、内蒙古、山西、浙江、北京、海南、贵州、四川、宁夏等，其他地区大部分为负。

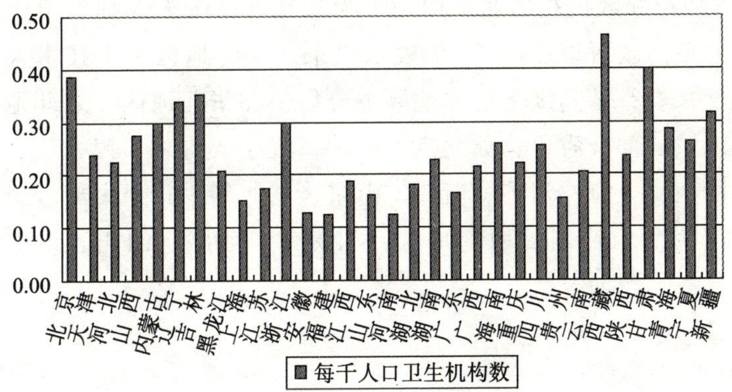

图6－4　2008年各地区每千人口卫生机构数

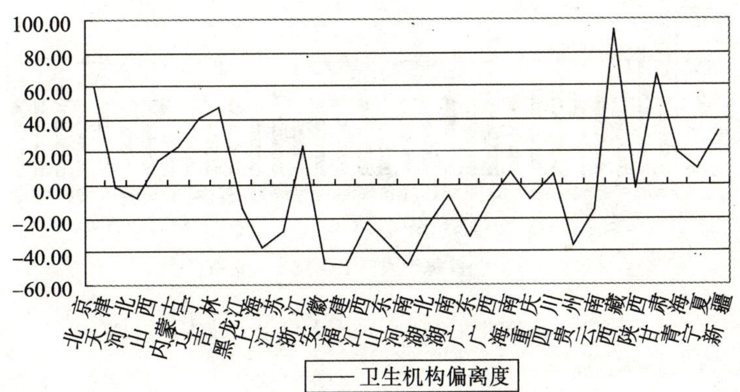

图6－5　2008年各地区卫生机构偏离度

（二）各地区拥有卫生技术人员的情况

卫生技术人员的数量情况也是评价拥有卫生资源公平性的重要指标之一。图 6 -6 反映了 2008 年全国各地区拥有每千人口卫生技术人员的数量情况。从图 6 -6 中可以看出，每千人口拥有卫生技术人员数量最多的是北京，每千人口卫生技术人员 12.21 人，其次是上海、天津，每千人口卫生技术人员数分别为 9.16 人和 6.69 人。每千人口拥有卫生技术人员数最少的省份是贵州，只有 2.21 人，[①] 和指标数最高的北京相差极为悬殊。每千人口拥有卫生技术人员的偏离度可以用图 6 -7 表示出来。从各地区卫生技术人员的偏离度来看，偏离度为正的地区主要集中在华北地区、东北地区和长江流域的部分省份，如北京、天津、辽宁、吉林、黑龙江、内蒙古、山西、上海、江苏、浙江、山东、湖北等。其余大部分地区的偏离度为负，特别是西南地区，如贵州、西藏、四川、重庆、云南、甘肃、广西等。

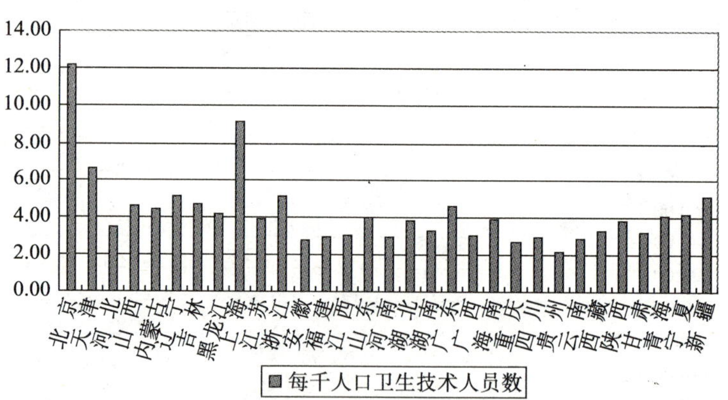

图 6 -6　2008 年各地区每千人口卫生技术人员数

① 数据来源：根据卫生部网站公布的《2009 年中国卫生统计年鉴》整理。

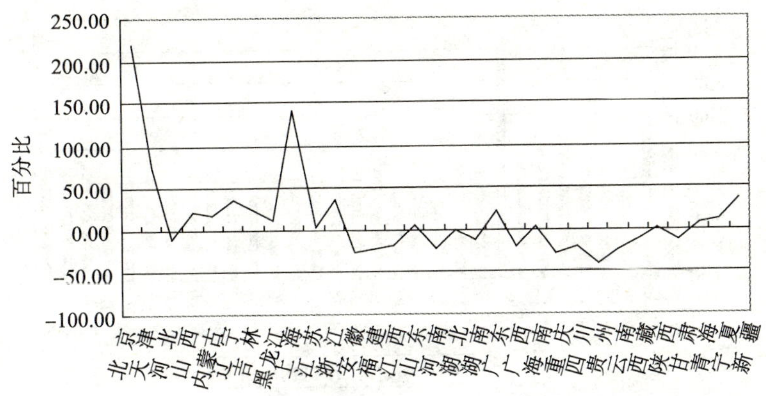

图 6－7　2008 年各地区卫生技术人员偏离度

（三）各地区拥有医疗机构床位数的情况

每千人口拥有医疗机构床位的数量可以很好克服由于面积、人口密度等因素对衡量指标的影响，能够比较准确地反映出卫生机构的规模。图 6－8 描述了 2007 年全国各地区每千人口拥有医疗机构床位数的情况。从图 6－8 中可以看出，每千人口拥有医疗机构床位数最高的地区是上海，每千人拥有医疗机构床位数 7.00 张，其次是北京，每千人口拥有医疗机构床位数 6.99 张。全国每千人口拥有医疗机构床位数最低的省份是贵州，只有 2.06 张，① 和指标数最高的上海差距比较悬殊。图 6－9 描绘了各地区拥有医疗机构床位数的偏离度情况。其中，偏离度为正的省份和地区主要集中在经济比较发达的东部地区以及边远地区，如北京、天津、上海、辽宁、江苏、浙江、新疆、宁夏、青海、内蒙古等，其他大部分地区的偏离度为负，这其中也包括也一些经济比较发达的地区，如广东、福建、重庆等。

① 数据来源：根据卫生部网站公布的《2008 年中国卫生统计年鉴》整理。

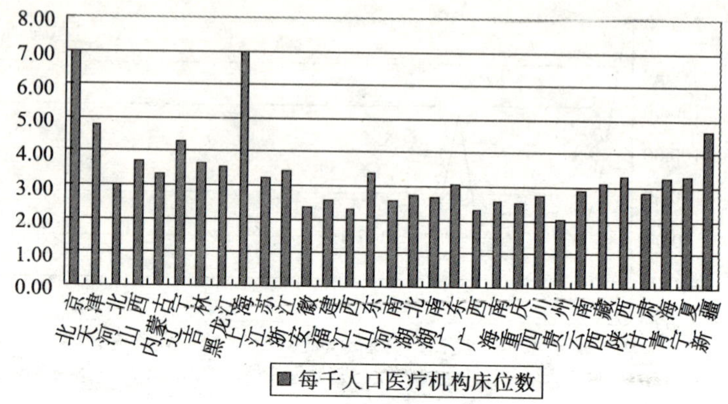

图 6－8　2008 年各地区每千人口医疗机构床位数

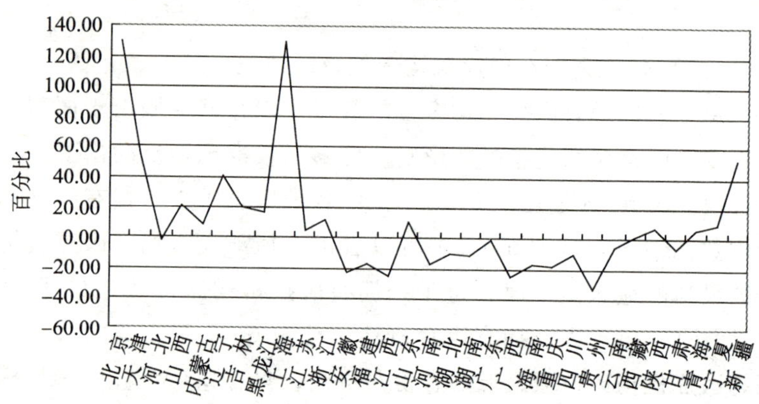

图 6－9　2008 年各地区医疗机构床位数偏离度

三、各地区健康公平性分析

人口期望寿命是反映卫生投入效果的指标之一，比较各地区的人口期望寿命可以从某种程度上说明地区间卫生投入在产出效果上的公平性。表 6－5 和图 6－10 描述了我国各地区人口的期望寿命情况。从 1990 年和 2000 年的各地区人口期望寿命的比重来看，期望寿命最高的地区都是上海，分别为 74.9 岁和 78.14 岁，期望寿命最低的地区都是西藏，分别是59.64岁和64.37岁，差距分别为15.26岁和13.77岁，虽然从1990年到2000年的十年间差距有所缩小，但仍然很悬殊。

表6－5　　　　各地区人口期望寿命

地　　区	1990年期望寿命（岁）	2000年期望寿命（岁）
北　　京	72.86	76.10
天　　津	72.32	74.91
河　　北	70.35	72.54
山　　西	68.97	71.65
内 蒙 古	65.68	69.87
辽　　宁	70.22	73.34
吉　　林	67.95	73.10
黑 龙 江	66.97	72.37
上　　海	74.90	78.14
江　　苏	71.37	73.91
浙　　江	71.38	74.70
安　　徽	69.48	71.85
福　　建	68.57	72.55
江　　西	66.11	68.95
山　　东	70.57	73.92
河　　南	70.15	71.54
湖　　北	67.25	71.08
湖　　南	66.93	70.66
广　　东	72.52	73.27
广　　西	68.72	71.29
海　　南	70.01	72.92
重　　庆	66.33	71.73
四　　川	66.33	71.20

续表

地　　区	1990 年期望寿命（岁）	2000 年期望寿命（岁）
贵　　州	64. 29	65. 96
云　　南	63. 49	65. 49
西　　藏	59. 64	64. 37
陕　　西	67. 40	70. 07
甘　　肃	67. 24	67. 47
青　　海	60. 57	66. 03
宁　　夏	66. 94	70. 17
新　　疆	63. 59	67. 41
全　　国	68. 04	71. 24

资料来源：《2009 年中国卫生统计年鉴》，中国协和医科大学出版社。

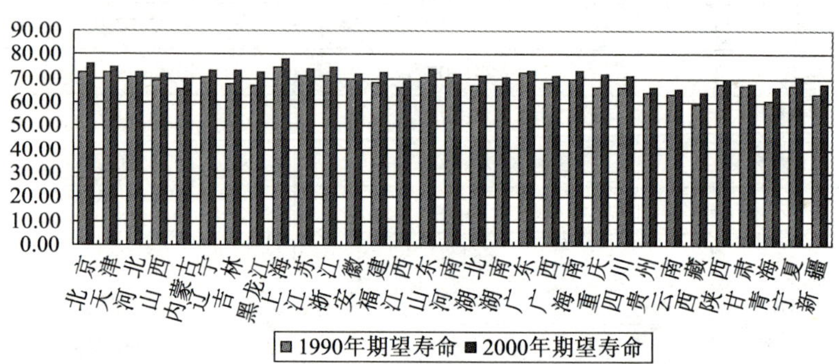

图 6 - 10　1990 年和 2000 年各地区人口期望寿命

从图 6 - 11 中各地区人口期望寿命和人均财政收入的相关性中我们可以发现，人口期望寿命和人均财政收入也存在着正相关的关系，即人均财政收入越高的省份，其人口期望寿命也越高，健康水平也越好，也就是说，政府卫生支出的多少影响着人们的健康水平。

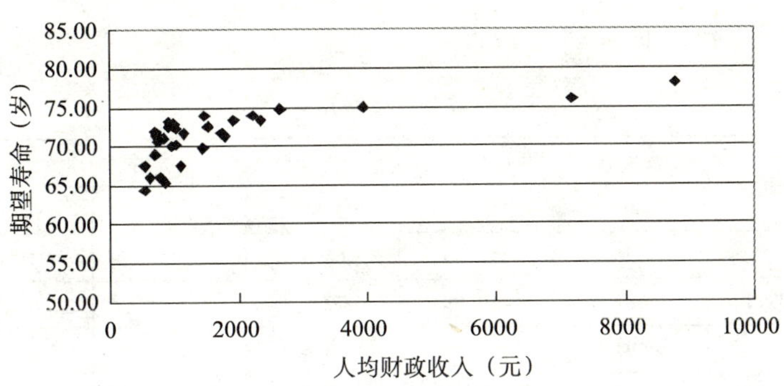

图 6－11　各地区人口期望寿命与人均财政收入的相关性

第三节　我国政府卫生支出公平性的实证分析——城乡公平性分析

长期以来形成的城乡二元社会结构，使得城市和农村两类社区具有截然不同的自然、社会、经济、管理等方面的基本特征，医疗卫生领域也有着明显的城乡差异，在城乡卫生费用的投入、城乡拥有卫生资源的数量以及城乡居民的健康指标方面都表现出不公平、不均衡的特点。

一、城乡卫生费用投入的公平性

表 6－6 列出了从 1990 年到 2007 年的城乡卫生费用以及城乡人均卫生费用的情况，并用图 6－12 和图 6－13 清晰地描绘了城乡之间的差距。从绝对数上来看，从 1990 年到 2007 年，城市和农村的卫生费用以及人均卫生费用都呈现出不断增长的趋势，但从增长的速度上看，农村卫生费用增长的速度远远低于城市，尤其是在人均卫生费用上，农村和城市之间显示出了巨大的差距。2007 年，城市卫生费用是农村卫生费用的 3.45 倍，城市人均卫生费用是农村

人均卫生费用的4.25倍。①

表6-6　　城乡卫生费用

年份	城乡卫生费用（亿元）		人均卫生费用（元）		
	城市	农村	合计	城市	农村
1990	396	351.39	65.4	158.8	38.8
1991	482.6	410.89	77.1	187.6	45.1
1992	597.3	499.56	93.6	222	54.7
1993	760.3	617.48	116.3	268.6	67.6
1994	991.5	769.74	146.9	332.6	86.3
1995	1239.5	915.63	177.9	401.3	112.9
1996	1494.9	1214.52	221.4	467.4	150.7
1997	1771.4	1425.31	258.6	537.8	177.9
1998	1906.92	1771.8	294.9	625.9	194.6
1999	2193.12	1854.38	321.8	702	203.2
2000	2621.69	1964.94	361.9	812.9	214.9
2001	2792.95	2232.98	393.8	841.2	244.8
2002	3448.24	2341.79	450.7	987.1	259.3
2003	4150.32	2433.78	509.5	1108.9	274.7
2004	4939.21	2651.08	583.9	1261.9	301.6
2005	6305.57	2354.34	662.3	1126.4	315.8
2006	7174.73	2668.61	748.8	1248.3	361.9
2007	8754.53	2534.95	854.4	1480.1	348.5

资料来源：《2009年中国卫生统计年鉴》，中国协和医科大学出版社。

城乡居民人均年收入的差距呈扩大趋势，1985年城镇居民家庭平均每人全部年收入为748.9元，农村居民家庭平均每人年总收入

① 数据来源：根据中国协和医科大学出版社出版的《2009年中国卫生统计年鉴》相关数据计算整理。

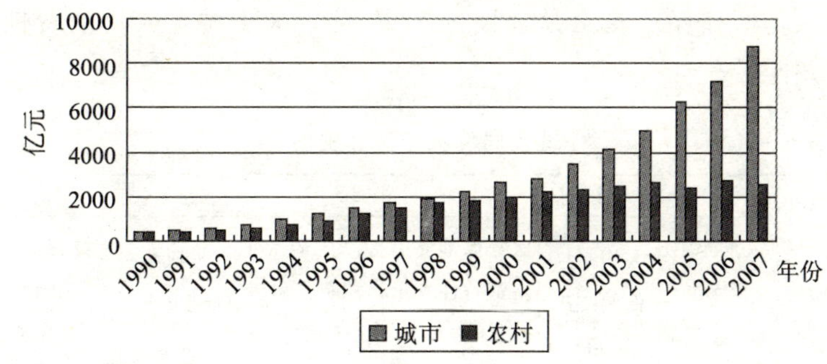

图 6－12　城乡卫生费用对比（1990～2007 年）

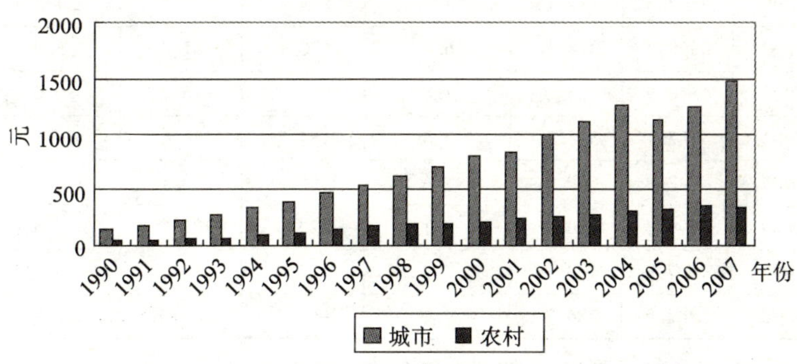

图 6－13　城乡人均卫生费用对比（1990～2007 年）

547.3 元，2008 年城镇居民家庭平均每人全部年收入 17067.8 元，农村居民家庭平均每人年总收入 6700.7 元，差距从 1985 年的 1.37 倍增长到 2008 年的 2.55 倍。从表 6－7 可以看出，人均消费性支出的水平在城乡之间依然存在较大的差距，2006 年城市居民的人均消费支出是农民的 3.07 倍，2007 年城市居民的人均消费支出是农民的 3.10 倍，2008 年城市居民的人均消费性支出是农民的 3.07 倍。相应的，城乡居民用于医疗保健方面的支出差距也较为明显，并且差额不断扩大，农村卫生费用增长缓慢，难以满足农民医疗卫生需要。2006 年城市居民人均医疗保健支出是农民的 3.24 倍，2007 年城市居民人均医疗保健支出是农民的 3.33 倍，2008 年城市居民人均医疗保健支出是农民的3.20倍，大于城乡人均消费性支出的差距。

表6－7　　城乡居民医疗保健支出

年份	城镇居民			农村居民		
	人均年消费支出（元）	人均医疗保健支出（元）	医疗保健支出占消费性支出（%）	人均年生活消费支出（元）	人均医疗保健支出（元）	医疗保健支出占消费性支出（%）
1990	1278.9	25.7	2.0	374.7	19.0	5.1
1995	3537.6	110.1	3.1	859.4	42.5	4.9
2000	4998.0	318.1	6.4	1670.1	87.6	5.2
2003	6510.9	476.0	7.3	1943.3	115.7	6.0
2004	7182.1	528.2	7.4	2184.7	130.6	6.0
2005	7942.9	600.9	7.6	2555.4	168.1	6.6
2006	8696.6	620.5	7.1	2829.0	191.5	6.8
2007	9997.5	699.1	7.0	3223.9	210.2	6.5
2008	11242.9	786.2	7.0	3660.7	246.0	6.7

资料来源：卫生部网站《2009年中国卫生统计摘要》。

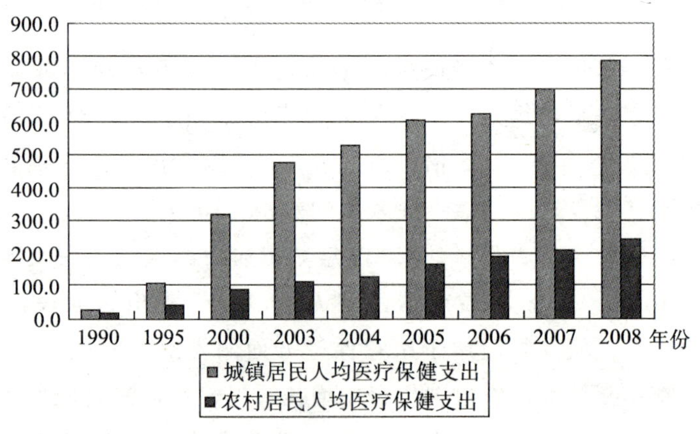

图6－14　城乡居民医疗保健支出对比（1990～2008年）

二、城乡拥有卫生资源数量的公平性

（一）城乡拥有卫生技术人员数量对比

改革开放以来，我国县级医院卫生院的卫生技术人员数始终处于较低水平，每千人口卫生技术人员数仅为市级医院卫生院的一半左右。而乡村医生更少，每千农业人口乡村医生卫生员人数仅为全国平均水平的三分之一左右。另一方面，农村卫生技术人员学历构成层次较低。据统计，2006年，乡镇卫生院的卫生技术人员以中专学历为主，所占比例达到58.7%，本科以上学历人员仅占2.2%，远低于全国医院平均水平和城市医院的水平。乡镇卫生院执业医师中，中专学历占48.7%，本科学历仅占5.6%，硕士学历所占比例仅为0.1%。而城市医院执业医师以本科学历为主，所占比例为45.1%，博士、硕士学历所占比例分别为1.4%和4.8%。[①] 农村卫生技术人员匮乏，农民很难享受到高层次的医疗服务和预防保健服务。图6－15描述了每千人口拥有卫生技术人员数量的城乡对比情况。

表6－8　　城乡每千人口卫生技术人员

年　份	卫生技术人员（人）		
	合计	市	县
1949	0.93	1.87	0.73
1955	1.42	3.49	1.01
1960	2.37	5.67	1.85
1965	2.11	5.37	1.46
1970	1.76	4.88	1.22
1975	2.24	6.92	1.41
1980	2.85	8.03	1.81

① 数据来源：《中国卫生统计年鉴（2007）》，中国协和医科大学出版社。

续表

年份	卫生技术人员（人）		
	合计	市	县
1985	3.28	7.92	2.09
1990	3.45	6.59	2.15
1995	3.59	5.36	2.32
1998	3.64	5.30	2.35
1999	3.64	5.24	2.38
2000	3.63	5.17	2.41
2001	3.62	5.15	2.38
2002	3.41	—	—
2003	3.42	4.84	2.19
2004	3.46	4.93	2.16
2005	3.49	4.99	2.15
2006	3.58	5.14	2.17
2007	3.66	5.35	2.14
2008	3.81	5.58	2.21

资料来源：卫生部网站《2009 年中国卫生统计年鉴》。

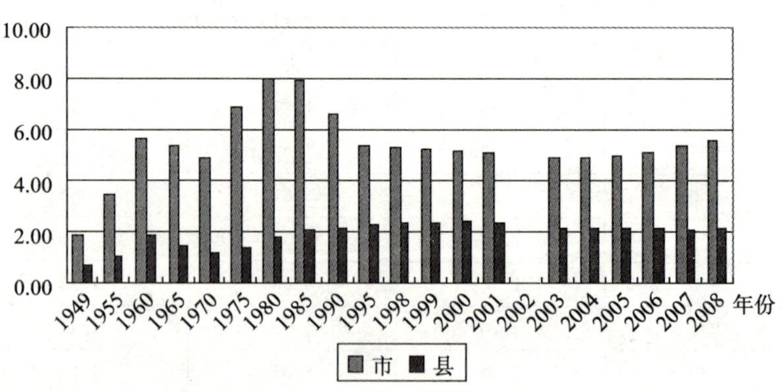

图 6－15　每千人口卫生技术人员的城乡对比（1949～2008 年）

（二）城乡拥有卫生机构和医疗机构床位数对比

从绝对量上来看，农村拥有的卫生机构和医疗机构床位数过少。2008年农村乡镇卫生机构数为39080个，卫生院床位总数为84.69万张，卫生院的床位数不足全国医院卫生院床位总数的五分之一，约为城市医院的四分之一。2008年，农村医院卫生院的每千人口床位数为1.75张，而城市医院卫生院的每千人口床位数为4.05张。[①] 每千农业人口乡镇卫生院床位数为0.96，更是低于城市水平。表6-9和图6-16反映了1980年到2008年城乡每千人口拥有医院和卫生员床位数的变化情况。

表6-9　　城乡每千人口医院和卫生院床位

年　份	每千人口医院和卫生院床位（张）		每千农业人口乡镇卫生院床位数（张）
	市	县	
1980	4.70	1.48	0.95
1985	4.54	1.53	0.86
1990	4.18	1.55	0.81
1995	3.50	1.59	0.81
2000	3.49	1.50	0.80
2002	3.40	1.41	0.74
2003	3.42	1.41	0.76
2004	1.64	0.75	0.76
2005	3.59	1.43	0.78
2006	3.69	1.49	0.80
2007	3.80	1.58	0.85
2008	4.05	1.75	0.96

资料来源：卫生部网站《2009年中国卫生统计年鉴》。

① 根据卫生部《中国卫生统计提要（2009）》相关数据整理、计算。

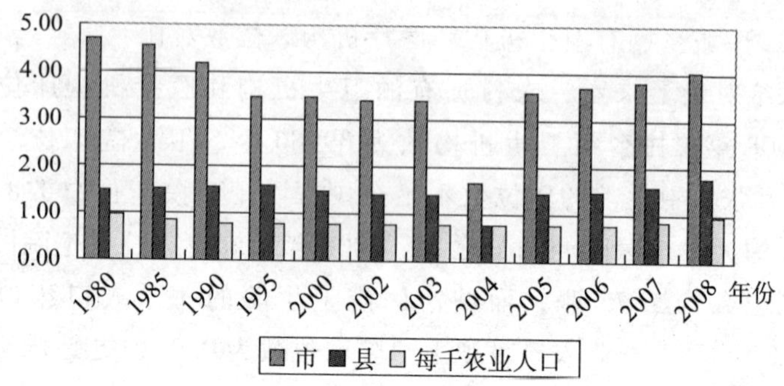

图 6－16 城乡每千人口医院和卫生员床位数对比（1980～2008 年）

（三）城乡卫生资源利用率情况对比

从利用率上来看，我国乡镇卫生院的病床使用率一直大大低于全国平均水平和城市综合医院水平。2000 年以前甚至呈下降趋势，近年来回升缓慢。由此导致农民不能像城市居民那样享受高效率的医疗卫生服务。从住院人次和医疗费用看，城乡低收入人群应住院而未住院的比例达到 41%。① 其次，从医疗卫生机构的分布看，我国乡镇卫生院和农村卫生防疫站的数目较少，2007 年县属卫生防疫站仅为 1614 个，覆盖率很低。

表 6－10 **病床使用率** %

年份	全国平均水平	农村
1985	82.7	46.0
1986	82.7	46.0
1987	84.3	47.4
1988	84.4	47.3
1989	81.5	44.6
1990	80.7	43.4
1991	81.2	43.5

① 数据来源：卫生部《第三次国家卫生服务调查主要结果》。

续表

年　　份	全国平均水平	农　　村
1992	78.4	42.9
1993	70.9	38.4
1994	68.8	40.5
1995	66.9	40.2
1996	64.4	37.0
1997	61.5	34.5
1998	60.0	33.3
1999	59.6	32.8
2000	60.6	33.2
2001	61.1	31.3
2002	64.6	34.7
2003	65.3	36.2
2004	68.4	37.1
2005	70.3	37.7
2006	72.4	39.4
2007	78.2	48.4
2008	74.6	55.8

资料来源：卫生部网站《2009年中国卫生统计年鉴》。

（四）城乡获得卫生服务的可及性对比

从获得卫生服务的距离可及性和时间可及性上看，如表6－11和图6－17、图6－18所示，城市居民比农民更容易获得医疗服务。加之农村人均收入和人均卫生保健支出水平较低，农民的医疗保健服务的可及性较差，农民很难便利地获得医疗保健服务，更不用说高层次的医疗保健服务。

表 6－11　1998 年、2003 年、2008 年调查地区住户距最近医疗单位距离和时间构成

%

	合　计	城　市	农　村
1998 年			
到最近医疗点距离			
不足 1 公里	70.7	77.5	67.9
1 公里～2 公里	14.2	14.1	14.2
2 公里～3 公里	7.4	5.2	8.4
3 公里～4 公里	3.2	1.7	3.8
4 公里～5 公里	1.3	0.7	1.6
5 公里及以上	3.2	0.8	4.2
到最近医疗点所需时间			
10 分钟以内	68.8	72.4	67.4
10 分钟～20 分钟	18.8	22.1	17.5
20 分钟～30 分钟	6.4	3.8	7.5
30 分钟以上	6.0	1.8	7.7
2003 年			
到最近医疗点距离			
不足 1 公里	67.2	81.8	61.1
1 公里～2 公里	15.9	10.4	18.2
2 公里～3 公里	7.7	4.2	9.2
3 公里～4 公里	3.7	2.4	4.2
4 公里～5 公里	2.0	0.7	2.5
5 公里及以上	3.5	0.4	4.8
到最近医疗点所需时间			
10 分钟以内	71.2	81.6	66.9
10 分钟～20 分钟	17.4	14.8	18.5
20 分钟～30 分钟	6.3	2.6	7.8
30 分钟以上	5.1	1.0	6.8
2008 年			

续表

	合　　计	城　　市	农　　村
到最近医疗点距离			
不足1公里	65.6	83.5	58.0
1公里~2公里	15.5	10.0	17.9
2公里~3公里	8.4	4.3	10.1
3公里~4公里	3.9	1.3	5.0
4公里~5公里	2.0	0.5	2.6
5公里及以上	4.5	0.5	6.3
到最近医疗点所需时间			
10分钟以内	69.9	80.2	65.6
10分钟~20分钟	19.0	16.9	19.8
20分钟~30分钟	6.9	2.3	8.8

资料来源：卫生部网站《2009年中国卫生统计年鉴》。

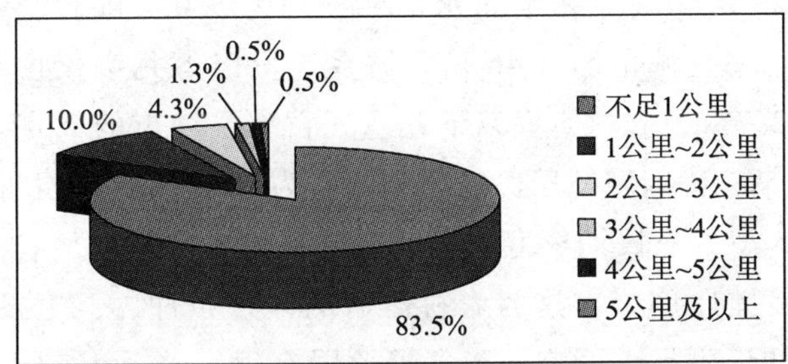

图6-17　2008年城市到最近医疗点距离的比重

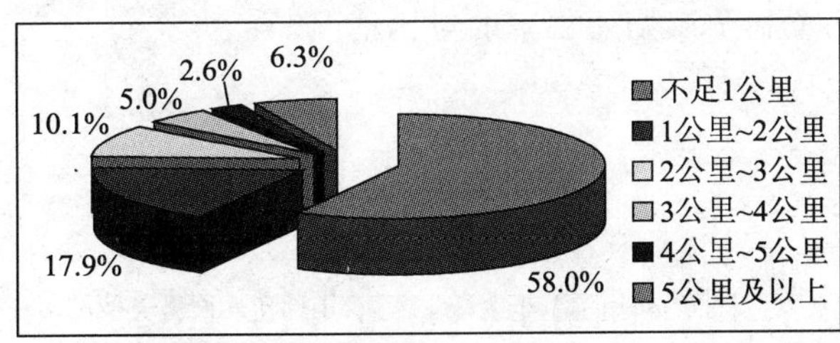

图6-18　2008年农村到最近医疗点距离的比重

三、城乡健康公平性分析

从城乡健康公平性方面来看，作为衡量卫生投入结果的重要指标中，城乡的差距都比较大。农民的疾病死亡率明显高于城市居民。据统计，2004 年我国城市和农村的平均居民疾病死亡率分别为 5.22‰和 5.70‰。[①] 在分年龄段统计中，随着年龄的增长，城市和农村的居民疾病死亡率均呈上升趋势，并且二者的差距始终维持在 0.25‰左右。城乡之间在婴儿死亡率和孕产妇死亡率方面也有较大差异。尽管近年来农村婴儿死亡率和孕产妇死亡率的降幅均高于城市相关指标，但绝对值仍然很高。2008 年，我国城乡婴儿死亡率分别为 6.5‰和 18.4‰，农村婴儿死亡率是城市的 2.83 倍。城乡孕产妇死亡率分别为 29.2/10 万和 36.1/10 万，农村孕产妇死亡率是城市的 1.23 倍。城乡新生儿死亡率分别为 5.0‰和 12.3‰，农村新生儿死亡率是城市的 2.46 倍。城乡 5 岁以下儿童死亡率分别为 7.9‰和 22.7‰，农村 5 岁以下儿童死亡率是城市的 2.87 倍。[②] 此外，2000 年，我国城镇居民的期望寿命为 75.21 岁，农民的期望寿命为 69.55 岁，农民期望寿命比城镇居民低 5.66 岁。[③] 我国居民健康状况城乡差距明显，这与农村落后的医疗条件、卫生投入不足、农民医疗知识不足、医疗保障意识薄弱有很大关系。表 6－12、图 6－19、图 6－20、图 6－21 和图 6－22 描述了城乡新生儿、婴儿、5 岁以下儿童和孕产妇死亡率的对比情况。

---

① 数据来源：《2005 年中国卫生统计年鉴》，中国协和医科大学出版社。

② 数据来源：卫生部网站公布的《2009 年中国卫生统计年鉴》。

③ 数据来源：财政部农业司《公共财政覆盖农村问题研究报告》。

表 6－12　新生儿、婴儿、5 岁以下儿童及孕产妇死亡率城乡对比情况

年份	新生儿死亡率（‰）		婴儿死亡率（‰）		5 岁以下儿童死亡率（‰）		孕产妇死亡率（1/10 万）	
	城市	农村	城市	农村	城市	农村	城市	农村
1991	12.5	37.9	17.3	58.0	20.9	71.1	46.3	100.0
1992	13.9	36.8	18.4	53.2	20.7	65.6	42.7	97.9
1993	12.9	35.4	15.9	50.0	18.3	61.6	38.5	85.1
1994	12.2	32.3	15.5	45.6	18.0	56.9	44.1	77.5
1995	10.6	31.1	14.2	41.6	16.4	51.1	39.2	76.0
1996	12.2	26.7	14.8	40.9	16.9	51.4	29.2	86.4
1997	10.3	27.5	13.1	37.7	15.5	48.5	38.3	80.4
1998	10.0	25.1	13.5	37.7	16.2	47.9	28.6	74.1
1999	9.5	25.1	11.9	38.2	14.3	47.7	26.2	79.7
2000	9.5	25.8	11.8	37.0	13.8	45.7	29.3	69.6
2001	10.6	23.9	13.6	33.8	16.3	40.4	33.1	61.9
2002	9.7	23.2	12.2	33.1	14.6	39.6	22.3	58.2
2003	8.9	20.1	11.3	28.7	14.8	33.4	27.6	65.4
2004	8.4	17.3	10.1	24.5	12.0	28.5	26.1	63.0
2005	7.5	14.7	9.1	21.6	10.7	25.7	25.0	53.8
2006	6.8	13.4	8.0	19.7	9.6	23.6	24.8	45.5
2007	5.5	12.8	7.7	18.6	9.0	21.8	25.2	41.3
2008	5.0	12.3	6.5	18.4	7.9	22.7	29.2	36.1

资料来源：卫生部网站《2009 年中国卫生统计年鉴》

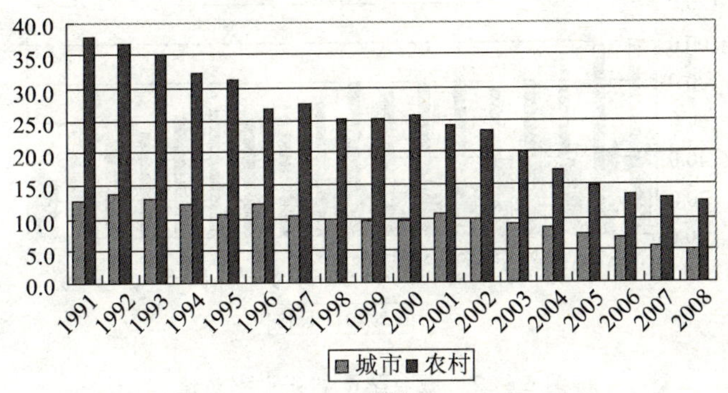

图 6－19　城乡新生儿死亡率对比

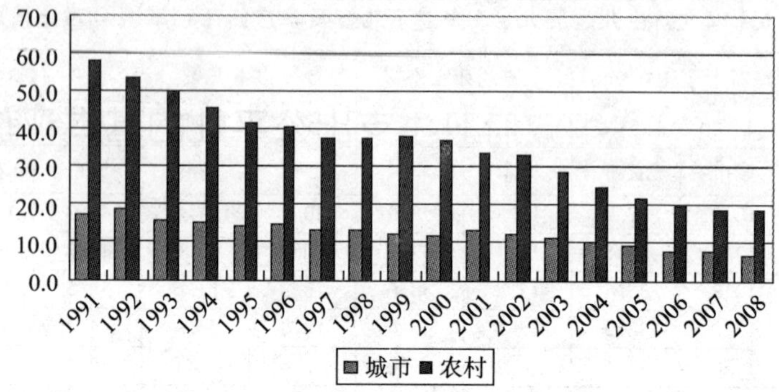

图 6－20　城乡婴儿死亡率对比

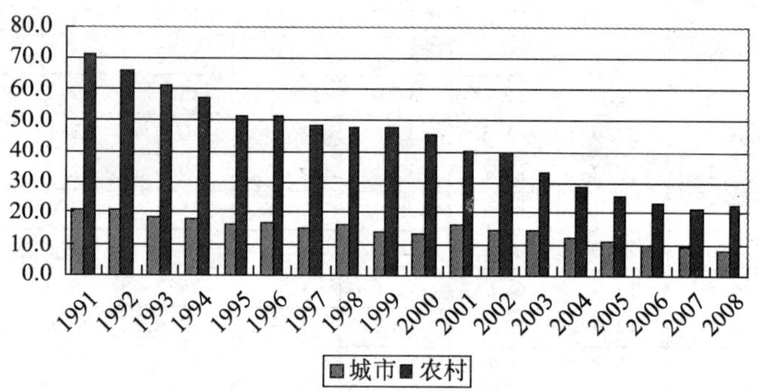

图 6－21　城乡 5 岁以下儿童死亡率对比

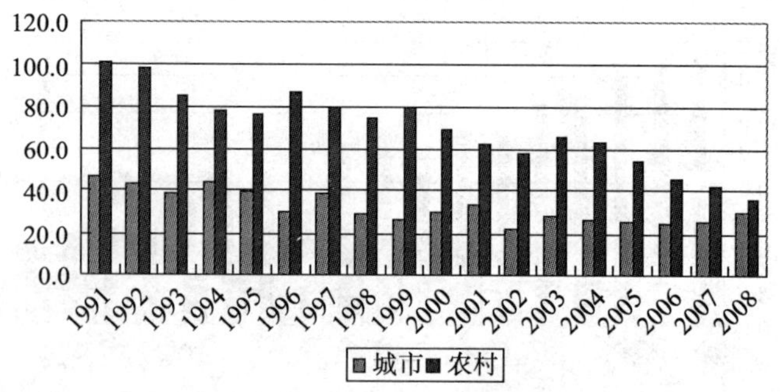

图 6－22　城乡孕产妇死亡率对比

第四节　我国政府卫生支出公平性的基本评价

通过对不同地区政府卫生支出的公平性分析以及对城乡政府卫生支出公平性的分析，不难发现，我国在不同地区、不同人群的卫生资源配置及健康公平性方面的差异比较明显。

一、政府卫生支出公平性的基本判断

（一）政府卫生支出最直接的产出——健康公平性较差

通过对不同区域、城乡之间居民健康状况的比较分析，可以发现，居民健康状况的区域差距和城乡差距都较为明显。一方面，在区域比较中，虽然从人口死亡率的角度来比较会发现差异不大，但从人口期望寿命的比较看就呈现出中、西部地区过低的现象，有些省份甚至不及东部省份十年前的水平。另一方面，在城乡对比分析中，各项指标差异明显，农村地区处于明显的劣势，无论从人均寿命，还是从孕产妇死亡率、婴儿死亡率等指标的对比上都可以看出明显的城乡差距。分析表明，经济落后地区的居民和农村居民的健康状况并未得到有效保证，政府卫生支出的健康公平性较差。

（二）不同人群对卫生服务的利用差异明显

1. 东部地区卫生服务的数量和质量均高于中、西部地区。与东部地区相比，中、西部地区的居民难以享受到充足的、高质量的医疗服务、预防服务和保健服务。尤其在卫生技术人员数量的对比中，西部地区人均医生数过少，不利于西部地区居民就医质量的提高。

2. 和城镇地区相比，农村地区卫生服务的数量和质量难以保证。乡镇卫生院病床少、设备陈旧落后，医护人员比例过小，医护人员技术水平较低，很难满足广大农民疾病诊治的需要，而城市大医院集中了数量众多的医疗机构、大量高端设备和高水平医护人员，城乡居民很难享受到平等的医疗保健服务。

（三）卫生服务的可及性有待提高

我国医疗卫生服务的可及性较差，在城乡之间和不同区域之间都有明显的差距。从对城乡居民到达最近医疗点的时间和距离比较可以明显地发现农民获得同等卫生服务的便利程度远低于城市居民。从区域间卫生服务的可及性比较，也会发现经济发达地区居民对卫生服务的可及性要优于经济落后地区，地区收入差距、城乡收入差距的扩大、地理因素、环境因素、社会因素等都成为影响卫生服务可及性的重要原因。

二、影响我国政府卫生支出公平性的因素分析

（一）长期以来形成的城乡二元社会结构和二元经济结构

长期以来形成的城乡二元社会结构和二元经济结构，使得城市和农村在经济发展和社会发展的水平和速度上表现出极大的差异，城市居民和农村居民受到收入水平、教育程度、健康意识的差异影响，在卫生服务需求、卫生服务利用以及卫生服务可及性方面出现明显的分化，直接导致健康水平的差异。

（二）地方政府财力差异与中央政府调节不到位

卫生资源的配置目前主要是在地方政府的主要责任，而在分税制之后财力逐渐上移，地方政府财权削弱，而相对的事权并没有因为财权的减少而缩小，尤其是经济不发达地区和贫困地区，地方政府的财力更是有限。在地方政府财力存在明显差异的情况下，大量卫生资源流入城市和发达地区，致使对经济落后地区和农村地区，特别是农村预防保健服务的提供严重不足，而作为调节基本公共服务均等化的中央政府转移支付并没有起到充分的调节作用，使得我国政府卫生支出的公平性严重受损。

（三）医疗保障体制不完善

我国的医疗保障体制改革一直在不断的探索中，虽然改革取得了显著的成效，但还存在很多不完善的地方。医疗保障体系的覆盖面、保障水平在城乡之间、不同群体中还存在较大的差异。伴随居民收入差距的日益增大，应对疾病风险对于不同群体所带来的后果会形成极大差异，因病致贫的现象依然存在。

第五节　本章小结

本章对我国政府卫生支出的公平性进行了分析。卫生服务的公平性要求努力降低社会人群在健康和卫生服务方面存在的不公正和不应有的社会差距，力求使每个社会成员均能达到基本的健康标准。首先，本章简要阐述了评价卫生服务公平性的方法和指标。其次，对我国政府卫生支出的区域公平性进行了分析，从 2007 年各地区政府卫生支出的总体趋势来看，各地区政府卫生支出占 GDP 的比重基本和各地区人均政府卫生支出的情况表现出相似的特点，即东部经济发达地区，如北京、上海、天津、浙江等省份的人均政府卫生支出较高。从我国各地区拥有卫生资源情况来看，全国各地区对每千人口拥有卫生机构的数量、每千人口拥有卫生技术人员的数量以及每千人口拥有医疗机构床位的数量可以比较出各个地区在卫生资源分布上的较大差异。从我国各地区健康公平性的情况可以从某种程度上说明地区间卫生投入在产出效果上的公平性，人均寿命最长的上海和最短的西藏的差距在 1990 年和 2000 年分别为 15.26 岁和 13.77 岁，虽然从 1990 年到 2000 年的十年间差距有所缩小，但仍然很悬殊。第三，对我国政府卫生支出在城乡之间的公平性进行了分析。从绝对数上来看，从 1990 年到 2007 年，城市和农村的卫生费用以及人均卫生费用都呈现出不断增长的趋势，但从增长的速度上看，农村卫生费用增长的速度远远低于城市，尤其是在人均卫生费用上，农村和城市之间显示出了巨大的差距。从城乡拥有卫生资源数量来比较，农村卫生技术人员匮乏，农民很难享受到高层次的医疗服务和预防保健服务，农村拥有的卫生机构和医疗机构床位数过少，从利用率上来看，我国乡镇卫生院的病床使用率一直大大低于全国平均水平和城市综合医院水平。从获得卫生服务的距离可及性和时间可及性上看，城市居民比农民更容易获得医疗服务。加之农村人均收入和人均卫生保健支出水平较低，农民的医疗保健服务的可及性较差，农民很难便利地获得医疗保健服务，更不用说高层次的医疗保健服务。从城乡健康公平性方面来看，城乡的差距都比较大，农民的疾病死亡率明显高于城市居民，城乡之间在婴儿死亡率和孕产妇死亡率方面也有较大差异。因此可以看出，我国政府卫生支出的公平性在区域和城乡间都存在着较大差异。

第七章 政府卫生支出的绩效评价体系

绩效管理是财政支出管理领域的制度创新，财政支出绩效管理是一种以财政效率为核心的管理机制，把绩效作为一种客观的标准来衡量财政支出的过程和结果。作为财政支出重要组成部分的政府卫生支出同样也需要进行绩效管理和绩效评价。通过设计合理的绩效评价体系，选取有针对性、科学规范的绩效评价指标，可以提高政府卫生支出的效益、效率和效果，同时也有利于政府更好地履行公共受托责任，形成社会广泛监督的机制。

第一节 绩效评价概述

第二次世界大战后，各国政府参与社会经济生活的程度不断加深，在加速经济增长的同时也造成了高额的财政赤字，纳税人对政府的管理方式和效果提出了质疑，认为政府管理目标不清、责任不明、浪费严重、重过程轻结果，要求政府公布财政支出的使用情况和使用效果。自 20 世纪 80 年代开始，各国纷纷开展了“新公共管理运动”，财政支出绩效管理和绩效评价开始出现在政府财政领域中。

一、财政支出绩效评价的含义

所谓绩效，是效益、效率和效果的统称，包括行为过程和行为结果两个方面。从经济学和行为学角度看，只有效益、效率和效果有机结合的人类社会和经济活动才是推动人类社会进步和经济发展的决定性因素，因此，绩效应当是衡量人类一切实践活动的客观标准。[①] 绩效的内涵很广泛，包含了效率、产品与服务质量及数量、机构所做的贡献与质量，包含了节约、效益和效率。[②] 运用“绩效”概念衡量财政支出行为，所指的不单纯是一个政绩层面的概念，主要包括财政支出成本、支出效率、政治稳定、社会进步、发展前景等内涵。

对于财政支出绩效可从公共资源的投入、财政活动过程、投入的产出和财政活动的结果和影响等不同的角度进行分析。考察公共资源投入关注的是在购买投入品时，获得的价格，或者付出的代价。如果在购买投入品时付出的代价小，就代表投入活动很经济；反之，付出的代价大，则表示投入品的购买不经济。考察财政活动的过程要关注财政活动通过预算安排的用于产出商品与服务所使用资源的数量，包括用可用货币测度的人力和物力等各种要素及要素的组合，分析活动过程是否严格遵循预算安排、是否注重资金约束以及是否有益于增进财政支出的效益。考察财政活动的产出情况一般要通过对一项投入资源的活动所得到的商品和服务的数量和质量进行衡量，分析是否在成本既定的情况下获得最大的产出或者在产出既定的情况下使用最小的投入。考察财政活动的结果和影响需要关注财政活动是否达到预期设定的目标，是否实现了政府在某个特定时期的政策意图，是否对社会进步和经济发展产生积极影响。

---

① 参见朱志刚：《财政支出绩效评价研究》，中国财政经济出版社，2003 年版。

② 参见普雷母詹德：《公共支出管理》，中国金融出版社 1995 年版。

所谓评价，是指根据某些法则与程序，运用特定的指标、设定的标准和规定的方法，对事物发展结果所处的状态或水平进行分析判断的计量或描述的过程。财政支出绩效评价是指运用科学、规范的绩效评价方法，对照统一的评价标准，按照绩效的内在原则，对财政支出行为过程及其效果进行的科学、客观、公正的衡量比较和综合评判。财政支出绩效评价的内容包含不同的层次，包括财政支出项目的绩效评价、单位财政支出绩效评价、部门财政支出绩效评价和财政支出综合绩效评价等几个层次，每个层次涉及的主体和客体都不尽相同。财政支出绩效评价已经成为政府加强宏观管理，提高财政资金使用效率，加强财政支出效果的重要手段，在很多国家的财政管理中得到广泛应用。

二、财政支出绩效评价的原则

（一）“3E”原则

20 世纪 80 年代初，英国的效率小组就建议在财务管理新方案中设立“经济性”（economy）、“效率性”（efficiency）、“有效性”（effectiveness）的“3E”原则体系。不久，英国审计委员会（Audit Commission）就将“3E”原则纳入到绩效审计的框架中，并运用到关于地方政府以及国家健康服务系统（national health service, NHS）的管理实践中。其他西方国家从绩效审计理论和实践中充分汲取经验，并借鉴其他学科理论发展的成果，提出了财政支出绩效评价的“经济性”、“效率性”和“有效性”的“3E”原则，成为绩效评价的基本原则。

经济性是指投入成本的最小化，即考察支出是否节约，是否最大程度地降低成本或充分利用资源。经济性指标主要关注资源投入和使用过程中成本节约的水平和程度以及资源使用的合理性，也就是成本和投入的关系。经济性是西方各国开展公共支出绩效评价工作的主要初始动力之一，主要目的是解决公共支出活动中资金严重浪费的问题，以便在各个公共部门和公共项目支出中建立更为有效的支出决策机制和支出优先排序机制。

效率性是指在既定的投入水平下获得产出水平的最大化或者在既定的产出水平下使投入最小化，描述的是投入和产出之间的关系，所以通常用投入和产出之间的比例关系来衡量。效率性原则是对公共支出在项目决策机制、项目实施进度比较、项目经济和社会效益取得等方面要求的具体体现。

有效性是指产出结果对实现目标的影响程度，包括产出的质量、期望得到的社会效果、公众的满意程度，也就是考察支出活动和过程是否达到目标，通常需要比较产出和效果之间的关系。

要对财政支出的绩效进行科学、客观、准确的评价，需要综合考察经济性、效率性和有效性三个基本的原则和标准，同时将经济性、效率性和有效性这三个要素进行科学的量化，选择可能反映原则含义的具体指标和标准，依照规范、合理的规则，才能实现综合评价的目的。

（二）公共支出绩效评价的“SMART”标准①

在公共支出绩效评价指标体系的设计上，英美等国家普遍遵循的基本标准还有“SMART”标准。

“S”（Specific），即要求绩效指标应该是“具体的”、“明确的”、“切中目标的”，而不是“抽象的”、“模棱两可的”。

“M”（Measurable），即要求绩效指标最终是“可衡量的”、“可评估的”，能够形成数量指标或行为强度指标，而不是“笼统的”、“主观的”描述。

“A”（Achievable），即要求绩效指标是“能够实现的”，而不是“过高或过低”或不切实际的。

“R”（Realistic），即要求绩效指标是“现实的”，而不是“凭

① 安秀梅：《政府公共支出管理》，对外经济贸易大学出版社，2005年版。

空想象的”或“假设的”。

“T”（Time bound），即要求绩效指标具有“时限性”，而不是仅仅存在模糊的时间概念或根本不考虑完成期限。

由于政府财政支出目标的多样性、层次性和独特性，决定了财政支出绩效评估标准的复杂性。在研究确定评估标准时，要充分考虑我国的具体国情和各种影响因素，注意财政支出绩效评估标准与国家现行的部门、行业标准之间的衔接问题，充分考虑评估标准在不同范围、不同区域内的适应性问题以及国内标准与国际标准的衔接问题等。

三、构建财政支出绩效评价指标体系的基本依据

构建财政支出绩效评价指标体系首先要遵循科学性、规范性、实用性、可比性的指导思想。评价指标要为评价内容服务，体现出指标分类的科学完整、实用规范；评价指标的含义要明确、口径要一致，无论是横向还是纵向都具有可比性。可以说，指标体系总体结构的设计是否合理，直接关系到绩效评价的质量，因此，在设计指标体系时，应尽可能在理论上有科学依据，在实践上切实可行，在指标设置中还必须把握好以下基本原则：

（一）目的性与系统性相结合的原则

任何指标体系的设计都要为一定的目的和需要服务，在筛选、确定每个单项指标时需要考虑该项指标在整个指标体系中的地位和作用，根据它所反映的特定研究主体和研究对象的性质和特征，确定指标的口径、范围和含义。同时，要注意指标体系内部的逻辑关系，不要对指标进行杂乱无章的罗列，而应在指标体系中尽量考虑研究对象之间的有机联系，从而综合、全面地反映社会现象之间的数量关系和内在规律。

（二）全面性与精简性相结合的原则

财政支出的范围广、内容复杂，支出的效益涉及多个方面，在

设计指标体系时不仅要考虑支出对象的层次性，还要考虑支出内容的多样性；不仅反映支出的直接效益，还要反映间接效果；不仅反映支出的短期效益，还要反映支出的长期效益。因此，指标的设计应尽可能从不同侧面反映事物的全貌。但由于评价工作是一项复杂的工程，指标越多，收集数据的难度越大，成本也越高，因此，考虑指标全面性的同时要注重指标体系的精简性，尽可能删除重复的指标。对于意义相似的指标只选择一个主要指标来反映评价内容。在设置指标时考虑数据收集的难易和成本的高低，用尽量少的指标或收集成本低的指标反映尽量多的信息量。

（三）完整性和导向性相结合的原则

完整性是指评价指标的设置应与经济体制转轨、财政改革的战略目标一致，并能从不同角度反映公共财政支出的内涵和特征，要考虑财政支出外在性特点，即财政支出活动对社会发展产生的积极的或消极的影响。同时，要注重指标体系的导向作用和激励作用。所谓导向作用是指评价指标的设立和运用可以引导评价主客体重视评价内容，并努力朝评价标准的方向发展；所谓激励作用是指评价的结果会对评估客体产生巨大的影响，从而产生激励作用，使财政支出工作朝设定的目标发展。

（四）科学性与可操作性相结合的原则

由于财政支出管理工作是一个长期渐进的完善过程，因此，评价指标的设计既要符合目前实际工作情况，通用易懂，具有较强的现实意义和可操作性，同时又要有一定的前瞻性，要体现财政管理改革的方向。

（五）定量分析与定性分析相结合的原则

在进行财政支出绩效评价的过程中必须坚持定量分析与定性分析相结合的原则，定量分析可以具体地反映财政支出效益的大小，定性分析可以反映财政支出与产出的因果关系以及同其他因素的相关性。定性分析是定量分析的前提和基础，财政支出绩效评价时首先要作定性分析，以确定财政支出的性质、特点及各种因素之同的相关性，在此基础上设置变量、建立模型、处理数据，进行定量分析。定量分析是定性分析的深化，它将定性的内容数量化，二者存在密切的联系。因此，在对财政支出效益进行评价时，必须将定量分析与定性分析相结合，才能准确地反映财政支出效益状况。①

四、绩效评价结果的作用

（一）考核财政资金的配置，监督财政资金使用情况

财政支出是政府参与资源配置、弥补市场失灵、调节经济运行的重要工具之一。在社会资源有限的前提下，公共资金的分配与使用意味着这部分资源不能被私人部门所利用。如果政府在使用财政资金的过程中，不能实现资源配置的效率，就意味着资源在公共部门的分配和使用需要付出很高的代价，机会成本很高。这样不仅没有实现社会效益和政府所追求的社会政策目标，反而带来了资源的浪费，不仅没有弥补市场失灵，反而产生了政府失效。通过财政支出绩效评价，对照规范的标准，使用科学的指标，综合评价财政支出的规模、财政支出的结构、财政支出的用途、财政活动的过程以及财政支出活动的结果和影响，考核一定时期内的具体项目绩效、各个单位的支出绩效、各个部门的支出绩效以及综合的财政支出绩效，考核财政资金的配置是否合理，监督财政资金的使用是否有效，将很好地促进财政资金使用效益的提高，提高资源配置的效率。

（二）引导作用

财政支出绩效评价是科学的评价过程，通过一系列规范、合理的指标和标准，从不同侧面对财政支出开展评价。既有横向的对比评价，又有纵向的对比分析；既有对财政支出短期效益的评价指

① 参见朱志刚：《财政支出绩效评价研究》，中国财政经济出版社，2003 年版。

标，又有长期效益的考核指标；既注重对财政支出经济效益的评价，也注重社会效益的评价，可以对财政支出绩效评价的对象有较为全面、客观的认识。通过绩效评价，以绩效考核的结果作为对各个财政支出活动主体评判的依据，找出财政资金运行中存在的问题及其形成原因，明确相关责任方应当承担的责任，形成完善的激励约束机制，并逐步将财政支出活动主体的行为引导到绩效目标和标准上来，促进财政资金使用效益的提高。

（三）控制财政风险

随着经济发展的不断深入，经济运行因素、政治因素、自然因素、技术因素以及财政系统内部各种不利因素引发财政风险的可能性逐渐加大，如果不注意对财政风险的关注和防范，极易引发财政危机和经济危机。由于财政是各种风险的最终承担者，防范财政危机显得尤为重要。因此加强财政风险的控制，建立财政监控预警机制，保证财政资金的安全运行，对各个国家都有极为重要的积极意义。在防范财政风险的过程中，加强财政支出的监控是十分必要且重要的，而财政支出绩效正是财政支出监控的重要内容。所以，建立完善的财政支出绩效评价体系，利用财政支出绩效评价结果加强财政风险的监控十分必要。

第二节　政府卫生支出绩效评价体系的设计

对政府卫生支出进行绩效评价是一项比较复杂的工作，包含了效率、效益、过程、结果以及影响等多种内涵和维度，对于指标的选择、成本和收益的确定以及权重的选择都存在着技术上的难度。

一、政府卫生支出绩效评价的基本思路和逻辑顺序

对财政支出进行绩效评价时分别从财政支出的投入情况、财政

活动的过程、财政活动的产出和财政活动的结果和影响建立指标体系。在进行政府卫生支出绩效评价时，也遵循财政支出绩效评价的基本思路和逻辑顺序，根据政府卫生支出的自身过程分别建立投入类、过程类、产出类和效果类四类基础指标来分别度量政府卫生支出在投入、过程、产出和效果四个方面的水平，然后在这四类基础指标的基础上进行综合分析，形成经济性、效率性和有效性三大类评价指标。“3E”原则主要分为三个部分：第一部分是经济性评价，反映政府卫生投入的规模和强度；第二部分是效率性评价，反映既定数量的政府卫生投入所获得的各种有形产出，比如有多少床位、建了多少医学科研机构等；第三部分是有效性评价，反映政府卫生支出对改善社会的整体健康状况和卫生环境所产生的影响，比如人口寿命的延长等。

二、政府卫生支出绩效评价指标体系的构建

（一）政府卫生支出绩效评价指标体系构建的原则

1. 总体性原则。政府卫生支出同政府的其他支出一样讲求社会总体效益，整个支出的过程涉及投入过程和耗用过程，这不仅涉及公共卫生领域的各个方面和多个环节，也涉及公共卫生固定资产的形成和公共卫生防御能力的增强，同时还涉及中央与地方、政府与其他部门等。所以，政府卫生支出的评价中，不能仅限于政府支出本身的直接效用，还应从社会经济活动总体出发，把政府资金的支拨与耗用放在提高社会综合卫生素质的过程中进行评价。

2. 多层次性原则。医疗卫生范围的多层次性，决定了政府卫生支出的多样性，进而形成了政府卫生支出效果的不同层次。评价政府卫生支出效果要从整个政府卫生支出总效果、中央政府卫生支出效果、地方政府卫生支出效果等多角度出发，展开多层次分析和评价。

3. 非重复性原则，如果一项评价内容已在分类指标中得到反映，那么在综合指标中就不应再出现相同或类似内容的指标，以免重复评价，影响评价结论的科学性。[①]

（二）评价指标选择的方法

根据政府卫生支出绩效评价指标体系构建应遵循的原则，结合政府卫生支出的内容，对政府卫生支出的绩效进行评价，其指标的选择应包括两个层面：（1）基础类指标，是指政府卫生支出的投入类、过程类、产出类和效果类四类指标，利用这四类指标分别度量政府卫生支出的投入、过程、产出和效果四个方面的实际水平。（2）评价类指标，是指经济性、效率性和有效性三类指标。根据本书对政府卫生支出范围的界定，利用构建的基础类指标和评价类指标分四个层次对政府卫生支出展开评价，即基础性公共卫生服务支出评价、基本医疗支出评价、公共卫生立法与监督评价和公共卫生教育与科学研究评价。最后，通过权重设置得出政府卫生支出的总体绩效评价。在每一层次的评价中，本书主要依据世界银行对援助项目评价时普遍采用的“3E”原则。它为三个部分：第一部分是经济性评价，反映政府公共卫生投入的规模和强度；第二部分是效率性评价，反映既定数量的公共卫生投入所获得的各种有形产出，比如有多少床位，建了多少医学科研机构等；第三部分是有效性评价，反映政府卫生支出对改善社会的整体健康状况和卫生环境所产生的影响，比如人口寿命的延长等。对政府卫生支出进行绩效评价的过程中，对指标的选取和数据的获得上存在一定的难度，本书结合我国的实际情况，根据数据的可得性，选择有代表性的指标进行计算，由于某些指标很难区分政府卫生支出和非政府卫生支出的贡献程度，因此在以下的绩效评价中将不作区分，之后依据预先为各

① 参见上海财经大学课题组：《公共支出评价》，经济科学出版社，2006 年版，第 363 页。

指标设定的权重按照一定规则分别进行计算和比较，最终计算出整个政府卫生支出的绩效得分。

三、具体评价指标的确定和评价的结果

（一）具体指标的选择

为了使评价能够全面准确地反映实际政府卫生支出取得的成绩和存在的问题，本书不同层次支出评价指标的选择依据三个原则：一是最大相关原则，即所选择指标应该与所要反映的对象具有高度的相关性；二是最小重复原则，即各指标所反映的信息内容应该彼此尽可能独立，同时又具有较强的互补性；三是最高可操作性原则，即评价指标的数据是可以获得的，同时评价的标准是可以确定的。[①] 依据上述三个原则，本书选择了表 7－1 至表 7－5 所列的指标。

表 7－1　　不同层次支出评价基础类指标名称

	基础性公共卫生服务	基本医疗服务	卫生立法与监督	卫生教育与科研
投入类	支出总额（亿元）	支出总额（亿元）	支出总额（亿元）	支出总额（亿元）
	人均支出（元）	人均支出（元）		
过程类	支出资金到位率（%）	支出资金到位率（%）	支出资金到位率（%）	支出资金到位率（%）
	支出资金使用率（%）	支出资金使用率（%）	支出资金使用率（%）	支出资金使用率（%）
产出类	机构数量（万个）	机构数量（万个）	公共场所监督检查的户数（户）	教育科研人数（人）
	床位数（张/千人）	床位数（张/千人）		科研机构数量（所）

① 参见刘叔申："我国公共卫生支出的绩效评价"，《财贸经济》，2007 年第 6 期。

续表

	基础性公共卫生服务	基本医疗服务	卫生立法与监督	卫生教育与科研
产出类	卫生人员（人/千人）	卫生人员（人/千人）	检查的卫生人员数量（人）	中等医学学校（所）
	技术人员比例（%）	中高级技术人员比例（%）		高等医学院校（所）
	诊疗服务的人次（亿次）	诊疗人次数（亿次）	检查的医疗卫生产品件数（件）	高等医学专业在读学生人数（人）
	安全接种率（%）	卫生资源配置的结构		
	3岁以下儿童保健管理率（%）		开展卫生检查活动次数（次）	中等医疗专业在读学生人数（人）
	接受健康保健服务的孕产妇比率（%）			发表学术论文数量（篇）
效果类	人口平均寿命（年）	15～60岁患者死亡率（%）	产品卫生合格率（%）	科研项目获国家级奖励数目（项）
	人口死亡率（‰）	地方病控制地区占流行地区的比例（%）		
	5岁以下儿童死亡率（‰）		公共场所卫生达标合格率（%）	为社会培养高级卫生人才（人）
	孕产妇死亡率（1/10万）	平均住院日（日）		
	流行病发病率（1/10万）	医疗事故的发生率（‰）	食品安全造成的中毒人数（人）	为社会培养的普通卫生服务人才（人）
	农村卫生保障覆盖率（%）			
	地方病受灾率（%）		食品卫生安全造成的死亡人数（人）	
	公众卫生改善程度（%）			

表 7－2　　基础性公共卫生服务支出评价类指标

	指标名称
经济性	支出 GDP 弹性
	人口寿命支出弹性
	特定人群死亡率支出弹性
	流行病控制弹性
	公共卫生改善程度
效率性	基础性公共卫生服务发展支出占基础性公共卫生服务支出比
	人均技术人员提供服务受益人员
	床位使用率
	资金到位率
有效性	卫生保障覆盖率
	死亡率下降水平
	妇幼保健水平
	城乡公共卫生资源分布不公平程度

表 7－3　　基本医疗服务支出评价类指标

	指标名称
经济性	支出 GDP 弹性
	患者死亡率支出弹性
	单位支出接待的患者人数
	基本医疗资源分布不公平程度
效率性	占政府卫生支出比
	人均技术人员提供服务受益人数
	单位床位使用率
	平均住院日
	基本医疗机构费用自给率
有效性	地方病受灾县区下降水平
	患者死亡率下降水平
	15～60 岁人口城乡死亡率差异
	医疗事故发生次数下降程度

表 7－4　　卫生监督支出评价类指标

	指标名称
经济性	支出占政府卫生支出的比重
	公共卫生场所检查的覆盖率
	卫生人员检查的覆盖率
效率性	公共卫生场所检测的频率
	检测出的卫生人员不合格率
有效性	食品卫生安全发生的次数下降水平
	食品安全问题造成的中毒死亡人数下降水平
	产品卫生合格率的上升水平

表 7－5　　卫生教育科研支出评价类指标

	指标名称
经济性	科研支出占卫生支出比重
	单位投入培养的高级医疗卫生人才
	人均发表论文数量
效率性	医疗卫生类生均教学科研人员数量与高等院校生均教研人员数量比
	获国家级奖占当年颁布国家级奖项数量比重
	在校生占高等院校在校生比重
有效性	增加的医疗卫生高级人才水平
	增加的普通医疗卫生人才水平
	医疗卫生教学科研成果获国家级奖励数量

（二）评价标准的确定、计分的方法与权重的选择

在一般的绩效评价中，评价标准的确定有“横向比较法”和“纵向比较法”，前者是指对同一指标不同地区同期数据进行比较，其优点在于能客观反映评价对象所处的水平和实际达到的状态，缺点是不能反映评价对象的动态变化特征和相关部门工作的努力程度和效果；后者是指从历史的角度对评价对象进行动态的评价。由于本书研究的主要目的是反映市场化改革进程中，我国政府卫生支出

绩效的动态变化轨迹，在评价标准的确定上，本书采用的是“纵向比较法”。对于有些指标具有理论上的标准值，本书采取的是理论标准，而非历史标准。在使用“纵向比较法”的历史标准时，根据指标值的理论特征确定各指标的标准水平，这里分三种情况：（1）若某指标是越小越好，当指标的实际值大于等于标准值5倍时，即该指标当年的得分为0，小于5时，设定每一倍区间分值为20，比如指标实际值是标准值的2倍，则该指标的得分就是60分。如果该指标的标准值正好是0，则设定指标实际值的绝对水平大于等于5时，计分为0，其他类似一般的记分方法。（2）若某类指标值越大越好，就设定从0到该最优值的分数为100，当实际指标值小于等于0时，该指标的得分为0。（3）若某类指标的标准值是某个区间，过大过小都不好，则分别确定低于标准值和高于标准值的计分方法，小于该标准值的计分同第二种情况，高于该标准值的计分同第一种情况。在获得具体指标的评分以后，需要对各层次三个方面的评价类指标根据其重要程度赋予相应的权重，得到各层次的最终得分。为了简便起见，本书主要采用简单加权的计分方法，赋予各指标相同的权重。而在进行综合评价时，根据重要性分别赋予权重：经济性评价为0.3，效率性评价为0.3，有效性评价为0.4。其理由是：不管何种支出，我们最终关心的是其最终产生的效果，然后才是获得这种效果是否经济，是否有效率。经过这样的处理可以得出不同层次政府卫生支出的绩效状况，最后再根据各层次的重要性汇总得出整个政府卫生支出的绩效得分。不过这种汇总的过程同样涉及不同层次权重的选择，为保持评价过程的一致性，在不同层次的权重选择上，基础性公共卫生服务支出权重最高为40%，基本医疗支出权重为20%，赋予卫生监督支出和卫生教育与科研类支出相同的权重，即都为 20%。[①]

第三节 我国政府卫生支出绩效评价体系的实证分析

本节将通过对 2002～2006 年我国政府卫生支出绩效评价的四类评价类指标，即对基础性卫生服务支出的评价类指标、基本医疗支出的评价类指标、卫生监督支出的评价类指标和卫生教育与科研类支出的评价类指标进行测算，进而对 2002～2006 年我国政府卫生支出的绩效情况进行动态考察。

一、2002～2006 年我国政府卫生支出绩效评价的评价类指标测算

政府卫生支出绩效评价的评价类指标主要包括基础性卫生服务支出的评价类指标、基本医疗支出的评价类指标、卫生监督支出的评价类指标和卫生教育与科研类支出的评价类指标这四大类，表 7－6、表 7－7、表 7－8 和表 7－9 分别对这四类指标在 2002～2006 年的情况进行了测算。

二、2002～2006 年我国政府卫生支出绩效的动态变化

根据 2002～2006 年政府卫生支出绩效评价的各种评价类指标的测算结果，可以对我国 2002～2006 年的政府卫生支出绩效进行动态考察，基础性公共卫生支出、基本医疗支出、卫生监督支出和

① 本书对我国政府卫生支出进行绩效评价时所选取的指标和评价方法主要参照了上海财经大学课题组《公共支出评价》（经济科学出版社，2006 年版）的研究成果。

表 7－6　　基础性卫生服务支出的评价类指标测算

指标类型	指标名称	2002	2003	2004	2005	2006	标准值
经济性	支出 GDP 弹性	1.78	2.03	0.65	1.52	1.54	0.8～1.2
	人口寿命支出弹性	0.0161	0.0107	0.0241	0.0122	0.0122	0.0241
	特定人群死亡率支出弹性	0.483	－0.0846	0.9826	0.2468	0.4936	0.9826
	流行病控制弹性	0.2671	－0.2084	－2.3643	－0.4243	－0.0674	0.2671
	公共卫生改善程度	68.9	71.8	73.45	74.7	73	74.7
效率性	人均技术人员提供服务受益人员	3.14	3.46	3.49	3.58	3.66	3.66
	床位使用率	34.8	36.2	37.2	37.8	39.4	39.4
有效性	卫生保障覆盖率	51.35	54.55	56.55	58.3	58	58.3
	死亡率下降水平	－0.0031	0.0078	0.0828	－0.109	－0.0461	0.0828
	妇幼保健水平	53.95	52.45	52.15	52.45	52.8	53.95
	城乡公共卫生资源分布不公平程度	2.66	2.31	2.39	2.28	2.15	2.15

数据来源：根据 2001～2008 年的《中国卫生统计年鉴》、2001～2008 年《中国卫生年鉴》以及卫生部网站各年度的《中国卫生事业发展情况简报》和《中国卫生统计提要》的相关数据计算整理。

注：①支出的 GDP 弹性＝基础政府卫生支出的增长率/GDP 的增长率

②人口寿命支出弹性＝人口寿命的变化率/基础性卫生支出的变化率

③特定人群死亡率支出弹性＝(5 岁以下儿童死亡率支出弹性＋孕产妇死亡率支出弹性)/2

④流行病控制弹性＝流行病发病率下降率/基础性卫生支出的变化率

⑤公共卫生改善程度＝(改水率＋改厕率)/2

⑥卫生保障覆盖率＝(自来水受益人口比率＋改厕比率)/2

⑦妇幼保健水平＝(住院分娩率＋婴儿死亡率)/2

⑧城乡公共卫生资源分布不公平程度＝(农村 5 岁以下儿童死亡率/城市五岁以下儿童死亡率＋农村孕产妇死亡率/城市孕产妇死亡率)/2

⑨对标准值越大越好的指标，标准值为这几年的最大值；对标准值越小越好的指标，其标准值为这几年的最小值；对标准值非大非小的指标，其标准值采用理论标准和协调原则进行确定。另外，木文不设负分，指标得分最低为 0 分。

表 7－7　　基本医疗支出的评价类指标测算

指标名称	指标名称	2002	2003	2004	2005	2006	标准值
经济性	支出 GDP 弹性	0.51	1.96	1.18	1.2	－0.57	0.8－1.2
	基本医疗资源分布不公平程度	2.29	2.24	2.23	2.42	2.42	2.23
效率性	人均技术人员提供服务受益人数	1.47	1.48	1.5	1.51	1.55	1.55
	单位床位使用率	64.6	65.3	68.4	70.3	72.4	72.4
	平均住院日	10.9	11	10.8	10.9	10.9	11
有效性	地方病受灾县区下降水平	2.15	1.41	0.23	0.23	2.99	2.99
	15～60 岁人口城乡死亡率差异	2.78	2.68	2.94	2.28	2.68	2.28

数据来源：根据 2001～2008 年的《中国卫生统计年鉴》、2001～2008 年《中国卫生年鉴》以及卫生部网站各年度的《中国卫生事业发展情况简报》和《中国卫生统计提要》的相关数据计算整理。

注：基本医疗资源分布的不公平程度＝城市居民每千人拥有的床位数/农村居民每千人拥有的卫生员床位数＋城市居民每千人拥有的卫生技术人员/农村居民每千人拥有的卫生技术人员）/2

表 7－8　　卫生监督支出的评价类指标测算

指标名称	指标名称	2002	2003	2004	2005	2006	标准值
经济性	支出占政府卫生支出的比重	12.11	11.01	11.11	10.67	11.17	12.11
	公共卫生场所检查的覆盖率	96.7	98.21	97.5	97.2	97.4	98.21
效率性	公共卫生场所检测的频率	13.75	13.77	13.16	12.06	12.92	13.77
	检测出的卫生人员不合格率	1.1	0.9	1	1	1.4	0.9

续表

指标名称	指标名称	2002	2003	2004	2005	2006	标准值
有效性	食品卫生安全发生的次数下降水平	3.46	9.69	-17.77	10.34	25.64	25.64
	食品安全问题造成的中毒死亡人数下降水平	22.54	30.16	5.264	8.92	52.43	52.43
	产品卫生合格率的上升水平	1.45	2.75	0.23	0.44	1.58	2.75

数据来源：根据2001~2008年的《中国卫生统计年鉴》、2001~2008年《中国卫生年鉴》以及卫生部网站各年度的《中国卫生事业发展情况简报》和《中国卫生统计提要》的相关数据计算整理。

表7-9　卫生教育科研支出的评价类指标测算

指标名称	指标名称	2002	2003	2004	2005	2006	标准值
经济性	科研支出占卫生支出比重	3.38	3.05	2.97	2.7	2.68	3.38
	人均发表论文数量	1.677	1.696	1.821	1.969	1.979	1.979
效率性	医疗卫生类生均教学科研人员数量与高等院校生均教研人员数量比	1.005	1.09	1.19	1.43	1.63	1
	在校生占高等院校在校生比重	7.27	7.35	7.32	7.25	7.49	7.49
有效性	增加的医疗卫生高级人才水平	26.64	40.13	37.84	30.34	25.99	40.13
	增加的普通医疗卫生人才水平	13.5	87.51	12.7	-2.75	5.89	87.51
	医疗卫生教学科研成果获国家级奖励数量	8	6	6	10	6	10

数据来源：根据2001~2008年的《中国卫生统计年鉴》、2001~2008年《中国卫生年鉴》以及卫生部网站各年度的《中国卫生事业发展情况简报》和《中国卫生统计提要》的相关数据计算整理。

卫生教育与科研类支出的绩效在 2002 ~2006 年的动态变化情况可以通过表 7 – 10、表 7 – 11、表 7 – 12 和表 7 – 13 来描述。表 7 – 14 是 2002 ~2006 年我国政府卫生支出综合绩效的动态变化情况。

表 7 – 10　　基础性公共卫生支出绩效的动态变化

指标名称	指标名称	2002	2003	2004	2005	2006
经济性	支出 GDP 弹性①	71	58.5	81.25	84	83
	人口寿命支出弹性	66.8	44.4	100	50.62	50.62
	特定人群死亡率支出弹性	49.16	0	100	25.12	50.23
	流行病控制弹性	100	0	0	0	0
	公共卫生改善程度	92.24	96.12	98.33	100	97.72
效率性	人均技术人员提供服务受益人员	85.79	94.54	95.36	97.81	100
	床位使用率	88.32	91.88	94.42	95.94	100
有效性	卫生保障覆盖率	88.08	93.57	97	100	99.49
	死亡率下降水平	0	9.42	100	0	0
	妇幼保健水平	100	97.22	96.66	97.22	97.87
	城乡公共卫生资源分布不公平程度②	40	90.72	84.26	92.78	100
综合得分		71.6765	68.9972	89.0338	73.6469	76.6302

注：①该指标得分的计算公式为：在 0.8 ~1.2 之间得分都为 100，小于 0.8，其计分为 100 – [(0.8 – 指标值)/0.8] ×100，大于 1.2，则计分为 100 – [(指标值 – 1.2)/0.4] ×20，这里 0.4 为一个区间，第一个 0.4 区间分值为 20 分，从第二个起，每超过一个区间就增加 5 分。直至减为 0 分为止。

②该指标得分的计算公式为：设定 4 和 8 为一个分界线，达到或超过 8 为极度不公平，这时指标得分为 0，达到 4 就设定为 60 分，在 4 以下为 100 – [(指标值 – 最优值)/(3 – 指标值)] ×40，在 4 以上为 60 – [(指标值 –4)/(8 –4)] ×60。

表 7－11　　　基本医疗服务支出绩效的动态变化

指标名称	指标名称	2002	2003	2004	2005	2006
经济性	支出 GDP 弹性	63.75	62	100	100	0
	基本医疗资源分布不公平程度	96.62	99.47	100	81.38	81.38
效率性	人均技术人员提供服务受益人数	94.84	95.48	96.77	97.42	100
	单位床位使用率	89.23	90.19	94.48	97.1	100
	平均住院日	99.1	100	98.18	99.1	99.1
有效性	地方病受灾县区下降水平	71.91	47.16	7.69	7.69	100
	15～60 岁人口城乡死亡率差异	95.61	96.49	94.21	100	96.49
	综合得分	85.8765	81.5175	79.323	78.107	81.415

表 7－12　　　卫生监督支出绩效的动态变化

指标名称	指标名称	2002	2003	2004	2005	2006
经济性	支出占政府卫生支出的比重	100	90.92	91.74	88.11	92.24
	公共卫生场所检查的覆盖率	98.46	100	99.28	98.97	99.18
效率性	公共卫生场所检测的频率	99.85	100	95.57	87.58	93.83
	检测出的卫生人员不合格率	95.56	100	97.78	97.78	88.89
有效性	食品卫生安全发生的次数下降水平	17.405	37.785	0	40.345	100
	食品安全问题造成的中毒死亡人数下降水平	42.978	57.503	10.035	17.002	100
	产品卫生合格率的上升水平	52.629	100	8.235	16.021	57.341
	综合得分	74.14877	84.6764	60.0915	65.6484	90.43313

表 7-13　　卫生教育科研支出绩效的动态变化

指标名称	指标名称	2002	2003	2004	2005	2006
经济性	科研支出占卫生支出比重	100	90.24	87.87	79.88	79.29
	人均发表论文数量	83.74	85.68	92.03	99.51	100
效率性	医疗卫生类生均教学科研人员数量与高等院校生均教研人员数量比	99.54	91.37	81.3	57.49	36.57
	在校生占高等院校在校生比重	97.06	98.13	97.73	96.8	100
有效性	增加的医疗卫生高级人才水平	66.38	100	94.29	75.6	64.76
	增加的普通医疗卫生人才水平	15.46	100	14.51	0	6.7
	医疗卫生教学科研成果获国家级奖励数量	80	60	60	100	60
综合得分		78.62967	89.47967	76.34617	73.46533	64.907

表 7-14　　政府卫生支出绩效的动态变化

评价层次	2002	2003	2004	2005	2006
基础性公共卫生服务支出	71.6765	68.9972	89.0338	73.6469	76.6302
基本医疗服务支出	85.8765	81.5175	79.323	78.107	81.415
卫生监督支出	74.14877	84.6764	60.0915	65.6484	90.43313
卫生教育与科研支出	78.62967	89.47967	76.34617	73.46533	64.907
相同权重的综合得分(25%:25%:25%:25%)	77.58286	81.16769	76.19862	72.71691	78.34633
差别权重的综合得分(40%:20%:20%:20%)	76.40159	78.73359	78.76565	72.90291	78.00311

三、评价结果简要分析

1. 从相同权重的综合得分和差别权重的综合得分可以看出，两种计算方法得出的结论有很大的一致性，两种记分方法均表明我国在 2002 ~ 2006 年政府卫生的绩效总体水平较低，并在 2005 年呈现出较大的波动。因此，政府卫生支出绩效的提高不仅需要从资金投入的总量上得到保障，同时在资金使用的效果和效益方面也要加强管理。

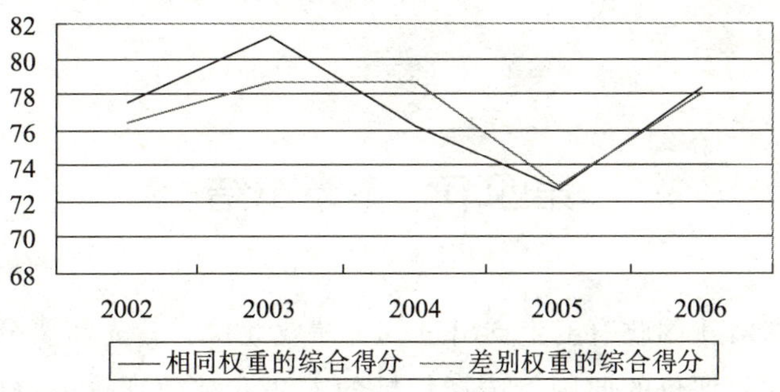

图 7 - 1　2002 ~ 2006 年我国政府卫生支出绩效的动态变化

2. 从政府卫生支出绩效评价的各个层次来看，分别呈现出不同的变化态势。基本医疗服务支出的绩效变化相对比较平稳，其他三个层次的指标都表现出不同程度的波动趋势。基础性公共卫生服务支出的绩效在 2004 年达到最高水平，这和 2003 年爆发的“非典”疫情给我国公共卫生体系的警示有很大关系。卫生监督支出随着时间的变化表现出逐步上升的趋势，说明我国近年来加强了对卫生监督工作的管理力度。而卫生教育科研支出在近年来却不断呈现出下降的趋势，因此有必要加强对卫生教育科研的重视，提高我国整体的医学教育和科研水平，促进卫生事业的发展。

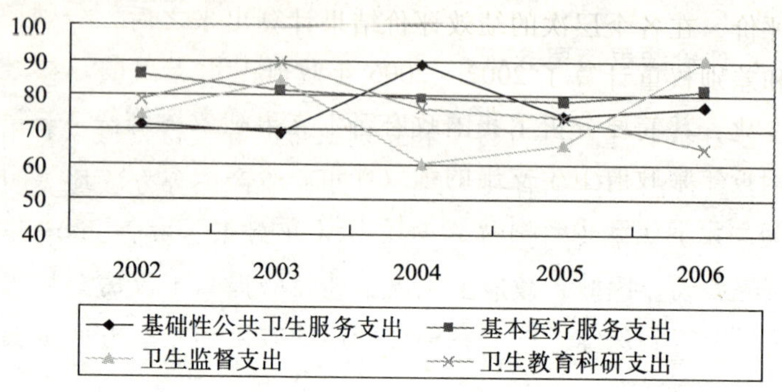

图 7-2　2002～2006 年政府卫生支出各评价层次绩效的变化

第四节　本章小结

本章对我国政府卫生支出进行了绩效评价。首先简要分析了财政支出绩效评价的原则、选择指标的方法和绩效评价的重要意义。然后阐述了政府卫生支出绩效评价的基本思路以及政府卫生支出绩效评价指标体系的构建原则和指标选择方法。借鉴现在被广泛采用的绩效评价方法，在进行政府卫生支出绩效评价时，可以根据政府卫生支出的自身过程分别建立投入类、过程类、产出类和效果类四类基础指标来分别度量政府卫生支出在投入、过程、产出和效果四个方面的水平，然后在这四类基础指标的基础上进行综合分析，形成经济性、效率性和有效性三大类评价指标，以此作为一个基本的思路和逻辑顺序。最后，对 2002～2006 年我国政府卫生支出的绩效进行了实证分析。在对这 5 年的政府卫生支出绩效进行评价时，分别对基础性卫生服务支出、基本医疗支出、卫生监督支出和卫生教育科研支出进行了评价类指标的测算，然后对基础性卫生服务支出、基本医疗支出、卫生监督支出和卫生教育科研支出进行了绩效的动态评价，在各个层次的绩效评价结果计算出来之后，分别按相同权重和差别权重计算了 2002～2006 年政府卫生支出的总体绩效的动态变化，并简要分析了我国政府卫生支出绩效评价的结果。通过对我国近年来政府卫生支出的绩效评价，将对更有效率的配置卫生资源和制定卫生政策、财政政策作出指导。

第八章　结论与政策建议

通过前文对我国政府卫生支出规模、政府卫生支出的结构、政府卫生支出的公平性以及近年来政府卫生支出绩效的分析，可以看出我国政府卫生支出存在着一些问题，导致卫生资源配置的不合理和低效率，影响了卫生事业的发展和国民健康水平的提高。本章将针对我国政府卫生支出的存在的问题提出相关的政策建议。

第一节　结　　论

我国政府卫生支出存在的问题是由多层次多方面的原因导致的，除了宏观环境和制度方面的影响因素外，财政体制的影响以及管理上的问题造成了卫生资源配置的不合理。由于医疗卫生产品的属性特点以及医疗卫生市场的特殊性会造成单纯依靠市场提供这种产品和服务时会存在市场失灵问题，因此，必须更多地通过政府发挥适当的作用，体现卫生事业发展所追求的健康、公平和效率的目标。

一、政府卫生支出方面存在的问题

（一）从政府卫生支出的效果来看，改革开放前曾取得辉煌成绩的领域在改革开放之后发展缓慢改革开放前，我国建立了相对完整的公共卫生体系，在改善国民健康水平上取得了巨大的成绩，我国居民的平均寿命从解放前的35岁提高到1981年的67.8岁，婴儿死亡率也从解放前的200‰左右下降到1981年的37.6‰[①]。在解放前肆虐的各种传染病、地方病得到了有效的控制，世界银行和WHO对中国公共卫生领域里取得的成绩给予了高度的评价和充分的认可。改革开放之后，我国社会经济得到飞速的发展，但从政府卫生支出的效果来看，进展比较缓慢。中国居民的平均寿命2000年达到71.8岁，婴儿死亡率2007年为14.9‰,[②] 这两个指标的进步速度与世界其他国家相比发展得比较缓慢。传染病、地方病的控制速度也有放慢的趋势。

（二）从政府卫生支出的规模看，虽然政府投入已经初具规模且保持逐年增长的趋势，但政府卫生支出的规模仍然不足，影响卫生事业的发展和国民健康水平的提高

从我国政府卫生支出的绝对规模来看，虽然一直保持着逐年增长的趋势，从1978年的35.44亿元逐年增长至2007年的2297.10亿元[③]，增长了63.84倍。但和我国达到发展卫生事业的政策目标所需的卫生投入还有差距，不能满足社会成员对卫生服务不断增长的需求。从我国政府卫生支出的相对规模看，政府卫生支出占财政支出和GDP的比重呈现下降趋势，同时卫生总费用中政府和社会支出比例不断减少，难以体现政府的社会福利责任承担，导致很多问题凸显出来。从各地区的政府卫生投入指标变化情况来看，各地方政府卫生支出规模之间存在着较大的地区差异。通过对政府卫生支出对财政支出的弹性、政府卫生支出对GDP的弹性和政府卫生支出对财政收入的弹性的分析，政府卫生支出对GDP的弹性和政

① 数据来源：卫生部网站公布的《2009年中国卫生统计年鉴》。

② 数据来源：卫生部网站公布的《2009年中国卫生统计年鉴》。

③ 数据来源：卫生部网站公布的《2009年中国卫生统计年鉴》。

府卫生支出对财政收入的弹性均表现为不规则的上下波动趋势，且政府卫生支出的增长速度在多数年份中都低于财政支出和财政收入的增长速度。从我国政府卫生支出的规模和其他国家政府卫生支出规模比较的结果看，我国政府卫生支出的水平相对较低，政府卫生支出的规模仍然不足，这将严重影响卫生事业的发展和国民健康水平的提高。

（三）从政府卫生支出的结构看，无论是卫生经费的使用结构还是卫生支出责任在中央政府和地方政府之间的分配结构都存在问题，导致卫生资源配置上的不合理

首先，政府卫生支出的使用结构不合理，重大医院、轻公共卫生机构，重临床医疗服务、轻医学教育科研，重基建费用、轻人员经费，医疗卫生服务体系中的“基础性结构设施”，例如卫生信息系统建设，卫生人力资源投资等，卫生投资中的经营和维护费用，缓解贫困的政府卫生支出，基础性理论政策研究开支等普遍比较缺乏，宝贵有限的卫生资金的支出结构和支出效果不尽如人意，卫生系统内部社会资源再分配结构不尽合理。这样势必严重妨碍有限的卫生财政资金发挥最佳的效果，一方面使宝贵的资源浪费在不应花的地方，有限的卫生开支难以发挥应有作用，导致卫生资源分配不公和支出结构问题更加突出。另一方面加剧原本已严重扭曲、不合理、不公平的医疗卫生服务体系，使健康不公平问题更加严重，有限的卫生资源和不合理的分配原则、支出结构导致医疗卫生机构政策目标和方向严重偏离，缺乏系统化和整体化的支出使用思路。①

其次，政府卫生支出在中央政府和地方政府之间的负担结构也不合理，地方财政负担了大部分的卫生支出。1994年的分税制改革使得财权上移，高度集中在中央，而事权依旧固定在地方，这就使

① 参见中国（海南）改革发展研究院：《民生之路——惠及13亿人的基本公共服务》，中国经济出版社，2008年版。

得各地卫生资金来源主要依赖于地方，公共卫生供给的水平主要由当地的经济发展水平和财政收入水平来决定。加之转移支付制度还不完善，实际上没有很好地解决各地财力悬殊的问题，使得中央政府对卫生的支持力度更弱了。中央政府和地方政府在政府卫生支出方面的财权与事权的不对等，降低了卫生资源配置的效率。

（四）从政府卫生支出的公平效应看，在不同区域之间、在城市和农村之间都存在着卫生资源投入上的差异和卫生服务利用可及性的差距，健康不公平的问题比较明显

从不同地区来看，由于各个地区之间存在经济发展水平的差距以及财政收入能力的不同，导致不同地区在卫生支出的规模、卫生医疗条件以及人口健康状况上都存在差异。通过对各地区有关卫生支出及支出效果的不同指标的比较和计算，可以发现各地区在指标偏离度上存在着明显的差异，部分地区，尤其是经济比较发达的地区在大部分指标上都超过全国平均水平，个别地区超越的幅度还比较大。而另外一些地区在指标的比较结果上则表现出截然相反的结果。说明我国政府卫生支出在区域公平性方面存在一定的问题，这必将影响政府卫生支出的结果，影响不同区域内居民的健康水平，影响政策效果的发挥。

从城市和农村的情况来看，卫生投入以及健康水平上的差异就更加明显了。卫生支出在城乡之间分配的不合理，导致城市居民和农村居民在享受卫生医疗服务方面存在巨大的差异。城市和农村在人均卫生经费上的差距呈现出不断扩大的趋势。随着城乡差距扩大，基层公共卫生体系建设滞后的问题也越来越凸显出来。城市因其优越的地理位置和经济发展方面的优势，居民可以享受到较高水平的卫生服务。而在面积和人口上都占全国绝大多数的农村地区，卫生机构缺乏、卫生人员素质低，卫生服务的供给水平严重滞后，不能满足农村居民对卫生服务的需要。

（五）从政府卫生支出的绩效看，在总体绩效上我国政府卫生

支出的状况都处于偏低的水平，对经济和社会生活产生不良影响

医疗卫生领域涉及的各种卫生服务和产品多数具有很强的正外部性，政府卫生支出是政府参与具有正外部性的卫生产品配置的重要方式，因此，提高政府卫生支出的绩效水平是实现政府发展卫生事业，提高国民健康水平，促进健康公平的有力保障。但从我国政府卫生支出的绩效指标结果看，卫生支出的总体绩效水平比较低，用于政府卫生支出的财政资金约束力偏低，医疗卫生服务成本不透明，资金使用的规范化程度低，缺乏对资金的监管和监督，导致资金使用效率低下。

二、基本结论

（一）医疗卫生市场的特殊性是政府介入卫生医疗领域的重要理论依据

医疗卫生市场中医患双方的信息不对称，医疗服务的供给者存在着垄断力量，医疗卫生市场里提高的大量产品都存在较强的正外部性，使得价格信号无法正常发挥作用，这些特点都将导致医疗卫生市场存在市场失灵，不能有效配置卫生资源，保障卫生产品提供的公平。因此，需要政府介入医疗卫生领域，控制垄断力量，提供公共卫生产品，纠正外部性，解决“市场失灵”造成的资源配置问题。但政府介入医疗卫生领域发挥作用的同时，也要避免政府在干预过程中出现的“政府失效”问题，提高公共产品和服务的提供效率，有效实现政策目标。

（二）应寻求政府卫生支出制度与社会经济体制和财政体制的相互协调和密切配合

从我国政府卫生支出制度的演变、财政体制的发展以及经济体制转型的过程可以看出，政府卫生支出政策的安排受整体制度结构以及其他相关制度变化的影响，因此政府卫生支出的效率、公平程度依赖于和其密切相关的财政体制、经济体制的效率、公平程度以

及完善程度，并且体现出一种相互促进、相互制约的关系。因此，在调整和完善政府卫生支出政策和制度时，应同时关注经济体制、财政体制中存在的问题和矛盾，在整体制度结构的框架中，寻求各种制度的相互协调、相互配合，形成一种良性的循环。

（三）多种原因造成我国政府卫生支出的问题

我国政府卫生支出在效果、规模、结构、公平性和绩效方面存在的问题是由多种原因造成的。例如财政管理体制的不健全，各级政府财权与事权的不对称，转移支付制度的不完善，忽视支出绩效的评价，社会保障体制建设不符合经济社会的发展，城乡二元社会结构和经济结构，收入分配领域的不公平，等等因素，都是制约我国政府卫生支出投入体制的因素。

第二节　政府卫生支出改革的框架思路

在进行政府卫生支出改革时，要本着公平与效率兼顾原则、基本公共卫生服务均等化原则以及政府宏观调控与市场调节结合原则，从而合理界定政府职责及其卫生支出范围，完善转移支付制度，实现政府间卫生支出事权与财权的匹配，适当扩大政府卫生支出规模，积极引导其他主体对卫生医疗事业进行投入，实行区域卫生规划，合理配置卫生资源。提高政府卫生支出在城乡之间分配的公平性，提高我国政府卫生支出绩效，建立专业化制衡的现代财税管理体制，完善政府卫生服务的质量保障机制，强化政府卫生支出的法律约束机制，在政府干预克服“市场失灵”的同时预防“政府失效”，并逐步探索卫生服务提供的创新机制。

一、政府卫生支出改革应遵循的原则

（一）公平与效率兼顾原则

政府对卫生事业的支持政策应同时兼顾效率和公平，卫生服务提供中的效率和公平是相互促进、相互制约、相互依存的关系。不讲效率，单纯追求公平，不可能实现真正的公平，而缺乏效率的公平也是很难得以维系的。因此，在确定卫生支出的政策和制度时，应通过不断完善政府职能，合理界定政府卫生服务提供范围和提供方式，改变卫生投入的结构失衡问题，保证合理的卫生支出规模，提高卫生资源配置的效率，同时完善转移支付制度，建立一个完善的医疗保障体制，促进社会成员健康公平性的提高。

（二）基本公共卫生服务均等化原则

实现基本公共服务均等化是新时期我国改善民生政策的重要目标之一，作为基本公共服务组成部分的医疗卫生服务，应该同等地为经济发达地区和经济不发达地区的居民、城市居民和农村居民以及不同收入水平的居民提供健康保障，实现世界卫生组织提出的人人享有卫生保健的全球性战略目标。因此，政府卫生支出改革中应该遵从基本公共卫生服务均等化的原则。

（三）政府宏观调控与市场调节结合原则

医疗卫生领域的产品和服务具有不同的属性，对于具有公平产品属性的医疗卫生产品应由政府作为提供的主体，发挥政府的主导作用，对于具有混合产品性质的医疗卫生产品应由政府和市场共同提供，对于具有私人产品属性的医疗卫生产品应由市场作为提供的主体。政府卫生支出改革中注重政府宏观调控与市场调节相结合的原则，有助于纠正“市场失灵”，同时避免“政府失效”，提高卫生资源配置的效率。

二、政府卫生支出改革的总体思路

针对我国政府卫生支出存在的问题，即从政府卫生支出的规模看，虽然政府投入已经初具规模且保持逐年增长的趋势，但政府卫生支出的规模仍然不足，影响卫生事业的发展和国民健康水平的提高；从政府卫生支出的结构看，无论是卫生经费的使用结构还是卫生支出责任在中央政府和地方政府之间的分配结构都存在问题，导致卫生资源配置上的不合理；从政府卫生支出的公平效应看，在不同区域之间、在城市和农村之间都存在着卫生资源投入上的差异和卫生服务利用可及性的差距，健康不公平的问题比较明显；从政府卫生支出的绩效看，在总体绩效上我国政府卫生支出的状况都处于偏低的水平，而经济不发达地区的绩效水平又基本上都低于经济发达地区，对经济和社会生活产生不良影响的这一系列问题，可以从以下几个方面来设计相关的政策：

首先，合理界定政府职责及其卫生支出范围，明确政府的监督管理职能，建立不同级政府间规范的卫生责任分担与筹资机制。其次，完善转移支付制度，逐步扩大一般性转移支付的规模，把对卫生事业的支持作为专项转移支付的重点内容，改进一般性转移支付测算方法，合理确定专项转移支付的配套率，加强对政府间转移支付的监督和考评，实现政府间卫生支出事权与财权的匹配。第三，适当扩大政府卫生支出规模，充分发挥财政杠杆作用，积极引导其他主体对卫生医疗事业进行投入，形成资金使用的整体合力。第四，实行区域卫生规划，合理配置卫生资源。发展以初级卫生保健为基础的城市社区卫生服务体系，对区域全体居民实施经济、有效的以预防为主的干预措施，以解决主要健康问题为核心，实现区域卫生资源合理配置的目标，构建层次协调、功能健全、布局合理、方便群众的卫生服务体系。第五，提高政府卫生支出在城乡之间分配的公平性，在资金方面增加在农村地区的卫生投资，改变政府卫生经费城乡分配不合理的现状，把政府卫生补助向基层医疗机构转移，加大对农村地区转移支付力度，通过中央政府引导地方政府加大对农村地区的卫生投入。在制度方面将农村弱势群体纳入到相应的医疗卫生保障体系中，加大政府对农村公共卫生的干预力度，建立和完善农村突发性公共卫生事件预防和处置机制，把防疫工作的重点由传染病预防向非传染病预防领域延伸，进一步大规模治理农村的公共卫生环境，完善和改革农村宏观经济制度。第六，提高我国政府卫生支出绩效，建立专业化制衡的现代财税管理体制，完善政府卫生服务的质量保障机制，进行预算体制改革，建立内在的制约机制和有效的问责机制，督促政府在卫生支出方面绩效的提高。第七，在其他配套政策设计上，强化政府卫生支出的法律约束机制，在政府干预克服“市场失灵”的同时预防“政府失灵”，并逐步探索卫生服务提供的创新机制。

第三节　政府卫生支出改革的基本对策

应对我国政府卫生支出中存在的具体问题并遵循一定的原则和总体构想，政府卫生支出改革的具体思路主要围绕合理界定政府职责及其卫生支出范围、完善转移支付制度以实现政府间卫生支出事权与财权的匹配、适当扩大政府卫生支出规模、实行区域卫生规划合理配置卫生资源、提高政府卫生支出在城乡之间分配的公平性、提高我国政府卫生支出绩效以及完善相关配套措施这七个方面展开。

一、合理界定政府职责及其卫生支出范围

（一）合理界定各级政府的职责

我国是一个拥有五级政府的国家，划分中央政府和地方政府的职责是一项复杂的工作，但合理界定政府职责意义重大。中央政府掌控经济全局，从宏观上进行经济政策和经济布局规划，在全国层面上推动我国经济社会全面发展。而我国地方政府相对于中央政府更加洞悉本地经济社会状况，能够更加因地制宜地采取恰当的经济社会政策，推动地方经济社会发展。中央政府和地方政府两个方面

缺一不可。事权划分是确定财权的基础，而各级政府事权和支出范围的界定则应遵循公共产品的受益范围原则。

表 8－1　　全国行政区划统计表

省　级	地　级	县　级	乡　级
4 个直辖市	283 个地级市	852 个市辖区	20 个区公所
23 个省	17 个地区	374 个县级市	19892 个镇
5 个自治区	30 个自治州	1464 个县	16130 个乡
2 个特别行政区	3 个盟	117 个自治县	277 个苏木
		49 个旗	1126 个民族乡
		3 个自治旗	1 个民族苏木
		2 个特区	5829 个街道
		1 个林区	
合计 34	333	2862	43275

资料来源：《中华人民共和国行政区划简册（2005）》

表 8－2　　我国中央政府和地方政府职责划分依据

政府层级	政府职责的法律规定
中央政府	根据宪法和法律，规定行政措施，制定行政法规，发布决定和命令；向全国人民代表大会或者全国人民代表大会常务委员会提出议案；规定各部和各委员会的任务和职责，统一领导工作；统一领导全国地方各级国家行政机关的工作，规定中央和省、自治区、直辖市的国家行政机关的职权的具体划分；编制和执行国民经济、社会发展计划和国家预算；领导和管理经济工作及城乡建设；领导和管理教育、科学、文化、卫生、体育和计划生育工作；领导和管理民政、公安、司法行政和监察等工作；管理对外事务，同外国缔结条约和协定；领导和管理国防建设事业；领导和管理民族事务，保障少数民族的平等权利和民族自治地方的自治权利；批准省、自治区、直辖市的区域划分，批注自治州、县、自治县、市的建置和区域划分；依照法律规定决定省、自治区、直辖市的范围内部地区进入紧急状态；审定行政机构的编制，依照法律规定任免、培训、考核和奖惩行政人员；全国人民代表大会和全国人民代表大会常务委员会授予的其他职权。

续表

政府层级	政府职责的法律规定
地方政府	县级以上地方各级人民政府依照法律规定的权限，管理本行政区域内的经济、教育、科学、文化、卫生、体育事业、城乡建设事业和财政、民政、公安、民族事务、司法行政、监察、计划生育等行政工作，发布决定和命令，任免、培训、考核和奖惩行政工作人员。民族自治地方的自治机关在国家计划的指导下，自主地安排和管理地方性的经济建设事业；自主地管理本地方的教育、科学、文化、卫生、体育事业，保护和整理民族的文化遗产，发展和繁荣民族文化。

“权责一致、分工合理”是处理权责关系的原则性要求，普遍适用于中央与地方政府之间、各级地方政府之间以及政府各部门之间权责关系。以市场为基础进行资源配置的社会主义市场经济条件下，中央与地方政府应该在资源配置、经济稳定和收入分配职能方面进行分工合作。①

同样，政府间卫生事权的合理分担需要以公共财政体制完善为基础，建立不同级政府间规范的卫生责任分担与筹资机制。合理划分中央和地方政府之间在医疗卫生领域的支出责任，必须统筹考虑总体事权划分以及相应的财政收入体制调整，这是一项复杂而又敏感的工作。长期来看，需要在行政管理体制和财政体制改革中统筹研究解决；在近期，则需要适当调整中央和省级政府的收入和卫生支出比例，调整中央财政支出结构，增加医疗卫生支出，以实现医疗卫生事业，特别是公共卫生及基本医疗事业的均衡发展。着眼于社会整体公平考虑，根据卫生产品和服务效用外溢边界，可将卫生事权按以下几个方面划分。

中央政府的主要职责应包括：

（1）对于卫生基本服务，如计划免疫、传染病控制等大部分应

① 参见陈昌盛、蔡跃洲：《中国政府公共服务：体制变迁与地区综合评价》，中国社会科学出版社，2007年版。

由中央予以承担，筹资以中央财政为主，尤其是公共卫生的提供、组织与管理；

（2）卫生基本政策的研究制定，卫生医疗的宏观管理，全国性公共卫生事件的处理；

（3）健康教育以及支持重大的基础性医学科研活动；

（4）重大卫生项目、卫生专项计划、设施的基本建设费用等；

（5）农村地区、落后地区的卫生经费补助。

而在基本医疗方面，可由中央和地方政府共同承担。对提供基本医疗服务的机构进行全额预算保障，可以考虑由中央政府承担医务人员工资、基本药品和诊疗手段的采购费用，而诸如医疗设施的基本建设等费用，则可以由地方政府来承担。

省级政府承担主要卫生职责和财政职责应包括：

（1）地方病预防、公众营养服务，尤其是危害严重的地方性疾病和传染病，如麻风病、克山病、甲状腺等疾病；

（2）针对常见病、多发病的疾病预防和控制，实行省以下垂直管理，适当扩大疾病预防与控制机构的行政授权，独立收集、披露公共卫生信息，处理相关事务；

（3）省级政府还需要创造条件，组织并提高医疗保险的统筹层次，促使目前县（市）级统筹尽快上升到省级统筹，扩大医疗保险的覆盖面。

县级政府的卫生事权主要应包括：

（1）负责管理和协调好本地区的卫生事宜，组织实施区域内的卫生规划、卫生监督；

（2）支出责任方面主要应承担本地区范围内的疾病控制、社区卫生服务、初级卫生保健的职责，负责乡镇卫生院的日常经费保障；

（3）结合当地实际情况，对常见病和多发病提供基本的诊疗保障；对经济贫困群体进行医疗救助。[①]

（二）科学界定政府卫生支出范围与项目

在不断增加政府卫生支出规模的同时，还应重新调整卫生支出的项目和范围配置。政府应当加大具有纯公共品性质的健康教育、疾病控制，预防保健、妇幼保健、特困医疗救助、食品药品安全、医学科研等方面的投入，一些纯公共卫生项目应由差额预算拨款逐渐恢复到全额预算拨款。对具有准公共品性质的卫生检疫、基本医疗服务、医疗保险等项目可以通过补贴控制价格，使用者可支付少量费用，加大对具有一定外部性的准公共卫生项目的补贴力度。同时，减少对具有私人产品性质的卫生项目的投入。对医疗服务，政府要明确界定介入的项目，选择适当的介入方式，起到对私人服务的补充和引导作用。在今后的改革中，还应当逐步调整我国现行的财政公共服务类支出项目，提高政府卫生支出的相关预算科目的级次，从体制上明确公共服务类支出项目的重要性，保证政府卫生支出的稳定和合理增长。

二、完善转移支付制度，实现政府间卫生支出事权与财权的匹配

为了确保不同地区具有基本均等的提供基本公共服务的能力，每一级政府的奇权与财权最终应做到相匹配。每一级政府的事权与财权的匹配有三种途径：一是通过调整政府间的事权来达到匹配；二是通过调整政府的自有收入，通常是增加下级政府的税收自主权来实现；三是通过转移支付来实现。从当前各国的实践来看，没有任何一个国家的地方政府具有与事权完全相对应的自有税收权。世界上绝大多数国家的中央政府的收入在全国财政收入中都占有绝大多数，而且中央政府的收入远远大于其支出责任，而地方政府的自有收入又远远小于其支出责任。因此，这种纵向的财政不平衡需要

① 参见陈共、王俊：《论财政与公共卫生》，中国人民大学出版社，2007 年版。

通过政府间转移支付来进行弥补。

（一）逐步扩大一般性转移支付的规模

地区间财政能力差异的问题，应通过强化一般性转移支付来逐级解决。我国地区间经济差异和财政差异的缩小是一个长期的过程，卫生服务均等化也是一个从保障最低标准的基本卫生医疗服务均等化向高水平的基本医疗卫生服务均等化不断提升的过程。由于我国地区间巨大的财政差异，逐步扩大一般性转移支付的规模对实现基本公共服务均等化的目标是非常重要的。为了确保中央财政用于一般性转移支付的资金来源的稳定性和避免受到其他政策措施的干扰和侵蚀，应当明确规定将所有所得税增量、增值税和消费税增量的一个比例用于一般性转移支付。中央政府必须通过有效手段保障全体公民都享有公共卫生和最基本的医疗服务，明确对贫困地区和贫困人口的财政补助标准。改进补助办法，根据按保障目标测算的人均费用标准和各地人口数，核定各地基本医疗服务费用，通过设置专门预算科目列入中央财政的年度预算，用于补助落后地区。同时，建立以产出和成果为目标导向的财政卫生投入体制，明确按工作绩效进行补助的政策，提高资金效率。①

（二）把对卫生事业的支持作为专项转移支付的重点内容

目前我国专项转移支付资金使用分散、部门职能及项目内容交叉重复的问题还比较突出，项目安排得太细，如此细的安排超过了中央政府的管理能力，干扰了中央政府对重要事项的关注，模糊了专项转移支付的政策目标，也使中央政府和地方政府的支出边界变得模糊，导致财政支出责任不清，影响资金的使用效益和国家相关政策目标的实现。因此在专项转移支付的分配中做到目标明确突出，把对能体现公平性和提高人民健康水平的卫生服务的专项转移

① 参见姜柏生：“论我国公共卫生法律体系的构建”，《医学与社会》，2005年第2期。

支付作为重点内容，当地方政府没有能力投资而中央政府直接投资又存在效率问题时，通过专项转移支付实施。按照实施专项转移支付客体的经济、社会情况，使用方向重点向中西部和农村倾斜。

（三）改进一般性转移支付测算方法，合理确定专项转移支付的配套率

在收支计算上，逐步使用“因素法”取代“基数法”。因素的选择应按照“公平优先、兼顾效率”的原则，主要考虑人口因素、人均 GDP、人均财政收入、土地、地理位置、资源等。从我国国情来看，地区间的财政收入能力的空间差异位列世界各国中最大差距之列；另一方面，我国自然地理状况呈现出西高、东低，人口分布呈现西部稀少、中东部稠密的特征，地区间的支出成本的空间差异也属世界上最大的差距之列。从这个角度考虑，均等化转移支付中财政收入能力和财政支出需求有着同等重要性，因此当前的一般性转移支付既考虑财政收入能力又考虑财政支出需求是正确的也是我国转移支付分配中的一个重大进步。在标准收入的测算上，要将目前尚未纳入标准收入测算的税种尽快纳入其测算范围内，对已经进行标准化测算的增值税和营业税等大税种，要从征管成本和产业结构的角度，在考虑地区差异因素的基础上进行更精细的测算，以使结果更符合实际。在标准支出的测算上，除了继续完善既有的地区差异系数外，还应当考虑运输距离、人口密度、少数民族人口数量等地区差异因素，建立一整套反映地区间支出成本差异的指标体系。

对于需要配套资金的专项补助，要合理确定资金的配套率，确保补助的政策效果能够实现。由于促进基本卫生医疗服务均等化实现的专项转移支付主要用于中、西部地区，如果所需要的配套资金也是巨大的，会影响专项转移支付的效果，因此在设计配套率时要与地方政府的财政收入能力成反比，保证政策目标的实现。

（四）加强对政府间转移支付的监督和考评

为便于各方面对转移支付实施监督，应该建立转移支付的专项预算、决算，并且按一般性拨款、专项拨款分别编列，正确核算和反馈转移支付信息及其社会经济效果。同级人大和上级财政应对一般性转移支付资金的预决算审查和预算执行进行监督，并且应对专项转移支付资金的项目重要程度和可行性报告仔细审查，并针对每个项目进行跟踪督办、项目验收、效益考核、经验总结等全过程的监督管理。对转移支付的执行效果，要建立一个专门的考评体系和一系列的量化指标，以保障转移支付的政策性要求和提高资金的使用效率。对每一个具体项目资金使用效率的考察，可以根据各项目的特点单独制定考核标准，如对专项资金要考评该项资金是否被运用到指定项目，有无被挪用现象，从使用方向上严格把关。

三、适当扩大政府卫生支出规模

（一）稳步增加政府卫生支出

按国际标准，中国政府的卫生支出较低，而近些年财政收入却保持着高速的增长，随着中国政府对卫生事业的重视，政府已接受需要增加政府卫生投入的观念，政府卫生投入的规模越来越成为人们关注的焦点。政府在卫生服务这一公共产品和准公共产品领域应该发挥更重要的作用，必须按照公共财政的要求，对政府职责进行重新定位。从我国目前的财政状况看，鉴于多种因素的影响和制约，短期内大量增加政府卫生支出显然是不现实的，但要保证政府卫生支出在现有基础上稳步增加，不致因人为因素而缩减，稳步增加政府卫生支出是我国卫生事业可持续发展的需要。因此，在支出安排中，应重点突出日常性的政府卫生支出，有计划地保持长期、稳定、合理的支出比例。

（二）充分发挥财政杠杆作用

我国卫生事业还处于改革阶段。目前，在整个卫生投入体系中，政府卫生支出的投入与卫生投入的实际需求相比过低，难以满足卫生医疗发展的现实需求。因此，应拓展用于卫生支出的筹资渠道，探索各种可行的筹资方式，充分发挥财政杠杆作用，积极引导其他主体对卫生医疗事业进行投入，形成资金使用的整体合力。另外，财政还可以通过贴息、政策优惠、资金配套等措施引导资金投入卫生医疗事业，逐步扩大对卫生事业的投入规模。

四、完善区域卫生规划工作，合理配置卫生资源

我国在卫生资源的配置及卫生资源的布局和结构上都存在不合理的现象。在城乡配置上，卫生资源过多地集中在城市；农村卫生基础薄弱，基层卫生机构服务能力低下，质量不高，部分贫困地区缺医少药。在地区配置上，一些地区特别是大中城市卫生医疗机构重叠严重，职能交叉，难以形成区域内资源整合的优势，卫生资源利用效率不高。医疗服务利用相对集中在高级次、高成本的医疗机构，基层卫生资源闲置，得不到有效利用，存在资源浪费问题突出，同时重医疗、轻防保的问题也比较突出。卫生资源配置的不合理既不能适应我国疾病结构变化而产生的卫生服务需求，又难以提供费用低廉和方便群众的卫生服务，制约了卫生事业的健康发展。1999 年 3 月，国家计委、财政部、卫生部联合印发了《开展区域卫生规划工作指导意见》，要求各级人民政府要提高认识，结合医疗保障制度改革，把区域卫生规划工作提到重要议事日程上来。结合本地实际情况，制定本地区的卫生资源配置的标准，指导各市（地）制定和实施区域卫生规划，通过实施区域卫生规划，努力实现卫生资源的优化配置，提高卫生资源的利用效率，进一步提高人民群众的健康水平。

区域卫生规划是区域内国民经济和社会发展计划的组成部分。实施区域卫生规划是我国卫生改革和发展的重大举措，是政府在社会主义市场经济体制下，对卫生事业进行宏观调控的重要手段，是

区域内合理配置和有效利用卫生资源的必然要求。区域卫生规划以满足区域内全体居民的基本卫生服务需求、保护与增进健康为目的，对机构、床位、人员、设备等卫生资源进行统筹规划，合理配置。区域卫生规划由政府负责制定并组织实施。区域内各部门、各行业以及军队对地方开放的卫生资源全部纳入规划范围，个体行医以及其他所有制形式的卫生资源配置，必须服从规划的总体要求。区域卫生规划以市（地）行政区域为基本规划单位。考虑到中心城市的辐射功能，直辖市、计划单列市、省会城市为特殊的规划单位。区域卫生规划的周期一般为5年。

按照《开展区域卫生规划工作指导意见》的要求，开展区域卫生规划工作要遵循以下五个原则：要从国情出发，与区域内国民经济和社会发展水平相适应，与人民群众的实际健康，需求相协调；要优先发民和保证基本卫生服务，大力推进社会卫生服务，重点加强农村卫生和预防保健，重视和发挥传统医药在卫生服务中的作用；要符合成本效益，提倡资源共享，提高服务质量和效率，通过改革，认真解决资源浪费与不足并存的矛盾；要加快卫生管理体制和运行机制改革，对区域内所有卫生资源实行全行业管理；要解放思想，实事求是，因地制宜，敢于冲破现有条条框框的束缚，边规划，边调整。在各地区制定区域卫生资源配置标准时，《开展区域卫生规划工作指导意见》提出了需要注意以下问题：省级人民政府要根据本地实际，对本省（自治区、直辖市）卫生资源的配置标准作出具体的量化规定，在制定配置标准时，要根据本省不同区域的具体情况，区别对待，分类指导；卫生机构的设置，首先要满足社区层次居民卫生服务需求，充分体现社区卫生服务的综合性，在此基础上，规划社区以上卫生机构，不要求层层对口。要明确各层次卫生机构的功能和职责，逐步建立双向转诊制度，引导卫生资源向基层流动；卫生人力和医院床位要改革传统的配置方法，根据规划期内社会经济发展的水平和居民卫生服务的实际需求及变化趋势确定配置标准，最高限额不得超过居民卫生服务实际需要量，在确定结构和比例时，优先考虑区域内主要卫生问题；卫生设备的配置必须与卫生机构层次、功能相适应，提倡应用适宜技术和常规设备，大型医用设备要按照区域卫生规划的要求，严格控制总量，合理布局，资源共享。

目前我国各地区开展区域卫生规划的过程中，尚存在一些亟待解决的问题。区域卫生规划效果的显现需要以卫生资源合理调整作为前提，但对于在卫生资源的调整过程中，涉及到对相关人员和机构既得利益的触动，卫生资源重组困难重重。为避免卫生资源浪费而对卫生资源共享的政策设计在实际操作中也无法真正落实。区域卫生规划强调强化全行业管理，要求打破现有按部门和行政隶属关系形成的条块分割、布局不合理的卫生服务体系，按照区域卫生规划的总体要求，对区域内卫生资源规划、审批、调整、监督、评价，依法进行管理。但由于我国财政体制和卫生管理体制的模式制约，很难在短期内实施全行业管理的初衷。目前的区域卫生规划，缺乏监督和评价机制，无法保证实施效果的理想性。因此，我国目前的区域卫生规划工作的进展相对缓慢，对卫生资源配置不合理的改善程度有限。

为了更好地发挥区域卫生规划对卫生资源配置的积极影响，在今后一个时期应进一步完善区域卫生规划工作。首先，提高各级政府对区域卫生规划工作的重视程度，确立区域卫生规划在政府工作中的权威地位，并通过法律、制度的形式加以引导和规范。其次，加快相关配套改革的进行，调整目前财政体制和卫生管理体制中不利于区域卫生规划工作开展的管理模式，推进人事制度改革，减少卫生资源调整过程中人为因素的干扰和影响，推进医疗保障制度的改革。规范财政资金供应范围和方式，按照区域卫生规划，对政府举办的卫生机构实行分类补助，向预防保健和基层卫生服务倾斜。第三，加强社区卫生服务和农村卫生工作。社区卫生服务是满足基本卫生服务需求的有效途径，在城市地区应逐步建立和完善具有综合服务能力、贴近和方便群众的社区卫生服务，以居民和家庭为服务对象，负责管辖区内的医疗、预防、保健、康复、健康教育、计划生育技术服务及转诊等工作，把完善以初级卫生保健为基础的社区卫生服务作为区域卫生规划优先发展和选择的方式。对农村三级卫生服务网络要逐步提高服务能力，建立专业素质较高的农村卫生服务队伍。加强对农村卫生技术人员的业务培训，加快农村卫生技术人员的结构调整，合理布局，出台相关法规政策引导卫生资源向预防保健、社区和农村流动。第四，加强对区域卫生规划实施情况的评价工作，设计科学合理、可操作性强的评价指标，提高卫生资源分配的效率，增强对区域卫生规划工作开展和实施的监督和控制，减轻我国目前卫生资源利用中的分配不公平、配置不合理的问题。

五、提高政府卫生支出在城乡之间分配的公平性

（一）增加在农村地区的卫生投资，改变政府卫生经费城乡分配不合理的现状

农村医疗卫生事业大大落后于城市，公共卫生服务提供严重不足，主要原因是长期以来城乡卫生经费分配严重失衡造成的。要彻底扭转城乡卫生事业发展不平衡的局面，加大政府对农村的卫生投入是非常必要的。应加大财政对农村卫生事业支出的规模，争取在每年的公共预算中，政府对农村卫生支出规模的增长达到一定的比例，并通过立法的形式把政府对农村卫生支出投入的增长水平确定下来，形成一个稳定的资金来源和资金使用的监督机制。同时还应加大对农村基层医疗机构的补贴，增加农村基层医疗机构的设备数量和规模、提高医务人员的技术水平，校正卫生资源过度流向城市的倾向，保证农民获得最基本的卫生保健服务，满足广大农村居民的医疗卫生服务需求。

（二）加大对农村地区转移支付力度，中央政府要引导地方政府加大对农村地区的卫生投入

我国长期以来形成的城乡二元结构，造成了农村各项基本公共服务水平均低于城市，特别是分税制改革以来，基层政府的财政收入能力更加弱化，更是难以保证向本地居民提供基本的公共服务。旨在实现均等化的财政转移支付有助于减少地区间卫生服务不公平，但对城乡间卫生服务的不公平则在效果上就没有那么直接。大多数农村地区属于欠发达地区，是我国流行性、传染性、地方性疾病高发区，欠发达地区落后的经济水平决定了地方财政无力支撑疾病防治、基本卫生保健所需的卫生投入，无法满足当地居民的医疗卫生需求，迫切需要中央政府加大支持力度。因此，一方面要加大向不发达的农村地区进行财政转移支付的力度，改变目前城乡卫生资源严重失衡的状况，确保贫困人口也能真正享有基本的初级医疗保障。另一方面，中央财政应当在承担更多的支出责任，将农村居民纳入覆盖范围，增加一般性转移支付的基础上，积极引导地方政府加大对农村医疗卫生的投入。

（三）加大政府对农村公共卫生的干预力度

我国农村医疗卫生基础设施薄弱，技术力量不足，疫病监测体系和信息传导机制不健全，对突发疫情防范能力较差，建立和完善农村突发性公共卫生事件预防和防治机制势在必行。通过建立和完善信息传导和反馈机制，建立应对突发性公共卫生事件的快速反应机制，尽可能降低突发事件带来的负面影响，建立应对突发疫情的医疗救助机制，保证农民在遭受突发疫情袭击时能够得到及时治疗，加强立法在防治突发性公共卫生事件中的作用，依靠法律手段来防止事件进一步扩散带来的严重后果，从总体上加强农村突发性公共卫生事件预防和防治机制。

进一步大规模治理农村的公共卫生环境。改善干旱缺水地区农村居民饮水设施，防止和减少环境污染给农村居民带来的危害。在

农村地区广泛开展环境卫生监测，加强对农村饮水卫生和垃圾、粪便的无害化处理的指导，注重提高农村地区空气质量的监测，同时，对农村地区的食品安全监测也要高度重视，确保农村地区的广大群众能拥有和城市居民同等的环境卫生质量、饮用水质量，减少传染病和地方病的发病率。

（四）完善和农村相关的经济制度

首先，增加地方财政收入，保证地方政府能够提供医疗卫生服务所需的基本资金来源。其次，减轻农民负担，增加农民收入。调整农业产业结构，拓宽农民就业渠道，培育城乡统一的劳动力市场，改善农村就业环境，减轻农民不合理负担，满足贫困农民最基本的生活需求。另外，关注农民基本素质的提高，采取有效措施避免健康危害，保证农村的人力资本储备。同时，还要完善收入分配制度，逐步缩小农村居民和城市居民的收入差距。

六、提高我国政府卫生支出绩效的对策

（一）建立专业化制衡的现代财税管理体制，完善政府卫生服务的质量保障机制

在政府内部财政管理信息化的基础上，建立专业化制衡的现代财税管理体制是公共经济管理改革的一个重要组成部分。依托信息化搭建管理平台，在政府管理改革中实行物流、资金流和信息流三分离原则，依托信息化手段有效实施分权制衡，形成三流并行，互相监督的局面，有效制约政府支出的铺张浪费和效率低下，为提高政府卫生支出的绩效建立服务的质量保障机制。

（二）继续推进预算体制改革，建立和完善财政资金使用的制约机制

完善支出分类的标准，细化预算编制，完善基本支出定额标准和项目支出的滚动管理，推行零基预算，对全部支出项目进行分析、审查、评价，根据财力可能和支出项目的重要程度，确定各个

项目的支出数额。就卫生部门而言，实行零基预算需要根据单位性质和现行财务状况，在重新界定财政收支范围的基础上，将卫生支出预算分为人员管理经费、公用经费、建设和事业发展经费三部分，实行项目管理，规范预算资金的分配行为。同时在卫生部门内部实行绩效预算，提高卫生支出的使用效益，通过制定政府卫生支出的绩效目标，建立预算绩效评价体系，逐步实现对财政资金从目前注重公共卫生资金投入的管理转向注重对政府卫生支出效果的管理，加强预算监督的作用。

（三）建立有效的问责机制，督促政府在卫生支出方面绩效的提高

绩效责任对卫生事业的建设和完善有着十分重要的意义，是公共卫生对政府责任的最高要求。这就要求政府必须要重视监管资金、人力和其他成本。将绩效理念引入我国卫生事业的建设中并以政府责任的形式加以要求，这对加强卫生体系的科学性和效用性具有重要意义。建立有效的问责机制，加大社会公众对政府卫生服务评价的影响权重，已成为现代公共管理发展的趋势。确立问责对象，明确问责的后果，对于提高卫生资源的配置效率，提供卫生支出的绩效有很好的促进作用。①

七、政府卫生支出改革的其他配套政策

（一）强化政府卫生支出的法律约束机制

1. 强化预算的约束力和规范性

在国家现行的法规中，对各级政府卫生支出责任和支出方式的规定过于笼统，实际执行中可操作性较差，各种法规政策之间还有交叉矛盾的现象，很难对各级政府特别是地方政府的卫生支出行为

① 参见程晋烽：《中国公共卫生支出的绩效管理研究》，中国市场出版社，2008年版。

形成强制性约束。这使得财政资金的使用具有很大的随意性，套取资金，擅自调整预算的现象普遍存在。以上种种问题造成了我国财政资金使用效率不高，挤占了大量政府卫生事业支出。因此应该强化《预算法》对政府卫生支出预算的编制、执行的约束，为政府卫生支出效益目标的实现提供强有力的法律规范性约束。还应尽快颁布《转移支付法》，规范政府的转移支付职能，明确政府对卫生事业的转移支付职责，规范资金使用范围。

2. 建立系统的公共卫生法律体系

在社会主义市场经济条件下，政府卫生支出应该依法进行。建立健全政府卫生支出法规体系，是加强政府卫生支出资金管理，提高其支出效益的基本保障。自 1989 年我国《传染病防治法》颁布实施的 10 余年来，我国相继制定和颁布了《红十字会法》、《食品卫生法》、《突发公共卫生事件应急条例》等 20 余部配套法规及相应法定技术标准，以及卫生部颁布的涉及食品、灾害医疗援救、核事故医学应急、食物中毒、职业危害事故的预防等数百个部门规章。目前，我国公共卫生立法已初具规模，为初步形成符合我国国情的公共卫生法律体系提供了条件，也为我国公共卫生法制建设奠定了坚实基础。但是我国尚没有一部卫生基本法律，因此，在有关卫生工作性质，基本方针，政府对公共卫生建设的职责、医疗卫生体制、公共卫生监督体制、医疗保障制度等方面只能依据卫生政策来进行工作。虽然宪法中对此作了基本原则的规定，但尚不能充分体现公共卫生特点，应加快卫生基本法的立法工作，保证促进卫生事业的各项原则和目标的落实，并在卫生基本法中明确规定政府卫生支出的范围、支出的增长幅度、支出方式和政策工具，强化政府财政稳步增加卫生支出的法律约束，预防政府卫生支出政策的不稳定性，为公共卫生事业的发展奠定良好的基础。

（二）政府干预克服“市场失灵”的同时预防“政府失灵”

在医疗卫生领域，政府的干预可以纠正市场的失灵，但是政府干预有其自身的缺陷，可能导致政府失灵，从而对医疗卫生产品的提供造成新的扭曲。因此，要在政府干预克服“市场失灵”的同时预防“政府失灵”。首先，树立公共财政理念，强化公共卫生供给与管理，推动公共卫生管理法制化。其次，制定科学的卫生规划，保护和利用卫生资源，实现卫生资源合理、有效与公平配置。政府要制定中长期卫生事业发展规划和短期实施计划，制定卫生资源配置标准和区域卫生发展规划，并用法律、经济乃至行政手段加强宏观卫生管理，调控卫生资源配置，建立完善的卫生全行业管理制度。第三，强化政府服务职能，强化市场监管，引导市场运行，规范市场秩序，建立统一、有序与公平的卫生服务市场体系。第四，制定卫生经济政策，调控卫生经济发展。制定和实施各类卫生经济政策，确保公共卫生服务和弱势群体基本医疗服务的供给，推进健康公平；确定政府卫生补贴的目标人群，实施卫生救助与扶贫；明确对不同类型卫生服务机构的补助政策、税收政策、价格政策、分配政策，激励卫生服务的低价有效供给；加强学术及团队建设，努力开展卫生经济与管理研究，促进卫生服务管理法制化，推进依法卫生行政进程。

（三）探索卫生服务提供的创新机制

在现代社会中，服务是政府公共管理的核心价值观。从世界各国的情况看，推进公共服务的创新大多是从重新定位政府职能开始的。[①] 在市场经济条件下，政府对社会的管理应当主要体现在再分配领域而不是直接的生产领域，政府的宏观调控应体现在增强对大局的调控能力而不是控制各类企业的具体经营活动。因而，政府应当把更多的财力和精力投入到组织基本的公共服务和公共产品的供给方面，特别是向农民和城市弱势群体提供基本的公共产品。准确定位政府职能，切实转变政府职能，是公共服务创新取得成功的保

① 参见唐铁汉、袁曙宏：《公共服务创新》，国家行政学院出版社，2007年版。

证，也是社会主义市场经济条件下维护社会稳定和社会公平、促进经济社会全面协调可持续发展的重要条件。在政府卫生支出的改革过程中，要不断探索卫生服务提供的创新机制，从卫生服务的理念、卫生服务的战略规划、卫生服务的结构、卫生服务的体制、卫生服务的管理风格等多个方面多个角度进行系统研究、不断尝试，提高政府卫生服务的效率和公平。

参考文献

[1] 保罗·J. 费尔德斯坦：《卫生保健经济学》，费朝晖、李卫平等译，经济科学出版社，1998 年版。

[2] [美] 舍曼·富兰德、艾伦·C. 古德曼、迈伦·斯坦诺：《卫生经济学》，王健、孟庆跃译，中国人民大学出版社，2004 年版。

[3] [英] 布朗·杰克逊：《公共部门经济学》，中国人民大学出版社，2000 年版。

[4]《中国公共支出面临的挑战——通往同有效和公平之路》，清华大学出版社，2006 年版。

[5] 保罗·A. 萨缪尔森、威廉·D. 诺德豪斯：《经济学》（第十四版），北京经济学院出版社，1996 年版。

[6] 鲍德威等：《公共部门经济学》（第二版），邓力平主译，中国人民大学出版社，2000 年版。

[7] 财政部预算司：《政府收支分类改革问题解答》，中国财政经济出版社，2006 年版。

[8] 蔡仁华：《中国医疗保险制度改革大全》，中国人事出版社，1996 年版。

[9] 陈昌盛、蔡跃洲：《中国政府公共服务：体制变迁与地区综合评估》，中国社会科学出版社，2007 年版。

[10] 陈共、王俊：《论财政与公共卫生》，中国人民大学出版社，2007 年版。

[11] 陈佳贵、王延中：《中国社会保障发展报告（2007）No.3——转型中的卫生服务与医疗保障》，社会科学文献出版社，2007年版。

[12] 陈锡文：《中国政府支农资金使用与管理体制改革研究》，山西经济出版社，2003年版。

[13] 陈英耀：《卫生服务评价》，复旦大学出版社，2007年版。

[14] 程晋烽：《中国公共卫生支出绩效管理研究》，中国市场出版社，2008年版。

[15] 丛树海：《公共支出分析》，上海财经大学出版社，1999年版。

[16] 丹尼斯·缪勒：《公共选择》（中文版），上海：上海三联书店，1993年版。

[17] 道格拉斯·诺斯：《经济史中的结构与变迁》，上海三联书店、上海人民出版社，1994年版。

[18] 杜乐勋、张文鸣、黄泽民：《中国医疗卫生发展报告No.2》，社会科学文献出版社，2006年版。

[19] 杜乐勋、张文鸣、张大伟：《中国医疗卫生产业发展报告No.1》，社会科学文献出版社，2004年版。

[20] 杜乐勋、张文鸣：《中国医疗卫生发展报告No.3》，社会科学文献出版社，2007年版。

[21] 盛洪：《中国的过渡经济学》，上海三联书店，1994年版。

[22] 樊明：《健康经济学——健康对劳动市场表现的影响》，社会科学文献出版社，2002年版。

[23] 高培勇：《财政与民生》，中国财政经济出版社，2008年版。

[24] 高培勇：《为中国公共财政建设勾画“路线图”——重

要战略机遇期的公共财政建设》，中国财政经济出版社，2007 年版。

［25］顾昕、高梦滔、姚洋：《诊断与处方：直面中国医疗体制改革》，社会科学文献出版社，2006 年版。

［26］郭亚军：《综合评价理论与方法》，科学出版社，2002 年版。

［27］哈维·S. 罗森：《财政学》（第 4 版），中国人民大学出版社，2000 年版。

［28］侯荣华：《中国财政支出效益研究》，中国计划出版社，2001 年版。

［29］胡鞍钢：《中国：民生与发展》，中国经济出版社，2008 年版。

［30］黄佩华、迪帕克：《中国：国家发展与地方财政》，吴素萍，王桂娟等译，中信出版社，2003 年版。

［31］蒋洪：《财政学》，上海社会科学院出版社，2000 年版。

［32］科尔内：《转轨中的福利、选择和一致性——东欧国家卫生部门改革》，中信出版社 1998 年版。

［33］寇铁军：《财政学教程》，东北财经大学出版社，2006 年版。

［34］李秉龙、张立承：《中国农村贫困、公共财政与公共物品》，中国农业出版社，2004 年版。

［35］李炳鉴、潘明星、王元强：《比较财政学》，南开大学出版社，2005 年版。

［36］李卫平：《中国农村健康保障的选择》，中国财政经济出版社，2002 年版。

［37］李银珠：《政府公共支出行为的成本——效益研究》，经济管理出版社，2007 年版。

［38］罗伯特·平狄克等：《计量经济模型与经济预测》，机械

工业出版社 1999 年版。

[39] 马国贤：《政府绩效管理》，复旦大学出版社，2005 年版。

[40] 马志强、刁云薇：《公共支出管理》，南开大学出版社，2005 年版。

[41] 曼瑟尔·奥尔森：《集体行动的逻辑》，上海三联书店，1995 年版。

[42] 毛正中、胡德伟：《卫生经济学》，中国统计出版社，2004 年版。

[43] 孟庆跃、严非：《中国城市卫生服务公平与效率评价研究》，山东大学出版社，2005 年版。

[44] 普雷母詹德：《公共支出管理》，经济科学出版社，2002 年版。

[45] 桑贾伊·普拉丹：《公共支出的基本分析方法》，蒋洪、魏陆、赵海莉译，中国财政经济出版社，2000 年版。

[46] 上海财经大学公共政策研究中心，《中国财政发展报告——社会保障公共政策研究》上海：上海财经大学出版社，2002 年版。

[47] 上海财经大学课题组：《公共支出评价》，经济科学出版社，2006 年版。

[48] 世界卫生组织：《1997 年世界卫生报告：征服疾病，造福人类》，人民卫生出版社，1998 年版。

[49] 世界卫生组织：《2000 年世界卫生报告》，世界卫生组织出版，2001 年版。

[50] 世界银行：《1993 年世界发展报告：投资与健康》，中国财政经济出版社，1993 年版。

[51] 世界银行：《2004 年世界发展报告——让服务惠及穷人》，北京：中国财政经济出版社，2004 年版。

[52] 世界银行：《中国：卫生模式转变中的长远问题与对策》，中国财政经济出版社，1998 年版。

[53] 苏民：《财政支出政策研究》，中国财政经济出版社，1999 年版

[54] 苏明：《中国农村发展与财政政策选择》，中国财政经济出版社，2003 年版。

[55] 唐铁汉、袁曙宏：《公共服务创新》，国家行政学院出版社，2007 年版。

[56] 王传纶、高培勇：《当代西方财政经济理论》，商务印书馆，1995 年版。

[57] 王红漫：《大国卫生之难》，北京大学出版社，2004 年版。

[58] 王俊：《公共卫生：政府的角色与选择》，中国社会出版社，2007 年版。

[59] 王俊：《政府卫生支出有效机制的研究——系统模型与经验分析》，中国财政经济出版社，2007 年版。

[60] 威廉·科克汉姆：《医学社会学》，华夏出版社，2000 年版。

[61] 文建东：《公共选择学派》，武汉出版社，1996 年版。

[62] 沃林斯基：《健康社会学》，社会科学文献出版社，1999 年版。

[63] 乌日图：《医疗保险信息管理》，中国劳动社会保障出版社，2002 年版。

[64] 袁持平：《政府管制的经济分析》，人民出版社，2005 年版。

[65] 约翰·D. 海：《微观经济学前沿问题》，中国税务出版社，2000 年版。

[66] 詹姆斯·安德森：《公共决策》，华夏出版社，1990 年版。

[67] 张琪:《中国医疗保障、理论、制度与运行》, 中国劳动社会保障出版社, 2003 年版。

[68] 张维迎:《博弈论与信息经济学》, 上海三联书店, 上海人民出版社, 2002 年版。

[69] 中国(海南)改革发展研究院:《民生之路——惠及 13 亿人的基本公共服务》, 中国经济出版社, 2008 年版。

[70] 中华人民共和国财政部:《2007 年政府收支分类科目》, 中国财政经济出版社, 2006 年版。

[71] 朱志刚:《财政支出绩效评价研究》, 中国财政经济出版社, 2003 年版。

[72] 陈健生:"公共卫生发展的财政制度安排",《财经问题研究》, 2004 年第 10 期。

[73] 陈学安:"建立我国财政支出绩效评价体系研究",《财政研究》, 2004 年第 8 期。

[74] 曹璐:"我国政府卫生支出规模研究", 东北财经大学硕士论文, 中国优秀硕士学位论文数据库, 2007 年。

[75] 陈学安、钟红菲:"西方国家的财政支出绩效评价体系",《中国财政》, 2004 年第 5 期。

[76] 代英姿:"公共卫生支出:规模与配置",《财政研究》, 2004 年第 6 期。

[77] 代志明、何洋:"国外农村医疗保障制度的解读与借鉴",《经济纵横》, 2005 年第 2 期。

[78] 戴瑾:"当代中国医疗保障制度研究——一个健康经济学的分析", 东北财经大学硕士论文, 中国优秀硕士学位论文数据库, 2005 年。

[79] 邓大松等:"新型农村合作医疗利益相关主体行为分析",《中国卫生经济》, 2004 年第 8 期。

[80] 窦玉明:"财政支出效益评价综论",《财政研究》, 2004

年第 10 期。

[81] 杜乐勋："我国城镇医药卫生体制改革的回顾与展望"，《中国卫生经济》，2006 年第 1 期。

[82] 杜乐勋："我国卫生改革政策的经济学分析"，《中国卫生经济》，2006 年第 2 期。

[83] 冯鸿雁："建立财政支出绩效评价机制的思考"，《河北财会》，2003 年第 11 期。

[84] 国务院发展研究中心课题组发展研究中心："对中国医疗卫生体制改革的评价与建议"，2005 年 8 月。

[85] 海闻、石光、王健、赵忠："再谈卫生保健市场中市场与政府的作用"，北京大学中国经济研究中心课题讨论稿，2003 年 6 月 10 日。

[86] 韩宏华："农村医疗卫生保障的公共财政支持研究"，山东农业大学博士论文，中国博士学位论文全文数据库，2006 年。

[87] 郝海、张双德、张庆云："农村医疗保障制度建设研究"，《中国初级卫生保健》，2004 年第 7 期。

[88] 胡鞍钢、胡琳琳："中国宏观经济与卫生健康"，《改革》，2003 年第 2 期。

[89] 胡鞍钢、孟庆国："中国卫生改革的战略选择——投资于人民健康与消除健康贫困"，《卫生经济研究》，2000 年第 10 期。

[90] 胡宁生："卫生领域中政府管制作用的探讨"，《中国卫生经济》，2006 年第 2 期。

[91] 胡善联："国外卫生政策和系统研究进展及启示"，《卫生经济研究》，2006 年第 6 期。

[92] 胡善联："卫生领域中政府管制作用的探讨"，《中国卫生经济》，2006 年第 2 期。

[93] 孔志锋、高小萍："构建财政支出绩效评价体系"，《中国财经信息资料》，2002 年第 2 期。

[94] 李秀英、杜时雨："对农村卫生投入情况的调查"，《中国卫生经济》，2006年第5期。

[95] 李贞杰、孟庆跃、涂诗意、胡坤："公共卫生服务供给过程中交易成本"，《中国卫生经济》，2006年第12期。

[96] 刘继同："卫生资源的四次分配机制与分配性公平卫生改革模式的战略思考"，《中国卫生经济》，2006年第2期。

[97] 刘连环、郭桂然："中国财政医疗卫生支出透视"，《经济论坛》，2004年第3期。

[98] 刘远立、饶克勤、胡善联：论建立中国农村健康保障制度之必要性和相关的政策问题（研究报告），中国农村基本保障问题国际研讨会，2003年7月。

[99] 陆庆平："财政支出的绩效管理"，《财政研究》，2003年第4期。

[100] 罗乐宣、姚岚、姚建红、陈渊清、陈子敏、舒展、陈启鸿、张静："卫生资源配置转向社区卫生服务的预测模型"，《中国卫生经济》，2006年第2期。

[101] 马安宁："关于卫生事业与改革几个政策问题的思考"，《中国卫生经济》，2006年第11期。

[102] 马克·霍哲："公共部门业绩评估与改善"，《中国行政管理》，2000年第3期。

[103] 马振江："试论有中国特色的农村初级卫生保健体系"，《中国卫生经济》，2003年第8期。

[104] 毛建勇："政府卫生投入的机制创新"，《卫生经济研究》，2007年第4期。

[105] 毛素玲、宋丽莉："国际卫生保健体制中筹资方式的比较与思考"，《中国卫生经济》，2003年第10期。

[106] 孟庆跃："卫生费用、健康产出和卫生改革的国际计较和分析"，《卫生经济研究》，2006年第1期。

[107] 孟庆跃："我国卫生筹资体制的公平、效率和可持续发展问题"，《卫生经济研究》，2007 年第 4 期。

[108] 苗俊峰："我国公共卫生支出规模与效应的分析"，《山东工商学院学报》，2005 年第 2 期。

[109] 宁岩："应用多元回归分析预测中国公共卫生补助的总量"，《中国卫生经济》，2003 年第 1 期。

[110] 平新乔："从中国农民医疗保健支出行为看农村医疗保健融资机制的选择"，北京大学中国经济问题研究中心研究报告，No. C2003017。

[111] 宋立根："地方政府应对突发公共卫生事件的财政支出责任"，《宏观经济研究》，2003 年第 7 期。

[112] 唐莉、安彦彦："建国后我国农村合作医疗公共政策取向分析——以合作医疗模式历史演变为视角"，《南方农村》，2005 年第 5 期。

[113] 汪唯、杨秀群、匡莉："卫生服务适宜性测量方法——RAND 专家小组平价法"，《卫生经济研究》，2007 年第 7 期。

[114] 王保真、周云："强化政府对医疗卫生的有效监督"，《卫生经济研究》，2007 年第 8 期。

[115] 王健、陈秋霖："我国农村医疗卫生体制分析"，《中国初级卫生保健》，2004 年第 3 期。

[116] 王俊华："中国农村公共卫生：'问题、出路与政府责任'"，《江苏社会科学》，2003 年第 4 期。

[117] 王蕾、李卫平、李江："公共卫生领域中的绩效预算管理"，《卫生经济研究》，2007 年第 2 期。

[118] 王禄生、张里程："我国农村合作医疗制度发展历史及其经验教训"，《中国卫生经济》，1996 年第 8 期。

[119] 王绍光："中国公共卫生的危机与转机"，《比较》，2003 年第 6 期。

[120] 王小万："居民健康与医疗服务需求及利用的理论与实证研究"，中南大学博士论文，中国博士学位论文全文数据库，2005 年。

[121] 王小万、李蕾、刘丽杭："卫生服务购买的基本理论与模式"，《中国卫生经济》，2006 年 6 月。

[122] 王小万、刘丽杭："Becker 与 Grossman 健康需求模型的理论分析"，《中国卫生经济》，2006 年第 5 期。

[123] 王延中："建立农村基本医疗保障制度"，《经济与管理研究》，2001 年第 3 期。

[124] 王延中："试论国家在农村医疗卫生保障中的作用"，《战略与管理》，2001 年第 3 期。

[125] 王颖："中国城镇医疗保障制度研究"，西南财经大学硕士论文，中国优秀硕士学位论文数据库，2007 年。

[126] 王远林、宋旭光："公共卫生投资与区域经济增长关系的实证研究"，《经济学家》，2004 年第 2 期。

[127] 卫生部基层卫生与妇幼保健司课题组："农村公共卫生筹资政策研究报告"，《中国初级卫生保健》，2001 年第 8 期。

[128] 吴健明、杨辉："我国农村医疗卫生现状与对策——剖析政府对农民医疗保障的思路与抉择"，《中国初级卫生保健》，2005 年第 7 期。

[129] 吴俊培："财政支出效益评价问题研究"，《财政研究》，2003 年第 1 期。

[130] 吴伟斌："公共卫生产品的基本属性与供求均衡分析"，《中华医院管理杂志》，2004 年第 12 期。

[131] 夏新斌："公共卫生投融资机制的理论模型与国际经验"，《卫生经济研究》，2006 年第 2 期。

[132] 夏杏珍："农村合作医疗制度的历史考察"，《当代中国史研究》，2003 年第 9 期。

[133] 徐伟："从需求弹性实证的角度谈我国医疗卫生改革"，《中国卫生经济》，2006 年第 11 期。

[134] 徐印州、于海峰等："对我国公共卫生事业财政支出问题的思考"，《财政研究》，2004 年第 5 期。

[135] 阎坤："转轨背景下的公共支出结构失衡"，《经济研究参考》，2004 年第 80 期。

[136] 杨静、高建民、艾鹏："试论卫生改革与行政体制改革、公共财政改革"，《卫生经济研究》，2006 年第 11 期。

[137] 姚经建、刘宝、陈文、梅基浚、张苹、赵伟忠、毕康宁、胡善联："公共财政框架下公共卫生账户体系的构建"，《中国卫生经济》，2006 年第 11 期。

[138] 张维龙、张莉："多层次农村医疗保障制度的构建性探讨"，《经济体制改革》，2005 年第 1 期。

[139] 张文兵："中国农村卫生医疗保障制度建设路径"，《中国农村经济》，2003 年第 3 期。

[140] 张雪峰："农村基本医疗保障制度问题研究"，《理论探索》，2005 年第 1 期。

[141] 张毓辉、陶四海、赵毓馨："国内外政府卫生支出口径的统一及结果分析"，《中国卫生经济》，2006 年第 3 期。

[142] 张振忠、韩优莉、顾雪非、王云屏："政府在农村基层卫生资源配置中的地位和作用探讨"，《卫生经济研究》，2007 年第 1 期。

[143] 赵郁馨、陈瑛、万泉、张毓辉："2004 年中国卫生总费用测算结果与卫生筹资分析"，《中国卫生经济》，2006 年第 3 期。

[144] 赵郁馨、杜乐勋等："农村卫生投入与费用研究"，《卫生经济研究》，2004 年第 3 期。

[145] 郑秉文："信息不对称与医疗保险"，《经济社会体制比较》，2002 年第 6 期。

[146] 郑大喜："市场机制和政府调节在卫生服务领域的功能与角色定位"，《中国卫生经济》，2006 年第 1 期。

[147] 郑风春、郭爱华："政府收支分类改革对卫生预算执行的影响"，《中国卫生经济》，2006 年第 7 期。

[148] 郑云萍、温小霓："我国卫生总费用增长研究"，《中国卫生经济》，2006 年第 12 期。

[149] 周桦、刘彬："论公共卫生最优支出策略"，《中央财经大学学报》，2004 年第 5 期。

[150] 朱玲："农村医疗不宜过度市场化"，《经济日报》，2002 年 9 月 16 日。

[151] 朱玲："政府与农村基本医疗保健保障制度选择"，《中国社会科学》，2000 年第 8 期。

[152] 宗莉："我国医疗费用预测研究"，《统计与决策》，2006 年第 5 期。

[153] Aaron · J. Henry, Book Review Handbook of Health Economics, Journal of Health Economics, June 2001, vol. 20.

[154] Adriaanvan, Zon and Joan Muysken, Health and Endogenous Growth, Journal of Health Economics, April 2001, vol. 20.

[155] Akerloff, G. A., Yellen, J. L., The fair wage – effort hypothesis and unemployment, Quarterly Journal of Economics 105, 1990.

[156] Akin J, Guilkey D, Popkin B, The demand for child health in the Phillipines. Soc SciMed, 15C, 1981.

[157] Arrow K., Uncertainty and the welfare economics of medical care, American Economic Review53, 1963.

[158] Barr, N. et al, The State of Welfare, Oxford: Clarendon Press, 1991.

[159] Becker, G. S., Mulligan, C. B., The endogenous deter-

mination of time preference, Quarterly Journal of Economics 112, 1997.

[160] Blomqvist, Ake, Optimal non - linear health insurance, Journal of Health Economics, 16, 1997.

[161] Blomqvist, Ake, and Horn, Henrik, Public Health Insurance and Optimal Income Taxation, Journal of Public Economics, 1984, vol. 24.

[162] Bolin, Kristian et al, The family as the health producer - when spouses are Nash - bargainers, Journal of Health Economics, September 2000, vol. 20.

[163] Cochrane, A. L., Effectiveness and Efficiency: Random Reflections on Health Services, Nuffield Provincial Hospitals Trust London, 1972.

[164] Cracknell, Basil Edward, Evaluating development aid: issues, problems and solutions, Thousand Oaks, CA: Sage Publications, 2000.

[165] Cummings, Harry F, Logic Models, Logical Frameworks and Results - Based Management: Contrasts and Comparisons, Canadian Journal of Development Studies, University of Ottawa, special issue, 1997.

[166] Cutler, Public Policy for Health Care, NBER working paper, 1996, No. 5591.

[167] Deaton, Angus & Paxson, Christina, "Mortality, Income, and Income Inequality over Time in Britain and the United States", NBER Working 2001.

[168] Dolan, P., The measurement of health - related quality of life for use in resource allocation: decisions in health care, In: Newhouse, J. P., 1999.

[169] Doris Wiesmann, The Demand for Health Insurance in Rural Areas of Low - income Countries - A Theoretical Framework, paper of Center for Development Research of Bonn University, 2000.

[170] Duggan, M, Hospital market structure and the behavior of not - for - profit hospital, Rand Journal of Economics, Autumn 2002, V. 33, No. 3.

[171] Ellision, I. Cockburn, Z. Griliches, J. Hausman, "Characteristics of demand for pharmaceutical products: An examination of four cephalosporins", Rand Journal of Economics, Autumn 1997, V. 28, No. 3.

[172] F. Goldman and M. Grossman, The Demand for Pediatric Care: a Hedonic Approach, Journal of political Economy, April 1978.

[173] Fan Ming, Impacts of health on labor market performance, Doctor's Dissertation, Northern Illinois University, 1997.

[174] Fogel. R. W. , New sources and new techniques for the study of secular trends in nutritional status, health, mortality, and the process of aging, National Bureau of Economic Research Working Paper Serieson Historical Factors and Long Run Growth, 26, 1991.

[175] Fuchs, V. , Economics, Values and Health Care Reform, The American Economic Review, 86, 1996.

[176] Fuchs, V. , Economic Aspects of Health, Chicago: Chicago Press, 1982.

[177] Fuchs, Victor R. , The Future Of Health Economics, Journal of Health Economics, Volume 19, Issue 2, March 2000.

[178] Grossman, M. , On the concept of health capital and the demand for health, Journal of Political Economy, 80, 1972.

[179] Grossman, M. , The Demand for Health: A Theoretical and Empirical Investigation, Columbia University Press for the National

Bureau of Economic Research, New York, 1972.

[180] Grossman, Michael, The Demand for Health: A Theoretical and Empirical Investigation, New York: Columbia University Press For The National Bureau of Economic Research, 1972.

[181] Hsiao, William C., The Chinese Health Care System: Lessons from Other Nations, Soc. Sci. Med, 41, 1995.

[182] J. E. Stiglitz, The Theory of Local Public Goods, The Economics of Public Services, M. S. Feldstein and R. P. Inman (eds.), London: Macmillan Press, 1977.

[183] Janet Huntn McCool, Dawn MBishop, Health economics and the economics of education: Specialization and division of labor, Economics of Education Review, 1998, 97.

[184] Jeniger L. Ehreth, The Development and Evaluation of Hospital Performance Measures for Policy Analysis, Medical Care, 1994.

[185] Jin, Hehui, Yingyi Qian, and Barry R. Weingast, Regional Decentralization and Fiscal Incentives: Federalism, Chinese Style, Stanford University, 1999.

[186] Jones, CharlesI, R&D Based Models of Economic Growth, Journal of Political Economy, Vol. 98, 1995.

[187] Jonsson, B, P. Musgrove, Government financing of health care, World - bank, 1997.

[188] Kahn, Robert, S., Wise, Paul, H., Kennedy, Bruce, P., Kawachi, Ichiro, State Income Inequality, Household Income, and Maternal Mental and Physical Health: Cross Sectional National Survey, British Medical Journal, 321, 2000.

[189] Lehner, Laura A. and James F. Burgess, Teaching and Hospital Production: The Use of Regression Estimates, Health Eco-

nomics 4, 1995.

[190] Leibowitz, A., An Economic Perspective on Work, Family and Well - being, In: Proceedings of the Work, Family, Health and Well - being, Conlk: rence, Washington, DC, 2003.

[191] Lochner, Kim, Pamuk, Elsie, R., Makuc, Diane, Kennedy, Bruce, P., Kawachi, Ichiro, State - Level Income Inequality and Individual Mortality Risk: A Prospective Multilevel Study, American Journal of Public Health, 2001.

[192] Mayer D, The long - term impact of health on economic growth in Latin America, World Development, 29 (6), 2001.

[193] Meerman, Jacob, Public Expenditure in Malaysia: Who Benefit and Why, New York: Oxford University, 1979.

[194] Mellor, Jennifer, M. & Milyo, Jeffrey, Income Inequality and health Status in the United States: Evidence from the Current Population Survey, The Journal of Human Resources, Vo. 37, No. 3, 2002.

[195] Mushkin, S, J., Health as an investment, Journal of Political Economy, 1962, vol. 70.

[196] Newhouse, J. P., Medical Care Costs: How much Welfare Loss? Journal of Economic Perspective 6, 1992.

[197] Newhouse, Joseph, P. & Friedlander, Lindy, The Relationship between Medical Resources and Measures of Health: Some Additional Evidence, Journal of Human Resource, 15, 1980.

[198] Nigel Rice, Paul Dizon, et, al. Derivation of a needs based capitation formula .for allocating prescribing budgets to health authorities and primary care groups in England: regression analysis BMJ2000, 320.

[199] OECD, The reform of health care: a comparative analysis of seven OECD countries, OECD, Paris, 1992.

[200] Pavnik, N, Do pharmaceutical prices respond to potential patent out - of - pocket expenses? Rand Journal of Economics, vol. 33, No. 3, Autumn 2002.

[201] Rabin, M., Psychology and Economics, Journal of Economic Literature 36, 1998.

[202] Rice, D., Ethnics and Equity in the US Health Care: The Data, International Journal of Health Services, Vol. 21, No. 4, 1991.

[203] Romani, John, H. & Anderson, Barbara, A., Development, Health and the Environment: Factors Influencing Infant and Child Survival in South Africa, Integrated Rural And Regional Development Research Program, Occasional Paper 5, 2002.

[204] Sen A. Development as freedom. New York: Alfred A. Knopf, 1999.

[205] Stiglitz, Joseph, E, The efficiency wage hypothesis, surplus labor, and the distribution of income in L. D. C. s, Oxford Economic papers, 1976.

[206] Thornton, James, Estimating a health Production Function for the US: Some New Evidence, Applied Economics, 34, 2002.

[207] Time, Health economics in low income countries: Adapting to the reality of the unofficial economy, Health Policy, 2001.

[208] Tomas T. H. Wan, Analysis and Evaluation of Health Care Systems, New York: Health Professions Press, Inc, 1995.

[209] Valdmanis, Vivian G., Ownership and Technical Efficiency of Hospitals, Medical Care 28, 1990.

[210] Wagstaff, A., Equity in the finance of health care: some further international comparisons, Journal of Health Economics 1992.

[211] Wagstaff, A. The demand for health: Some new empirical evidence, Journal of Health Economics, 5, 1993.

[212] Weding, G. J. , Tai – Seale, M. , The Effect of Report Cards on Consumer Choice in the Health Insurance Market, Journal of Health Economics 21, 2002.

[213] WHO, Poverty and health: Organization for economic co – operation and development, Geneva WHO, 2003.

[214] WHO, World Health Report 2002 – Reducing Risks, Promoting Healthy Life, Geneva WHO, 2002.

[215] Wilkinson, Richard, G. , Health, Hierarchy, and Social Anxiety, In: Socioeconomic Status and health in Industrial Nations, Eds. , N. E. Adler; M. Marmot; B. S McEwen; J. Stewart, Annals of the New York, 1999.

[216] William O. Cleverley, Essentials of Health Care Finance, Ohio: Aspen Publishers, Inc, 1992.

[217] World Bank, Financing Health Care: Issues and Options for China, Washington DC: World Bank, 1997.

[218] World Bank, World development report 1993: investing in health, Oxford University Press.

[219] Yasar A. Ozcan, et al. , Measuring the Technical Efficiency of Psychiatric in Urban Markets, Health Service Research, 1993.

[220] Zon, A. , Muysken, J. , Health and endogenous growth, Journal of Health Economics, 20, 2001.

后　　记

在本书的写作完成之际，回首写作过程，心中感受到的是师恩的浩荡、亲情的无私和友情的温暖，我不善言辞，只能用最朴素的语言表达我无尽的感激之情。

感谢我的导师孙开教授和师母孙璐女士。孙老师严谨的治学态度一直激励我不断前进，每次聆听导师教诲，都受益良多。从选题、结构设计、修改定稿、语言表述无不凝结着孙老师的心血。导师和师母不仅在学习上给予我耐心的指导，在生活上也给予我关心和帮助，让我感到无比温暖和感动。

感谢在我求学和工作期间财税学院的各位领导和老师的悉心指教和关怀理解，在此，我向财税学院的诸位老师对我多年来的培养、帮助与支持表达我最衷心的感谢。

感谢我的兄长和朋友：彭健、田雷、景宏军、李翰、孙晓峰、马冰、张锦程、张恩英、李晓丽、赵婷婷、陈晓、王磊、王瑾、王雪丹、蔡巍、柳轶，等等，虽然在这里无法一一列出名字，但正是因为你们的存在，我的生活才能时刻充满欢乐和精彩，谢谢你们的陪伴。

感谢我亲爱的爸爸妈妈和我的爱人高奎明，你们默默的支持和无私的爱一直是我前进的动力和最温暖的依靠。

在书稿写作的过程中，我阅读了大量的参考文献，众多学者有价值的观点给了我巨大的启发，在此我要向这些作者郑重地表示感谢！

短短后记无法完全表达我内心无尽的感激之情，总之我要感谢所有曾经和正在支持帮助我的人。在今后的工作和生活中，我会带着一颗感恩的心，不断努力和进取，用行动来回报我的师长、亲人和朋友！

由于学识水平有限，书中尚存疏漏和不妥之处，敬请各位读者批评指正。

许　慧

2010 年 5 月